· 转让定价实务自学宝典 ·

大数据 新业态
反避税
实战与风险管理

古成林◎著

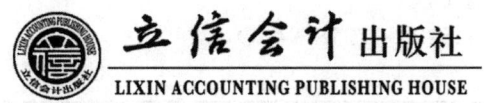

图书在版编目(CIP)数据

大数据新业态反避税实战与风险管理 / 古成林著
. —上海：立信会计出版社，2023.3
ISBN 978-7-5429-7318-4

Ⅰ.①大… Ⅱ.①古… Ⅲ.①避税—税法—研究—中国 Ⅳ.①D922.220.4

中国国家版本馆 CIP 数据核字(2023)第 048691 号

责任编辑　毕芸芸

大数据新业态反避税实战与风险管理

出版发行	立信会计出版社		
地　　址	上海市中山西路 2230 号	邮政编码	200235
电　　话	(021)64411389	传　真	(021)64411325
网　　址	www.lixinph.com	电子邮箱	lixinaph2019@126.com
网上书店	http://lixin.jd.com		http://lxkjcbs.tmall.com
经　　销	各地新华书店		
印　　刷	涿州市星河印刷有限公司		
开　　本	787 毫米×1092 毫米　1/16		
印　　张	21.25		
字　　数	280 千字		
版　　次	2023 年 3 月第 1 版		
印　　次	2023 年 3 月第 1 次		
书　　号	ISBN 978-7-5429-7318-4/D		
定　　价	99.00 元		

如有印订差错，请与本社联系调换

前 言

反避税转让定价实务工作在表现形式上是复杂的税收事项，但如果从某种角度来看又是相对容易掌握的。本书的作用是帮助读者熟悉该项工作的内在逻辑和发展趋势，实现化繁为简，更快捷高效地掌握反避税转让定价理论体系、工作方式，以及开展具体业务的方向。本书结合当前国际税收最新理论成果和发展趋势，向读者说明当前国际税收改革可能给反避税转让定价工作带来的影响，并为读者提出较为明确的具体建议。

本书以税收实战教学为导向，搭配多角度实战案例，希望成为大多数读者看得懂、会使用的反避税转让定价学习工具书。本书共有 18 章，内容丰富、体系完整。本书以税收实务应用为落脚点，打造全新的反避税转让定价实务学习方法体系。本书将大数据信息化和经济新业态的发展影响，融入转让定价工作的具体内容中，从传统转让定价工作领域、工作方法入手介绍基本概念，帮助从未接触过转让定价工作的读者建立对这项工作的初步印象；再逐步深入当前反避税转让定价面对的理论挑战、现实障碍，并由此引入新业态、国际税改新理论、大数据工作模式等前沿课题。

本书引用的所有税收政策文件的有效期截至 2023 年 3 月 31 日。本书引用的所有案例、文献、图表等资料都来源于公开资料信息，并根据本书内容进行了适当改编。作者在这里向案例的原作者致以诚挚的感谢。尽管作者竭尽全力，但是由于水平有限，书中难免有疏漏或不当之处，敬请广大读者批评指正。

古成林

2023年3月于北京

目 录

第一章 新业态新理论反避税概述 1
    第一节 企业所得税征税依据可能双轨化 2
    第二节 对会计准则的应用能力 3
    第三节 反避税过程公式化、结论输出工具化 5

第二章 反避税执行原理与关键概念 8
    第一节 反避税执行原理 9
    第二节 反避税关键概念 14
        一、调查对象与被测试企业 15
        二、独立交易原则 16
        三、功能风险分析 18
        四、可比性分析 19
        五、转让定价方法与利润指标 20
    第三节 自测练习 22

第三章 反避税理论的来源与国内立法 25
    第一节 BEPS 行动计划的历程 26

第二节　BEPS 行动计划的内容 …………………………………………… 27
第三节　BEPS 行动计划的落实 …………………………………………… 31
第四节　自测练习 …………………………………………………………… 35

第四章　我国反避税体系与法规解读 ………………………………………… 40
第一节　我国反避税体系 …………………………………………………… 40
　　一、广义反避税工作体系 ……………………………………………… 41
　　二、狭义反避税法规体系 ……………………………………………… 42
第二节　我国反避税法规及重要修订 ……………………………………… 44
　　一、无形资产反避税法规修订 ………………………………………… 44
　　二、劳务反避税法规修订 ……………………………………………… 46
第三节　自测练习 …………………………………………………………… 49

第五章　关联关系和关联交易管理 …………………………………………… 59
第一节　关联关系和关联交易的类型 ……………………………………… 59
　　一、关联关系的类型 …………………………………………………… 60
　　二、关联交易的类型 …………………………………………………… 63
第二节　关联关系和关联交易申报管理要点 ……………………………… 64
　　一、相关税收文件 ……………………………………………………… 64
　　二、关联交易申报管理工作 …………………………………………… 65
　　三、关联关系审核的要点 ……………………………………………… 66
第三节　自测练习 …………………………………………………………… 69

第六章　转让定价文档管理 …………………………………………………… 73
第一节　转让定价文档分类 ………………………………………………… 73

一、同期资料 ·· 74
　　二、国别报告 ·· 83
　第二节　同期资料报送条件和常见管理问题 ································ 84
　　一、同期资料报送条件 ·· 84
　　二、同期资料常见管理问题 ··· 87
　第三节　自测练习 ·· 90

第七章　磋商与预约定价 ·· 93
　第一节　磋商与预约定价适用模式对比 ····································· 94
　第二节　磋商与预约定价规则 ·· 97
　　一、磋商的相关规定 ··· 97
　　二、预约定价安排 ·· 98
　　三、预约定价预备会谈提交资料 ··· 99
　　四、预约定价谈签意向说明文件 ·· 100
　　五、税务机关对预约定价申请的分析评估 ····························· 101
　　六、正式签订预约定价协议 ·· 102
　　七、预约定价监控执行 ·· 103
　第三节　自测练习 ··· 105

第八章　大数据应用发现避税疑点 ·· 114
　第一节　分析发现避税疑点 ·· 115
　　一、整体层面分析发现避税疑点 ·· 115
　　二、功能风险分析发现避税疑点 ·· 117
　　三、价值链分析发现避税疑点 ··· 126
　　四、可比性分析发现避税疑点 ··· 131

第二节　发现避税疑点案例 …………………………………… 137
　　第三节　自测练习 ………………………………………………… 144

第九章　转让定价方法 ………………………………………………… 149
　　第一节　转让定价的分类 ………………………………………… 149
　　　　一、可比非受控价格法 ……………………………………… 150
　　　　二、再销售价格法 …………………………………………… 150
　　　　三、成本加成法 ……………………………………………… 150
　　　　四、交易净利润法 …………………………………………… 151
　　　　五、利润分割法 ……………………………………………… 151
　　第二节　转让定价方法的适用情况 ……………………………… 151
　　　　一、可比非受控价格法适用情况 …………………………… 152
　　　　二、再销售价格法适用情况 ………………………………… 153
　　　　三、成本加成法适用情况 …………………………………… 154
　　　　四、交易净利润法适用情况 ………………………………… 155
　　　　五、利润分割法适用情况 …………………………………… 157
　　　　六、其他方法适用情况 ……………………………………… 157
　　第二节　交易净利润法应用案例 ………………………………… 158
　　第三节　自测练习 ………………………………………………… 173

第十章　高新制造行业反避税实战 …………………………………… 177
　　第一节　高新制造业特点及转让定价模式 ……………………… 177
　　　　一、高新制造企业的特点 …………………………………… 178
　　　　二、高新制造企业转让定价模式 …………………………… 180
　　第二节　苹果公司全球转让定价安排案例 ……………………… 182

第三节　境内外资子公司典型避税案例 ············· 191
第四节　自测练习 ··· 193

第十一章　消费品行业反避税实战 ···················· 198
第一节　消费品行业特点及转让定价模式 ············ 198
　　一、消费品行业特点 ································· 199
　　二、消费品行业转让定价模式 ······················ 200
第二节　星巴克公司全球转让定价安排案例 ········· 201
　　一、星巴克公司全球转让定价案例 ················ 201
　　二、快速消费品行业转让定价特点总结 ·········· 209
第三节　境内消费品公司转让定价规划案例 ········· 210

第十二章　医药行业反避税实战 ······················· 215
第一节　医药行业特点及转让定价模式 ··············· 215
　　一、医药行业特点 ··································· 216
　　二、跨国医药行业转让定价模式 ··················· 218
第二节　葛兰素史克公司避税案例 ····················· 220

第十三章　互联网行业反避税实战 ···················· 225
第一节　互联网行业经营模式及转让定价特点 ······ 226
第二节　国际互联网公司避税案例 ····················· 229
　　一、G公司避税案例 ································· 229
　　二、优步公司避税案例 ······························· 234

第十四章　受控外国企业反避税实战 ············ 238
第一节　我国受控外国企业税制 ············ 239
第二节　受控外国企业反避税案例 ············ 243
第三节　自测练习 ············ 250

第十五章　无形资产成本分摊协议实战 ············ 255
第一节　成本分摊协议税收原理 ············ 256
第二节　跨国企业成本分摊案例 ············ 266
　　一、亚马逊公司成本分摊案例 ············ 266
　　二、微软公司成本分摊案例 ············ 272
第三节　自测练习 ············ 276
　　单选题 ············ 276

第十六章　反避税新业态理论与案例 ············ 277
第一节　跨国企业母公司转让定价管理 ············ 278
第二节　VIE结构的内涵和税务风险 ············ 284
　　一、VIE结构的内涵 ············ 284
　　二、VIE结构下的税务风险 ············ 285
第三节　金融投资转让定价探讨 ············ 290
　　一、金融投资转让定价业务特点 ············ 290
　　二、金融投资转让定价理论有待完善 ············ 292
　　三、金融投资转让定价发展趋势 ············ 292
第四节　高净值个人反避税管理 ············ 294
　　一、当前我国个人反避税体系现状 ············ 295
　　二、个人反避税场景类型识别 ············ 296

第十七章 "双支柱"国际税收理论方案 ······ 299

第一节 支柱一金额 A 理论在研方案 ······ 300
一、支柱一金额 A 在研方案的要点 ······ 300
二、支柱一金额 A 的分配原则 ······ 301
三、支柱一金额 A 的利润分配步骤 ······ 301

第二节 支柱一金额 B 理论在研方案 ······ 303

第三节 支柱二理论在研方案 ······ 304
一、支柱二理论在研方案的要点 ······ 304
二、支柱二理论 GloBE 规则征税步骤 ······ 305

第四节 "双支柱"方案落地实施展望 ······ 309

第五节 自测练习 ······ 310

第十八章 大数据反避税转让定价风险管理 ······ 313

第一节 跨境利润水平监控原理 ······ 313
一、跨境利润水平监控的依据 ······ 313
二、跨境利润水平监控的总体要求 ······ 314
三、跨境利润水平监控的风险设置 ······ 315
四、跨境利润水平监控的信息来源 ······ 317

第二节 大数据转让定价风险管理展望 ······ 325

参考文献 ······ 327

第一章

新业态新理论反避税概述

当前，反避税转让定价的理论、观念和业务模式面临重大变革，这种改变的根源是经济新业态的发展。为应对传统转让定价理论面对经济新业态所产生的困难，以及避免全球税率逐底竞争导致的税源流失，国际社会正在制定以"双支柱"为代表的国际税收新理论。国际税收新理论从制定到落地实施会经历一个复杂的过程，从目前公布的征求意见方案[①]来看，该理论会对包括我国在内的各参与成员的现有税制、税收管理体系、转让定价工作模式等众多方面带来根本性的改变。本章将讨论这些重大变化的起因和影响，为税收实务工作者后续系统学习、掌握反避税转让定价理论和实务做好铺垫。

---

① 方案具体指以下文件：经济合作与发展组织（Organization for Economic Co-operation and Development，OECD）于 2022 年 7 月发布的公众咨询报告《支柱一金额 A 进展报告》(Progress Report on Amount A of Pillar One)、国家税务总局于 2021 年 12 月 1 日发布的《数字经济税收"双支柱"问题解答 30 问》、OECD 于 2021 年 10 月发布的包容性框架 136 个成员辖区《关于应对经济数字化税收挑战"双支柱"方案的声明》、国家税务总局于 2022 年 7 月发布的《数字经济税收"双支柱"问答：支柱二 GloBE 规则十五问》。

第一节　企业所得税征税依据可能双轨化

从征税依据来看，各主要经济体传统企业所得税的征税依据都是单一标准，即以税法规定的应纳税所得额为计税依据。应纳税所得额尽管是根据企业年度税前会计利润调整而来的，但两者的性质完全不同。从发展趋势来看，当前各主要经济体企业所得税法规定的应纳税所得额与会计准则税前利润的差异呈扩大化趋势。在实际征税时，各国的企业所得税法的征税原则是以税法确定的应纳税所得额为征税依据。以我国为例，企业缴纳年度企业所得税的依据是经纳税调整后的会计利润，其中具体调整项目体现了企业所得税法的政策导向。例如，限制扣除的广告费和业务招待费，鼓励扣除的研发费加计扣除等，都会导致应纳税所得额与会计利润产生较大差异。税法调整后，应纳税所得额从性质上来说已经与当年度企业的税前会计利润不同了，反映的是企业的应税所得。

然而，"双支柱"国际税收理论有可能带来除现有企业所得税应纳税所得额单一征税依据外，另外一种以企业会计准则税前会计利润为依据的新的企业所得税征税依据，产生全新的企业所得税征税依据双轨化的改变，这是各国企业所得税政策制定面临的新课题。

根据经济合作与发展组织（Organization for Economic Co-operation and Development，OECD）2022年发布的应对数字经济挑战的支柱一金额A立法模板草案的阶段性征求意见方案，全球范围内销售收入超过200亿欧元的跨国企业，税前利润率超过10%的剩余利润中的25%，将重新分配给跨国企业经营所在当地税收管辖区。如果该设想最终实现，未来跨国企业在经营地所在的国家（地区），可能形成除当地企业所得税法规定的应纳税所得额征税依据外，另一种基于通用会计准则税前会计利润所产生的新的所得税征税依据，支柱一金额 A 理论将这种征税依据称为新联结度创造的新征税权。尽管该征税依据仍然是税前会计利润调整而来的税基，但这种调整不是依据各国现有企业所得税法调整逻辑做出的调整，而是基于"双支柱"理论新联结度规则做出的新调整；这种调整不是在现有应纳税所得额基础上的再次调整，而是基于会计准则税前会计利润的全新调整，可能形成独立于现有企业所得税应纳税所得的新的计税依据；这种调整不是对跨国集团内单个法人企业税前会计利润的调整，而是基于跨国企业合并财务报表层面的调整。因此，从征税性质来说，"双支柱"理论确立的新联结度征税权，更像国际会计准则基础上的以合并会计利润为基础的所得税征税方案。

设立这种新的征税理论的深层次原因是，各国（地区）企业所得税法规定的征税依据是不可能做到统一调整标准的，如果新征税权仍然是在各国企业所得税法基础上进行调整，则不可能实现公平性，反而有可能导致各国税率逐底竞争加剧。而当前各国实施的会计准则普遍以国际会计准则为参照，并有逐步趋同的趋势，因此以通用的会计准则为基础进行调整，才有可能相对公平地分配税基。如果以上理论能够实施，"双支柱"理论会创造基于会计利润的企业所得税的新征税依据，与当前各国（地区）基于各自企业所得税法的应纳税所得额征税依据形成并行的征税依据。以上分析在我国是否会实现，仍需要以我国后续相关税收法律法规实际制定情况为准进行判断。

第二节　对会计准则的应用能力

现行反避税转让定价涉及的税收法律法规不会直接对企业应用会计准则核算提出要求。在实际转让定价工作中应用的会计知识主要涉及财务指标计算、收入类型拆分、成本费用拆分等较浅的应用层级，基本不涉及单个企业复杂层面的会计准则应用。我国当前没有法人企业合并纳税的税法规定（仅适用个别企业的情况除外），即使涉及我国企业所得税中的复杂税会差异调整内容，也仅是单个企业层面的会计处理，不涉及合并报表层面的会计处理。以上这种情况，未来有可能在"双支柱"方案落地后发生重大改变，使得转让定价税务工作者应用复杂会计准则的需求陡然增大。

从现已公布的支柱一金额 A 和支柱二全球最低税率方案来看，无论是支柱一金额 A 的剩余利润的计算还是支柱二的实际有效税率的计算，都需要对母公司合并层面的会计利润进行调整。这里的"合并"概念有可能是简单汇总合并，但更有可能是会计准则合并报表中的合并概念。从实际处理逻辑来看，合并会计报表中的合并概念可能性更大，因为简单汇总合并会保留大量的集团内重复交易产生的收入、成本和利润，导致无法准确反映集团利润水平，更重要的是可能高估被分配用于征税的企业集团利润。

如果未来"双支柱"方案采用会计准则中的母公司合并税前会计利润为基础实施，那么对于从事反避税转让定价实务的工作者来说，势必要求其掌握会计准则合并报表编制原理、合并报表调整分录编制原理等复杂技能，这样才能在合并报表税前会计利润的基础上实施"双支柱"理论要求的会计调整。例如，所得税费用的调整，股息收入的调整，出售另一实体的股权产生的损益调整，持有股权实体的公允价值变动产生的损益调整，权益法下产生的损益调整，罚金、罚款和非法付款的调整等，这些都是现有"双支柱"方案提出的调整类型，具体调整难度预计较大。

以股息收入调整为例，在合并报表层面，母公司对个别报表的"长期股权投资"项目，需要调整为按照权益法核算后的，在合并报表层面进行抵消子公司分配的股息的调整。经过调整抵消后，计入合并报表"投资收益"科目的金额，已包含子公司实现的利润和分配的股息。实施"双支柱"股息排除规则调整时，有可能需要再次按照子公司实际分配的股息从合并报表的投资收益中减除部分股息投资收益。此时，被调整的合并报表税前会计利润，可能既包括权益法确认的子公司投资收益，也包括参股但未达到控制没有纳入合并报表的非子公司实际分配的股息。无论未来实际执行的"双支柱"方案股息排除细则是怎样的，以上合并报表的原理和合并层面的股息投资收益的构成和来源，都需要转让定价税收实务工作者准确理解复杂的会计准则合并报表会计知识。以上合并层面会计准则的应用难度相对于单个企业会计报表的调整来说，已经提升至会计准则应用的最高层次。以上分析在我国是否会实现，要看我国后续相关税收制度的实际情况。

从好的方面来说，"双支柱"理论可以促使税收实务工作者极大提升会计准则应用能力，使得这部分税务工作者有可能成为税收领域运用会计准则最深入、税会差异调整水平最高的税收专业人员。经过这种锻炼后，对单个企业报表层面的税会差异调整，都属于降维理解。

第三节 反避税过程公式化、结论输出工具化

当前各国反避税转让定价案件的磋商效率不高，常规案件可能需要若干年才能结案。造成这种现象的重要原因在于，在传统转让定价理论中，独立交易原则在运用过程中缺乏效率和确定性。例如，转让定价在寻找可比企业、制定可比方案的过程中，面对公开资料中的多个同行业、同类型企业，不同可比方案可能存在很大差异。不同的调整方案，在独立性原则的框架内大多能寻找到有利于自身的调整因素，这就会导致谈判双方的效率降低，特别是在涉及不同税收管辖区之间的双边预约定价或磋商案件中，寻找确定性的效率更低，以至于谈判双方往往需要花费很多精力，在各自的可比性方案的细节构成方面展开竞赛，这种竞争的结果会导致出现非常复杂的调整方案并降

低结案效率。例如，复杂的资本性因素的调整、费用影响因素的调整、市场性因素的调整，甚至消费者心理因素的调整等，这些形式上复杂的调整，使得转让定价逐步偏离了其初衷——提供确定性、避免双重征税。

传统转让定价理论在全球化初期阶段，其效率基本能够满足跨国企业反避税管理的需要，但是在世界经济进入以新业态为代表的全球化大发展阶段后，随着大量跨国企业的涌现，传统转让定价理论内在的缺陷导致反避税和解决双重征税的效率越来越落后于现实需求。

为解决以上传统转让定价理论的重大缺陷，支柱一引入金额B①概念，在大部分行业（排除无形商品、软件、金融服务、数字产品、大宗商品交易）的基础营销和分销活动中，引入简化的独立交易原则的应用指南。根据现有草案，金额B具有广泛的适用性，不设定特定收入门槛或盈利指标门槛。在金额B的具体应用方面，OECD提议建立基础营销和分销活动中央可比数据库，供税务机关和纳税人使用，并提供的两个讨论方案——定价矩阵法和机械定价工具法。这两种方案无论最终采用哪种，都是对传统独立交易原则下的可比方案的重大简化。特别是机械定价工具法，它突出体现了转让定价决策过程公式化的设计理念，简化了可比性分析的过程，只要将被测试对象的财务数据等参数输入该工具，系统将根据经济特征的权重确定被测试方相应的基础营销和分销活动应分享的利润回报。对于金额B的运用结果也体现了转让定价结论工具化的发展方向，未来还可以进一步通过不同模块的工具化设置，把基础的生产加工、集团内简单劳务等基础功能风险分别开发出公式化转让定价工具。如果金额B的设想能够实施，将有可能解决现有转让定

---

① 支柱一金额B是当前最新解释文件，根据OECD于2022年12月发布的《支柱一金额B公众咨询文件》(Public Consultation Document Pillar One – Amount B)和国家税务总局于2021年12月1日发布的《数字经济税收"双支柱"问题解答30问》，支柱一金额B是为基础营销分销活动提供符合独立交易原则的简化定价方法，从而提高税收确定性，减少税企争议。

价体系复杂、缺乏效率的问题。

在争议解决方面,支柱一金额 A 草案提出将采用具有强制约束力的税收争议预防和解决机制,所有涉及金额 A 的相关事项都在该机制的约束之下,包括有关转让定价和营业利润的税收争议。只要争议事项涉及金额 A 的争议,就将采用支柱一的争议解决机制,而不再采用现行国际税收规则下的相互协商程序(MAP)税收争议解决机制。这就是所谓"新事项、新规则"[1]。可以预见,此后随着"双支柱"理论的完善,将有越来越多的方案内容会采用类似强制约束力争议解决机制,以整体提高"双支柱"的执行效率。如果以上设想能够实施,将给现有国际税收体系带来根本性变革。

---

[1] 参见:励贺林,姚丽."双支柱"定下百年国际税收规则重塑框架[EB/OL].[2021-07-04]. https://www.yicai.com/news/101100157.html.

第二章
反避税执行原理与关键概念

本章介绍传统反避税执行过程中需要遵循的基本原理与关键概念，以及关键概念在实际工作中的运作流程，为后续章节的深入学习打下基础。学习本章内容能够帮助读者了解反避税转让定价工作的主要思路和工作方向。书中尽量不罗列太多复杂而缺乏实用性的概念，但仍然需要读者通过一些重要概念去建立反避税分析的基本思考框架。只有这样才能使得大部分人所探讨的反避税转让定价概念，能够建立在具有一定共识平台之上，才能便于在实际工作中有效率地讨论和解决实际问题。

本章主要以基本概念的了解为主，不涉及复杂的分析过程。具体来说，本章内容分为两个部分：一是介绍反避税的执行原理，主要从反避税调查的对象、标准、方法、后果几个方面来讲解反避税的执行原理，以上过程是反避税转让定价工作的整体路线图和规划；二是介绍反避税的一些关键概念，包括被测试企业、可比企业、独立交易原则、功能风险分析、可比性分析、利润指标以及转让定价方法等，这些概念都是反避税转让定价工作需要经常运用的。读者需要熟悉这些概念的运用场景和运用过程中的关键节点。本书中的传统反避税，是指与以国际税收改革"双支柱"理论为代表的反避税新理论相对的内容，如无特别说明，本书中的反避税转让定价是指反避税传统理论。我们只有在深入理解传统反避税转让定价理论概念的基础上，才能更好地运用新理论解决传统理论在应用中存在的问题。

第一节 反避税执行原理

了解反避税的执行原理，是为了帮助读者从整体上把握反避税转让定价工作产生、开展、结束、结果影响的内在逻辑，避免在众多工作细节中失去对主要目标的控制。

在调查对象上，反避税执行原理的起点是分析和确定反避税调查对象的过程。反避税调查的对象是从事跨境经营的主体（包括企业和个人），目前绝大多数情况下以企业作为目标对象。这些跨境经营的企业从投资经营模式来看，通常分为"引进来"企业（即到本国进行投资经营的外资企业）和"走出去"企业（即到境外从事生产经营活动的本国企业）两大类。从理论和实务来看，这两大类企业都有可能成为反避税工作的调查对象。这两类跨境经营的企业的共同特征都是可能通过境内外关联交易安排，把应归属于本国的利润转移到境外其他税收管辖区域，从而损害本国的税收权益。这是包括我国在内的各国税务机关发起反避税调查的根本原因。如果从现有公开报道的反避税工作和研究案例来观察，以"引进来"的外资企业为反避税主要关注的对象。

那么，为什么反避税主要关注的对象是外资企业？外资企业和非居民企业是一回事吗？这两个重要问题关系到读者对反避税转让定价调查对象的理解。第一个问题，首先与本国经济发展情况、产业结构和参与全球分工的情况有关，其次与本国税务机关对于本国经济发展和利润转移税收风险情况的判断有关，具有较强的主观判断因素。本章主要从税收专业的角度为读者详细讲解第二个问题。

非居民企业是按照外国法律设立的他国居民企业。外资企业不等于非居民企业，外资企业是按照本国法律成立的居民企业，其投资股东是由境外非居民构成，属于本国"引进来"在本国注册成立的企业。由于外资企业的股东通常是境外跨国经营的境外非居民企业或个人，因此境内外资企业可能会与境外关联方产生大量的跨境关联交易，这些跨境关联交易很可能存在利润转移的税收风险，因此成为反避税的主要关注对象。需要读者注意的是，非居民企业与居民企业都是我国企业所得税法的管理对象，如果非居民企业取得来源于中国境内的所得，同样有可能成为我国反避税调查的对象。从税收原理来说，对于同一笔跨境关联交易利润转移避税风险，无论是对境外非居民企业还是对境内外资企业进行反避税调查都是等价的，其调查调整的结果都应该是相同的。然而，从实际工作的可行性和税收调查执法的成本角度来衡量，对本国境内的外资企业发起反避税转让定价调查可能是实务工作中唯一可行的调查方式。这是在反避税理论和实际工作可行性之间权衡的结果，是我们深入理解反避税转让定价调查对象的关键。

在调查标准上，不是所有发生跨境关联交易的外资企业都会成为反避税调查的对象，这里涉及外资企业跨境关联交易的申报管理和风险识别问题，即需要有确定的反避税调查标准。对于发生反避税转让定价关注的交易类型，并达到一定交易金额的企业，需要向税务机关申报一系列关联交易资料，税务机关通过这些资料判断企业的跨境关联交易是否具有合理性。这里的具体判断标准有很多，但其主要制定原则是独立交易原则。

独立交易原则的运用结果是按照是否合理进行衡量的，这与合法性标准是完全不同的。反避税转让定价调查主要是考察企业的跨境关联交易是否合理，对利润的影响是否符合独立交易原则的安排，而不是检验企业的关联交易结果是否具有合法性。这也是反避税转让定价与税务稽查的根本区别。

独立交易原则在理论上的定义比较复杂，不同国家不同税务机关和专业机构对其的理解也很丰富，因为从本质上说独立交易原则的定义没有固定标准。在独立交易原则理论下，实际工作者可以制定很多符合自身理解的验证独立交易原则的企业经营标准和财务指标，构成反避税转让定价税务风险判定体系，这就是反避税大数据管理的理论依据。经过该风险判定体系的测试，如果某企业符合独立交易原则，那么税务机关不会对其发起反避税调查；如果某企业没有通过该体系的测试，则税务机关可能需要对其发起进一步的反避税调查。该过程应根据我国《中华人民共和国企业所得税法》（以下简称《企业所得税法》）第六章特别纳税调整的内容执行。

在调查方法上，我国《企业所得税法》及其实施条例、《特别纳税调整实施办法（试行）》（国税发〔2009〕2号印发）等文件规定了一系列反避税转让定价调查调整办法。本书在这里暂不展开去谈，后续会详细介绍这套调查调整办法的主要思路，这也是反避税转让定价工作开展的核心内容。

在调查后果上，反避税转让定价调查如果对被调查企业实施补税，有可能造成企业集团层面的双重征税。反避税调查导致双重征税，是反避税执行原理中的重要内容，关系到反避税调查后续工作的开展问题，对该问题的理解难度也是较大的。这里所说的双重征税，是指对跨国集团取得的同一经营利润，不同税收管辖区的税务机关都征收了所得税，形成了国际双重征税。如果不同税收管辖区之间签订了避免双重征税的协定，那么双方税务机关在企业提出消除双重征税申请后，有义务进行双边磋商，解决双重征税问题，最终达到同一所得仅被征收一次所得税。

单方面的反避税调查会出现双重征税的调查后果，由此附带产生了双边磋商的需求。为规范磋商事项，我国发布了《国家税务总局关于发布特别纳税调查调整及相互协商程序管理办法的公告》（国家税务总局公告2017年第

6号)。随着双边磋商的开展,其后有可能会产生双边磋商协商退税的结果,即双重征税的其中一方或双方对重复征收的税款给予退税。具体来说有可能是外资企业的境外关联交易对方国家税务机关退税,也有可能是我国税务机关对反避税调查补征税款实施退税,当然也有可能因未能达成双边磋商协议而无法实施退税,其中的情况非常复杂,没有必然结论。为避免外资企业被本国税务机关发起避税调查,外资企业或其境外母公司有权利向双方税务机关提出预约定价申请,提前与税务机关约定在未来跨境关联交易中采用什么转让定价方法和利润水平,以确保本国外资企业在本国保留合理的经营利润。这也是反避税调查导致的间接后果之一。这部分属于反避税转让定价中的困难内容,是整体反避税环节中的重要组成部分,相对于企业来说是一项预先税收裁定。

以上部分是对反避税整体工作框架的介绍,有助于帮助读者了解反避税转让定价的整体逻辑。我们平常所说的反避税转让定价工作,主要集中在反避税转让定价分析和调整两部分内容中,前者主要是定性分析是否有进行反避税管理的需要,后者主要是从定量角度对被调查企业的利润进行调整并完成调查补税工作。

如果把被调查企业历年利润水平用线条连接起来就会发现,企业的利润水平会呈现出某种波动状态;如果把企业合理利润水平区间(即可比利润水平)与实际企业利润水平曲线进行比较,可以以此作为被调查企业特别纳税调整补税的依据。简单理解,我们可以认为低于合理利润区间的年度企业利润应该进行应纳税所得调增,调增至合理利润水平的中位值,调增部分对应的所得税即应补缴的企业所得税。接下来是反避税执行原理中的关键问题:怎样确定以上合理利润水平区间?这个合理利润水平区间是税务机关按照转让定价原理和具体企业的经营情况,经与企业协商后确定的。这就是反避税转让定价调查分析和调整工作。要达成以上共识,是一个非常困难的过程,需要经过定性和定量的转让定价分析，包括但不限于对被调查企业的行业分析、价值链分析、经营分析、关联交易分析、功能风险分析、可比性分析等。经过这些功能访谈和调查分析，税务机关制定出反避税调整方案，完善可比调整因素，筛选可比企业和可比利润区间。越往后续阶段发展，反避税转让定价的细节越多，越来越体现出高度的专业性，种种细节是没有从事过这项工作的读者很难想象的。但是无论细节多么复杂，这项工作都是在整体反避税转让定价思想主导下进行的活动。

接下来以一个带有数字的案例来说明反避税执行过程中对税收原理的运用。

【案例2-1】 境外×国跨国企业母公司在中国境内投资设立一家100%持股的外商投资企业，在没有任何利润转移规划的情况下，境外的母公司当年产生的利润是40亿元，境内外资企业产生的利润是50亿元。由于该期间没有任何利润转移，在这种情况下跨国集团的利润总额是90亿元（40＋50）。境外×国对该集团内的母公司所得税征税对象是该母公司实现的利润40亿元，中国税务机关对集团内的境内子公司征收所得税的对象是利润50亿元。这种双方分别对不同利润征税的情况没有产生双重征税。

如果该跨国集团实施了某种利润转移规划，导致以上利润分配出现变化，境外母公司通过跨境关联交易使得中国境内的子公司50亿元的利润中的30亿元转移给了境外的母公司。此时境外母公司的利润变成了70亿元，外资企业在中国境内的利润就变为20亿元，但集团的总利润仍然是90亿元不变，只是利润归属发生了变化。如果境外母公司的企业所得税率低于中国，那么从企业集团整体税负来看，实现了减少集团整体税负的目的。这时，如果中国税务机关经过反避税转让定价分析后认定该外资企业在中国境内的20亿元利润水平过低，不符合独立交易原则，需要进行特别纳税调整补税，补税调增的利润就是被转移至境外的30亿元，那么反避税调查后应税利润就是50亿元。

然而，由于被转移到境外×国的30亿元利润已经在×国被征收了企业所得税，因此该企业集团实际上有30亿元同样的利润在中国和×国都需要缴纳企业所得税，这就产生了事实上的双重征税。对于该双重征税的解决方法主要是由双方税务机关进行磋商，协商出退税方案。避免被双重征税属于签订税收协定国家企业的权利，具体磋商的解决方法有三种可能：一是×国退还30亿元利润的税款；二是中国对补征的30亿元反避税调查税款退税（但不退利息）；三是双方各退一部分，如×国退还30亿元利润中的20亿元对应的税款，中国退还10亿元利润对应的税款等，具体分配比例需要由双方协商确定。除此以外，还有一种最差的可能情况，即由于某些原因双方税务机关无法达成双边磋商协议，无法退税，跨国企业集团最终要承担双重征税的结果。

第二节 反避税关键概念

本节介绍反避税的关键概念，实际的反避税工作就是建立在这些关键的概念基础上的，理解这些关键概念的内涵可以帮助我们在共同的规则和基础上探讨转让定价工作。反避税的关键概念有很多，本书以5个关键概念为主线为读者介绍反避税转让定价的实际执行情况。这5个概念分别是反避税调查对象（被调查对象与被测试企业）、反避税调查标准（独立交易原则）、反避税分析方法（功能风险分析）、反避税可比性分析（可比企业筛选）和反避税调整方法（转让定价方法与利润指标）。以上反避税的关键概念涵盖了反避税大多数具体工作的领域，无论传统反避税在具体表现形式上有多么千差万别，都离不开这些关键概念的解释作用。

一、调查对象与被测试企业

本节以一个案例为背景来说明反避税关键概念的应用场景。

【案例 2-2】 有一个境外跨国集团母公司，该母公司在中国香港设立了一个控股公司 M 公司，M 公司又在中国内地投资设立了子公司 S 公司。中国内地的 S 公司的功能是进行产品的生产和销售，其中一些产品要销售给中国内地的独立客户。具体来说，M 公司先把关键的零配件销售给生产企业 S 公司，S 公司进行进一步的生产加工、组装再将产成品销售给独立客户。M 公司不是免费提供芯片，S 公司需要支付购买芯片的货款。以上生产销售过程包括两个交易：香港 M 公司和内地 S 公司之间的关联购销交易，以及内地 S 公司和第三方客户之间的非关联交易。下面对其中的反避税关键概念进行分析。

如果内地税务机关认为 S 公司和 M 公司之间的关联交易不符合独立交易原则，存在利润转移的避税风险，那么经法定程序后可以启动特别纳税调整调查。该调查的对象是谁？根据我国《企业所得税法》的规定，适用我国《企业所得税法》的企业包括居民企业和非居民企业两大类。因此，特别纳税调整的对象原则上既可以是我国境内的 S 公司，也可以是非居民企业 M 公司。但是由于现实可行性制约，实际工作中的调查对象是 S 公司。

在确定被调查对象后，还有一个关键概念即被测试对象。由于税务机关怀疑被调查企业 S 公司的利润存在被转移可能，实际利润水平不合理，因此为了判断该结论是否准确或判断被低估利润的程度，需要对 S 公司的利润水平进行测试。可以说，在绝大多数情况下被调查企业就是反避税转让定价调查中的被测试对象。当然，也存在例外情况，如果采用间接测试方式或者被调查对象的利润因为各种原因难以符合测试条件，那么也有可能选择与其有关系的其他企业作为被测试对象。所以，被调查企业和被测试对象严格来说是两个不同概念，但在大部分实际工作中两者是相同的。被测试企业选择的原则一般是功能风险比较简单且能够可靠获得其经营财务数据的企业，这是因为功能风险越复杂越独特的企业，就越有可能导致可比企业寻找难度增大，以至于可比企业数据的可比性下降，甚至失去可比性。

本案例中还会涉及一个重要概念，即受控交易。在该案例中，受控交易是香港M公司和内地S公司之间的货物销售交易，该交易属于一项关联交易，因为内地S公司是香港M公司的子公司。该交易不是独立方之间的货物交易，交易的定价很可能是受母公司控制的，双方之间交易的利润水平很可能不符合独立交易原则。与此相对，如果交易发生在独立方之间，则称为非受控交易，例如S公司将生产的产品销售给第三方客户的交易。在非受控交易中，一方不能决定另一方是否进行交易，也不能决定交易对方的交易策略，双方的交易决策遵照市场规律。对被测试方的受控交易进行测试的目的是观察受控交易是否符合独立交易原则。通常判断的标准是看被测试公司的利润率是否符合独立交易情况下的合理利润区间。如果受控交易的利润处于合理利润区间之内，则认为该受控交易的利润水平是合理的，反之则说明是不合理的，可能需要进行转让定价利润调整。

二、独立交易原则

判断被测试对象的利润水平是否处于合理利润区间，需要运用独立交易原则进行判断。独立交易原则本质上是评估被调查对象合理利润水平的问题。OECD在转让定价指南中对独立交易原则的描述是，如果两个企业之间的商业或财务关系达成的交易条件不同于独立企业之间达成的条件，且导致其中一个企业没有取得本应取得的利润，则可以将这部分利润计入该企业的所得，并据以征税。

对独立交易原则的理解并不容易。虽然不同国家不同主体对独立交易原则都在理念上予以认同，但是对其具体界定标准没有可供量化执行的标准。我们理解独立交易原则主要是在理念上理解其核心思想，即在非受控的情况下，各方平等达成交易的情况下取得的利润属于市场合理水平。寻找这种合理利润水平是反避税转让定价工作的底层逻辑。

独立交易原则在具体执行时，是有多个具体原则作为支撑的。独立交易原则的前提是强调进行比较的企业和交易之间具有可比性，需要寻找与被测试企业具有可比性的公开的企业数据进行测试分析。例如，被测试企业是一个电子行业的生产企业，那么寻找可比对象时就应按照相同或相近行业的标准来寻找。如果不能选择行业、规模等相似的企业进行对比，就失去了对比的前提，独立交易原则就无法应用。非公开、不可比企业的利润水平没有参考价值。

应用独立交易原则还需要准确界定交易结构。具体来说，运用独立交易原则还需要考察被测试对象在关联交易中执行的功能、资产、风险情况并进行准确界定找出重大影响因素，以进一步缩小可比企业范围。

应用独立交易原则不是简单考察企业的微观情况，还要观察宏观社会经济环境，考虑独立交易原则受政府产业政策的影响，社会经济发展、政府干预、价格管制等情况对企业利润水平的影响。比如应用独立交易原则时，进行比较的企业如果受到本国产业政策的优惠，获得类似于政府补助的利润，这就与没有得到政府补助的企业之间产生了明显的利润水平差异，有可能导致出现不可比的情况。

应用独立交易原则时，通常除了考察政府外部效应，还需要了解企业集团内部情况对独立交易原则的影响,因为企业集团内部通常存在协同效应,为集团内的企业带来相应的利润,这会对被测试对象的利润水平造成影响,所以考虑独立交易原则时,应该把集团内部的各种因素考虑进去。

以上影响独立交易原则的四个调整因素只是众多常见考察因素中的一部分,在实际运用独立交易原则时,还会根据需要衍生出其他因素,例如利润选址节约、市场溢价等概念,这些假设和概念体系也会对被测试企业利润的定性和定量判断产生重要影响。应用独立交易原则从来不是仅仅依靠个别固定模式,而是存在很多判断标准,需要在实际反避税工作中不断加深认识。

三、功能风险分析

反避税转让定价调查方法的核心工作之一是为被测试企业寻找恰当的独立交易利润的比较对象,完成这项工作的前提是对被测试企业和可比企业各自的功能风险具备深入的理解,这就是功能风险分析。

功能风险分析可以从以下角度来看:

(1)能力。相关企业在达成交易的过程中,需要具备的能力,包括生产、决策、制定商业战略的能力,还可能包括承担商业风险的能力。例如,企业在生产环境方面,是否具备使用设备、资产、人员、技术等方面的能力。

(2)结构。企业集团内部实现功能需要建立必要的内部组织结构。例如,企业在生产经营过程中需要组建相关内部机构来负责生产、管理和销售工作。企业的功能都是由具体的组织结构来实现的,因此考察企业内部组织结构的设置和运作情况,可以成为观察企业功能风险的窗口。

(3)模式。考察跨国集团的商业运作过程,了解其商业模式,分析企业如何创造价值的过程,是功能风险分析的重要内容。该阶段是在了解企业具体资产和组织情况后,从更高的层次认识关联交易在企业价值创造过程中的贡献。不同商业模式的企业利润水平的差异是显著的。

四、可比性分析

可比企业的可比性分析是反避税转让定价调查中的关键概念，需要找到可比企业的可比利润，以此作为转让定价调整的相对客观的依据。例如，如果需要证明香港 M 公司和内地 S 公司之间的受控交易的利润水平符合独立交易原则，就需要在同行业中寻找一个财务数据公开的企业，研究其利润水平是否可以用来衡量被调查企业的受控交易的利润。常见的做法是通过功能风险分析寻找一组同行业的上市公司，通过计算可比上市公司组的平均利润水平来判定被测试企业的受控交易利润率是否处于合理区间。

假如能够找到一个上市公司 K 公司，该公司生产同类产品，销售给独立客户，K 公司的利润率显著高于被测试企业。经过可比性分析，K 公司和被测试企业的功能风险具备可比性，因此可以把 K 公司的利润水平作为判断被测试企业利润率合理性的参考。在实际工作中，通常会寻找好几组可比企业进行比较，分析不同组别可比企业在功能风险和资产上的区别，最终确定与被测试企业最具可比性的企业组。在进行可比性分析时，可比企业的可比利润通常不是某个具体的数，而是一个可比区间。该可比区间使用四分位法进行划分，通常认为处于可比区间内的利润率水平是合理的利润率。在确定平均利润率水平时，有时也以可比企业组利润率四分位法的中位值作为判断标准。

可比性分析，是比功能风险分析更加详细、更加定量化的独立交易原则应用分析方法。可比性分析从理论上看，需要具备 5 个维度的可比性分析，具体如下：

（1）相同时间区间上的可比性。例如考察被测试企业与可比企业相同时间段内的利润情况。

（2）被测试方选择具有可比性。通常选择功能简单的一方为被测试企业，选择个别交易测试或选择全部交易作为被测试交易都会影响可比效果。例如，在进行可比性分析时，以上案例中香港 M 公司的功能风险比内地 S 公司的功能风险更简单，香港 M 公司主要承担持股和管理销售职能，内地 S 公司的主要功能包括生产、销售，甚至部分研发功能，明显比香港 M 公司要复杂。在实际选择被测试对象时是否一定会选择香港 M 公司呢？在实际情况中，内地税务机关在对 S 公司开展反避税调查时，选择 S 公司作为被测试企业的可能性更大。这是出于效率和成本因素考虑的结果。尽管 S 公司的功能风险更复杂，寻找可比对象更加困难，但是相对于香港 M 公司的数据可获取性来说可能性更大，因此事实上的可比性更强。

（3）可比性分析工具。通常进行可比性分析的工具是全球市场上市公司公开的财务数据，如果使用非公开数据，则难以作为可比经营数据，非公开数据缺乏验证一般无参考价值。

（4）可比企业筛选过程。可比性分析的过程也是逐步缩小可比企业范围的过程。在可比企业筛选过程中，需要寻找功能风险相似的企业，比如，销售规模、资产规模、无形资产研发规模、营销规模等重要方面类似的企业。

（5）可比性调整。市场上不可能存在两个功能风险完全相同的企业，如果最优可比企业组仍然与被测试对象有一定关键差异，也难以直接用可比企业组的利润率调整被调查企业的利润率。解决这个问题的办法之一是，对可比企业的利润指标进行可比性调整。根据可比企业与被测试企业在资产规模、功能风险、经营指标等方面的差异，设计出一些利润调整项目，对可比企业组的实际利润水平进行改进调节，使之更接近被测试企业的合理利润率水平。

五、转让定价方法与利润指标

反避税转让定价的调查调整方法，是对被测试对象利润水平的调整，通过不同调整方法和其中的不同利润指标，对被测试对象的实际利润水平进行调整，达到调整被测试企业利润率进入合理利润区间的目的。按照我国现行特别纳税调整税收政策文件规定，常见的调整方法有 5 种，分别是可比价格法、再销售价格法、成本加成法、交易净利润法、利润分割法。对于这些不同的转让定价调整方法，本书后续章节会详细介绍。这些调整方法有的是对价格的调整，有的是对成本的调整，有的是对营业利润率的调整，不同的转让定价调整方法在实施过程中的结果也不同，有的方法在理论上具有优势但是较难实现。在实际工作中最常用的转让定价方法是交易净利润法，利润分割法也偶尔使用，其他 3 种方法通常很少使用。因为交易净利润法和利润分割法，是直接对被测试对象的利润指标进行调整，在一定程度上回避了调整价格或成本带来的不可比难题。

使用利润指标的调整方法，在实际工作中还需要了解利润指标调整方法下不同的具体利润指标计算过程。在转让定价实务中，计算企业利润率的指标有多种，常用的指标有 3 种，分别是：

$$息税前利润率 = 息税前利润 \div 营业收入 \times 100\% \quad (2\text{-}1)$$

$$完全成本加成率 = 息税前利润 \div 完全成本 \times 100\% \quad (2\text{-}2)$$

$$贝里比率 = 毛利 \div (营业费用 + 管理费用) \times 100\% \quad (2\text{-}3)$$

以上具体利润指标的计算公式，需要根据不同被测试对象企业的经营特点选择使用。不同利润率指标计算出的利润率指标的内涵不同，会导致实际计算结果差异较大。

第三节 自测练习

一、单选题

1. 国际税收的本质是（　　）。

    A. 涉外税收

    B. 对外国居民征税

    C. 国家之间的税收关系

    D. 国际组织对各国居民征税

    【参考答案】　C

2. BEPS 行动计划的指导原则是（　　）。

    A. 利润应在经济活动发生地和价值创造地征税

    B. 独立交易原则

    C. 常设机构征税原则

    D. 消除双重征税

    【参考答案】　A

3. 我国税法规定，在我国无住所的人只要在一个纳税年度中在我国居住满（　　）即成为我国的税收居民。

    A. 90 天

    B. 183 天

    C. 1 年

    D. 180 天

    【参考答案】　B

4. 企业与其关联方之间的业务往来，不符合独立交易原则，或者企业实施其他不具有合理商业目的的安排的，税务机关有权在该业务发生的纳税年度起（　　）年内，进行纳税调整。

A. 10

B. 8

C. 5

D. 3

【参考答案】　A

二、多选题

1. 税务机关应当在可比性分析的基础上，选择合理的转让定价方法，对企业关联交易进行分析评估。除了5种常用转让定价方法，其他符合独立交易原则的方法包括（　　）。

   A. 成本法

   B. 市场法

   C. 调查法

   D. 概率法

【参考答案】　AB

2. 国际上通用的税收协定范本有（　　）。

   A. 经济合作与发展组织协定范本

   B. 联合国协定范本

   C. 国际货币基金组织协定范本

   D. 世界银行协定范本

【参考答案】　AB

三、判断题

1. 目前，独立交易原则得到了世界各国的广泛认可，并成为指导各国处理转让定价问题的基本原则,我国税法对独立交易原则的表述是指没有关联关系的交易各方,按照独立交易价格和行业常规进行业务往来遵循的原则。（　　）

【参考答案】　×

2. 非居民企业转让境内企业股权,在计算股权转让所得时,不得扣除被投资企业未分配利润等股东留存收益中按该项股权所可能分配的金额。（　　）

【参考答案】　√

第三章

反避税理论的来源与国内立法

税基侵蚀和利润转移（Base Erosion and Profit Shifting，BEPS），是指在经济全球化的背景下，跨国企业利用全球经营的优势，利用不同税收管辖区的税制差异和规则错配进行税收筹划的策略。该行为侵蚀了所在国家（或地区）的税基，是一种有害税收行为。为应对该项全球化挑战，二十国集团（G20）委托 OECD 制订了防止税基侵蚀和利润转移的行动计划即 BEPS 行动计划。自 BEPS 行动计划制订实施后，该行动计划提出的税收理论成为当前全球反避税与转让定价领域内具有广泛共识的理论。包括我国在内的很多国家所采取的反避税管理措施中，有相当一部分的理论就是源自 BEPS 行动计划的成果。因此，学习反避税转让定价需要了解 BEPS 行动计划的产生背景和主要内容。

本章内容分三个部分介绍 BEPS 行动计划的要点：第一节介绍 BEPS 行动计划的历程，包括发起背景和行动成果；第二节介绍 BEPS 行动计划的主要内容；第三节介绍 BEPS 行动计划在我国的落实情况，主要是我国转让定价领域的国内立法情况。BEPS 行动计划 15 项成果内容繁多，大多数国家基于自身国情，对 BEPS 行动计划的落实是有选择性的、分阶段地通过本国国内立法来推动实施的。

第一节　BEPS 行动计划的历程

BEPS 行动计划的发展历程，体现了全球化时代各国应对全球性跨国避税严峻挑战的努力。跨国企业利用全球化的经营优势，在国际上通过复杂的跨境关联交易，把企业集团的利润从市场国转移到低税率国家（或地区），实现集团整体税负降低。在 BEPS 行动计划制订之前，国际上缺乏具有广泛共识的国际税收规则，国际社会缺乏共识导致对跨境避税行为制约力度不足。各国反避税措施由于缺乏统一协调，存在很多漏洞和不足，再加上各国的税收征管能力差异很大，出现了很多跨境利润转移逃避税收甚至双重不征税的情况。为应对这种不利局面，2012 年 6 月 G20 央行和财长会议同意批准实施应对税基侵蚀和利润转移的 BEPS 行动计划，共同应对国际避税现象。2012 年，各国政府普遍出现财政收入下降、财力不足的情况。OECD 通过调查发现当时很多大型跨国企业的利润水平较高但税负较低，跨国企业把应税利润转移到低税率地区甚至避税地，给各国政府财政收入造成了严重的不利影响。根据 OECD 公布的调查数据，在全球范围内，每年通过避税带来的所得税收入损失大约达到了企业利润的 4%～10%，约 1 000 亿～2 400 亿美元。这对于各国财政收入来说都是一个巨大的损失。

对此，G20 召开会议，启动了应对跨境税基侵蚀和利润转移的 BEPS 行动计划，其主旨是打击国际避税行为，增加各成员国的税收收入。2013 年 6 月，G20 集团委托 OECD 研究和发布行动计划。2013 年 9 月，G20 首脑会议在圣彼得堡召开，正式批准了 BEPS 行动计划。2014 年 9 月，OECD 发布了首批 7 项 BEPS 行动计划。2014 年 11 月，G20 在布里斯班召开峰会，中国国家主席习近平出席并对国际税收改革发表重要观点，提出加强全球税收合作，打击国际逃避税，帮助发展中国家和低收入国家提高税收征管能力的主张。2015年10月，OECD发布全部15项BEPS行动计划内容。2016年5月，中国签署《转让定价国别报告多边主管当局间协议》。2017年6月，中国签署BEPS多边公约，旨在将BEPS行动计划成果运用于我国对外签署的税收协定。

BEPS行动计划有15项内容，其主旨是打击国际逃避税、打击双重不征税和消除国际重复征税，确保利润在经济活动发生地和价值创造地征税。

第二节　BEPS行动计划的内容

BEPS行动计划分5个类别包括15项具体行动计划内容。

第一类是应对数字经济带来的挑战，包括第1项行动计划《关于数字经济面临的税收挑战的报告》。该项行动计划是为了应对数字经济条件下跨国企业通过网络等数字化条件实现经营利润，给传统设立实体常设机构和办事机构的经营方式下税收征管带来的挑战。

第二类是协调各国企业所得税制，包括：第2项行动计划《消除混合错配安排的影响》，旨在消除股权和债券混合工具对税收的不利影响，消除双重不征税、双重扣除、长期递延等有害税收行为；第3项行动计划《制定有效的受控外国公司规则》，是针对受控外国公司的规则设计提出建议；第4项行动计划《对用利息扣除和其他款项支付实现的税基侵蚀予以限制》，通过利息扣除的相关规定限制税基侵蚀，提出最佳实践建议；第5项行动计划《考虑透明度和实质性因素有效打击有害税收实践》，用于改进关于有害税收实际工作，优先提高税务安排的透明度，包括实行强制性自动交换涉及税收优惠的裁定，还包括规定享受某项税收优惠制度必须存在实质性经营活动。

第三类是重塑现行税收协定和转让定价国际规则，包括：第6项行动计划《防止税收协定优惠的不当授予》，防止在不当情况下授予税收优惠的规则设计；第7项行动计划《防止人为规避构成常设机构》，针对BEPS行动计划提出的意见改进常设机构的认定规则；第8~10项行动计划《确保转让定价结果与价值创造相一致》，制定相关规则防止通过集团内成员之间的无形资产交易取得不当税收利益，制定相关规则防止跨国集团通过集团内劳务和滥用成本分摊协议取得不当税收利益。

第四类是提高税收透明度和确定性，包括：第11项行动计划《衡量和监控BEPS》，针对反映的BEPS规模及其经济影响的指标，提出相应建议，并确保有适当的工具可以持续监控和评估为解决BEPS问题所采取的各项行动的有效性和经济性；第12项行动计划《强制披露规则》，评估各国税收管理部门和企业税收遵从的成本，借鉴已有经验，针对激进或滥用税收优惠的交易和安排，制定强制性披露规则，提出设计建议；第13项行动计划《转让定价文档与国别报告》，结合考虑企业的遵从成本，制定涉及转让定价文档资料的规定，以提升税收征管的透明度；第14项行动计划《使争议解决机制更有效》，寻求解决跨国税收争端的途径，消除各国按照相互磋商协定解决税收争议的障碍。

第五类是开发多边工具促进行动计划实施，包括：第15项行动计划《制定用于修订双边税收协定的多边协议》，制定与多边工具相关的税收制度，修改税收协定，使得BEPS行动计划的成果能够高效落实。

以上BEPS行动计划的内容是针对多种跨境税基侵蚀和利润转移不当行为设立的，这些不当税收行为可以通过图3-1进行了解。

假设某国"走出去"从事全球经营的跨国企业A公司，在中间层设立公司1和公司2两个子公司。A公司设立两个中间层公司的作用是从市场国（利

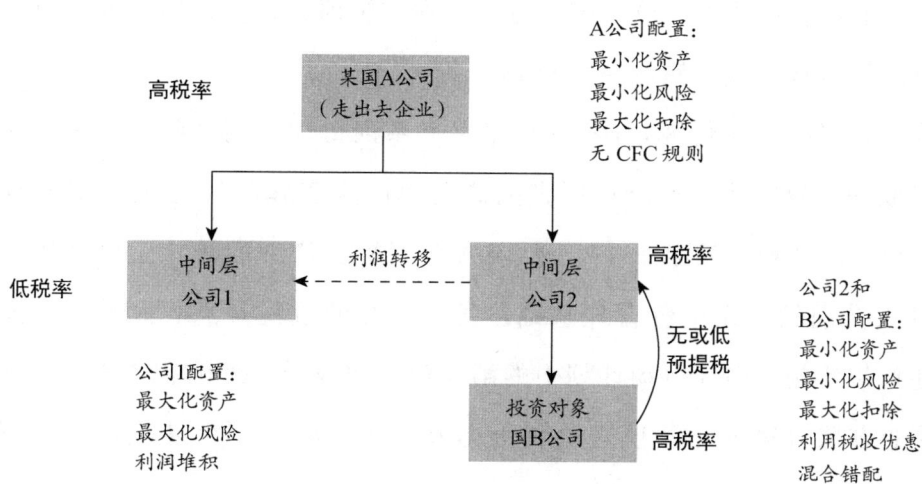

图 3-1　BEPS 行动计划前利润转移的常见模式

润来源国）归集利润。A 公司在投资对象国设立实体经营的 B 公司，B 公司由中间层公司 2 直接持股，通常 B 公司是设立在发展中市场国的公司。跨国企业总部 A 公司所在国是高税率国，中间层公司 1 所在国是低税率国，中间层公司 2 和 B 公司所在国是高税率国。跨国企业 A 公司在市场国设立 B 公司从事实体经营获取利润，并希望将 B 公司的利润转移出去，归集在低税率地，避免在市场国缴纳更多税收。

在 BEPS 行动计划实施前，跨国企业常见的利润转移方法包括进行有针对性的功能风险配置，在公司 A 层面实行最小化资产、最小化风险、最大化扣除配置。如果 A 公司所在国没有受控外国企业规则限制，则可以把集团利润大部分保留在境外低税率国。因为根据功能风险与利润正相关的关系，资产越小、风险越小对应获得的利润就相应越小。由于高税率国税负较高，留存较低利润可以减轻集团税负。中间层公司 1 的功能风险配置情况是尽可能资产最大化、风险最大化，对应匹配的利润就可能最高。中间层公司 2 和市场国 B 公司常见的功能风险配置是最小化资产、最小化风险、最小化功能，尽可能增加税前扣除，并且充分利用税收优惠采用混合错配的方法，把市场国所获取的利润转移出去。在BEPS行动计划实施前，很多跨国企业通过以上功能风险配置方法实现了跨国利润转移目的。

为应对以上避税行为，BEPS提出了一系列行动计划。归纳起来，针对A公司采取的避税方式，A公司所在的高税率国家实施的反避税措施通常是实施BEPS行动计划中的第13项，要求A公司提交详细的转让定价文档，以此加强对A公司的转让定价管理基础，发现潜在的避税疑点。此外，A公司所在国还可以实施BEPS行动计划中的第3项以加强受控外国企业管理，第4项规范利息扣除，第8~10项避免利用无形资产、高风险交易等转移利润。针对中间层公司2和市场国B公司的避税行为，相关国家可以通过实施第2项行动避免混合错配，实施第4项行动计划避免利息不当扣除，实施第5项行动计划避免有害税收实践，实施第6项行动计划避免税收协定滥用，实施第7项行动计划常设机构，第8~10项行动计划避免利用无形资产、高风险交易等转移利润。通过这些反避税措施，相关国家可以有效防止市场国B公司的利润被不合理转移至境外关联方。中间层公司1通常是位于低税地的公司，其主要避税方式是通过持有并授权无形资产，向其他中间层公司和市场国公司收取无形资产使用费。BEPS行动计划主要通过第8~10项行动计划避免利用无形资产、高风险交易等转移利润，防止利润由市场所在地被转移至没有实际承担功能风险的中间层公司拥有。

在BEPS行动计划制订的过程中，中国以OECD合作伙伴身份积极参与其中，与OECD成员方享有同等权利和义务。为做好应对BEPS行动计划的工作，我国国家税务总局专门成立了G20税制改革工作领导小组，制定工作方案，明晰职责分工、确定时间表和路线图，全面推进此项工作。2013年至2015年，国家税务总局共参加BEPS项目相关会议86次，以发展中国家的立场向OECD提交我国立场声明和建议1 000多条，其中许多意见得到了采纳并体现在最终成果中，为BEPS总原则的确立和各项成果的顺利完成做出了重要贡献①。

第三节　BEPS 行动计划的落实

BEPS 行动计划成果成为很多国家或地区反避税转让定价的理论来源之一，具体表现在参与 BEPS 行动计划的国家或地区会通过立法或修订税收协定，把 BEPS 行动计划的成果落实在本国或地区内部法规定中。我国在国内法落实 BEPS 行动计划领域主要从两个方面做出了重要努力：一是对于 BEPS 行动计划提出的最低标准的落实，即行动计划参与各国必要完成的规定做法；二是根据各国实际的税收征管能力和国情可以选择适用 BEPS 行动计划的部分内容，称为重塑国际标准。该部分强调要在国际上建立一套新的国际税收体系标准来应对各国的税基侵蚀和利润转移风险。下面对 BEPS 行动计划在我国国内立法的落实情况进行说明。

1. 落实第 5 项行动计划反有害税收实践的国内立法

在 BEPS 第 5 项行动计划中包括一项具有代表性的行动计划，即打击有害税收实践行动计划。该计划倡议批量交换各国的税收优惠裁定和单边预约定价安排。这是因为一些低税率国家（或地区），利用自身低税率优惠和一些跨国企业签订单边税收安排，帮助这些跨国企业把全球经营利润转移到本国，实现避税目的。跨国公司在这些税收洼地享受的税收优惠，客观上损害了其他国家的税收利益。因此，BEPS 打击有害税收实践的行动计划，就是要求这些国家把给予跨国企业的单边税收优惠和单边税收预约定价安排对外披露，以达到遏制有害税收竞争的目的。

---

① 参见：韩霖，田芸芸. G20 国际税改五年回顾：BEPS 成果的国内落地及最新发展——专访国家税务总局国际税务司司长蒙玉英[J]. 国际税收，2021(4)：3-8.

该项计划倡议各国应提高税收优惠透明度，应在每年批量交换给予跨国企业的优惠类税收裁定和单边预约定价安排信息。对此 OECD 成立有害税收论坛来推动该计划的落实，建立裁定类优惠的强制自发情报交换工作框架，要求各国对依国内法做出的税收裁定交换信息。信息交换的内容包括对跨国企业与税收优惠有关的裁定、转让定价单边裁定（单边预约定价安排）、税收调减的裁定、常设机构的裁定、导管关联方的裁定。相关审议机制从 2017 年起召开有害税收论坛，每年定期对各国执行情况进行审议，包括自我评定、同行评价、年度报告评定等。我国对此的国内立法包括修改国内法，重新制定《国家税务总局关于完善预约定价安排管理有关事项的公告》（国家税务总局公告 2016 年第 64 号，以下简称 2016 年第 64 号公告），按照 BEPS 行动计划的要求规范预约定价谈签和管理以及相关信息交换工作。但我国目前只接受单边预约定价信息交换。2016 年 4 月 1 日以后，我国签署的单边预约定价信息需要在国际上进行交换。这有利于我国掌握有关跨国企业与低税率国家（或地区）签订单边预约定价的情况，从中发现和识别可能存在的避税风险。

2. 落实第 13 项行动计划转让定价文档的国内立法

我国另一个有代表性的 BEPS 行动计划落实情况是落实 BEPS 行动第 13 项成果《转让定价文档与国别报告》。《转让定价文档与国别报告》，通常包括本地文档、主体文档、特殊事项文档和国别报告。对于这些文档的制定，BEPS 行动计划中设立了一系列标准。我国的国内立法采纳《转让定价文档与国别报告》的内容，制定的税收文件是《国家税务总局关于完善关联申报和同期资料管理有关事项的公告》（国家税务总局公告 2016 年第 42 号，以下简称 2016 年第 42 号公告）。该公告对于转让定价文档的分类，是按照目前 BEPS 行动计划的分类标准进行的。该公告重新制定了关联申报的内容要求，并引入了国别报告的报送内容，把国别报告作为本地提交的一类税务信息设定了相关标准。只要企业达到了报送门槛就需要报送国别报告信息，并有可能在国际上进行交换。

该行动计划倡议，建立规范的转让定价文档包括国别报告的报送和交换机制，满足各国税务机关获取潜在避税信息开展反避税工作的需要。该计划的内容主要包括：要求各国完善国内法相关规定，建立国别报告报送机制；鼓励各国税务机关签署《转让定价国别报告多边主管当局间协议》，通过自动信息交换方式实现共享。其中建立国别报告的报送标准，跨国企业在全球合并收入超过 7.5 亿欧元，由母公司向所在国税务机关报送。该项报告义务没有例外行业，经计算只有大型跨国企业需要承担该报告义务，大约 85% 的中小型跨国企业可以免于报送国别报告。

3. 落实第 14 项行动计划争端解决的国内立法

争端解决机制是为了解决本国纳税人在对方国家受到税收调查后的救济渠道问题。由于跨国企业被某一方国家税务机关实施反避税调查补税后，很有可能会产生双重征税，为解决企业避免双重征税的诉求，当事国应依申请开展双边磋商以解决纳税人的诉求。该行动计划倡议建立处理税收争议案件的磋商机制（Mutual Agreement Procedure，MAP），要求各国税务主管当局按照一定的标准处理相互协商案件，提高结案效率，积极为纳税人解决国际双重征税问题。当前 MAP 案件类型主要有两种：一是与税收协定执行和解释相关的案件；二是与特别纳税调查调整相关的案件。该行动计划建立审议机制，呼吁各国对 MAP 案件应在 24 个月内完成协商。我国为落实该项行动计划制定的国内立法安排是与税收协定相关的 MAP 案件按照《税收协定相互协商程序实施办法》（国家税务总局公告 2013 年第 56 号发布）执行；与特别纳税调查调整相关的 MAP 案件按照《特别纳税调查调整及相互协商程序管理办法》（国家税务总局公告 2017 年第 6 号发布）执行。以上公告还制定完善了相互协商工作的流程和内容。

4. 落实第 8 项行动计划无形资产的国内立法

无形资产行动计划提出的现实背景是在知识经济、无形资产价值日益突出的情况下，由于无形资产存在容易转移、价值难以评估的特性，越来越多的无形资产成为跨国企业避税的工具。对此各国税务机关缺乏对无形资产利润归属的有效判定方法。中国是无形资产行动计划的积极推动方，我国提出的多项观点被 OECD 接受并写入行动计划的文本，其中包括对无形资产的定义应该更宽泛，不应仅以法律认可作为定义范围，凡是对价值创造有重要贡献的都可以成为无形资产（例如，本地营销网络、本地工艺改进、市场溢价等）；跨国企业的本地子公司的营销以及生产过程中对工艺流程的改进贡献，即使不构成无形资产也应得到合理补偿；无形资产的超额收益，不应简单归属于无形资产法律所有人，而是应根据各方对无形资产的贡献进行分配等。这些观点为防止跨国企业利用无形资产实施税基侵蚀和利润转移打下了理论基础。以上观点在我国国内法立法中体现在修订《特别纳税调查调整及相互协商程序管理办法》（国家税务总局公告 2017 年第 6 号发布）的多个条款中。

5. 落实第 10 项行动计划集团内劳务的国内立法

集团内劳务是跨国企业常用的一种转让定价工具，因为劳务服务具有无实体性、专业性，难以对其合理定价，因此在某些情况下，集团内劳务成为跨国企业利润转移工具，侵蚀所在国的税基。BEPS 行动计划为防范这种集团内劳务带来的避税危害，采纳了中国提出的集团内劳务 6 项测试，包括受益性测试、需求性测试、重复性测试、价值创造测试、补偿性测试、真实性测试。如果跨国企业对外支付的集团内劳务费不能通过 6 项测试，那么就不得在企业所得税前扣除，这是中国对国际反避税事业的重要贡献。相关国内立法体现在《特别纳税调查调整及相互协商程序管理办法》（国家税务总局公告 2017 年第 6 号印发）的多个条款中。

第四节 自测练习

一、单选题

1. 2017年6月7日,《实施税收协定相关措施以防止税基侵蚀和利润转移（BEPS）的多边公约》首次联合签字仪式在经合组织（OECD）法国巴黎总部举行。截至2022年6月30日，包括我国在内的（　　）个国家（或地区）签署了该公约。

   A. 97

   B. 66

   C. 68

   D. 70

   【参考答案】　A

2. BEPS的15项行动计划按照不同目标分为五大类，其中消除混合错配、制定受控外国公司规则、限制利息扣除、打击有害税收实践等属于以下（　　）类。

   A. 应对数字经济带来的挑战

   B. 协调各国企业所得税制

   C. 重塑现行税收协定和转让定价国际规则

   D. 提高税收透明度和确定性

   【参考答案】　B

3. 我国开始执行《多边税收征管互助公约》的时间为（　　）。

   A. 2017年1月1日

   B. 2016年2月1日

C. 2015 年 10 月 16 日

D. 2013 年 10 月 1 日

【参考答案】　A

4. 下列不属于 BEPS 四项最低标准的是（　　）。

　　A. 防止税收协定滥用

　　B. 消除混合错配安排的影响

　　C. 促进税收争端解决

　　D. 打击有害税收事件

【参考答案】　B

5. "一带一路"税收征管合作机制的成立时间为（　　）。

　　A. 2018 年 5 月 14 日

　　B. 2019 年 4 月 18 日

　　C. 2019 年 4 月 19 日

　　D. 2019 年 11 月 6 日

【参考答案】　B

二、多选题

1. 国际税收情报交换可依据的法律基础包括（　　）。

　　A.《多边税收征管互助公约》

　　B.《双边税收协定》

　　C.《税收情报交换协定》

　　D.《实施税收协定相关措施以防止税基侵蚀和利润转移的多边公约》

【参考答案】　ABC

2. OECD 成立于 1961 年，是政府间国际经济组织，与我国税务机关展开合作的主要是其内设机构中的（　　）和（　　），以及 OECD 所属若干个委员会中的（　　）。

A. 税收政策与管理中心

B. 发展中心

C. 与非成员合作中心

D. 财政事务委员会

E. 经济和发展审议委员会

【参考答案】　ACD

3. 目前，我国可依据《多边税收征管互助公约》与缔约伙伴之间开展（　　）。

A. 文书送达

B. 税款追缴

C. 专项情报交换

D. 自动情报交换

【参考答案】　CD

4. 2015年发布的税基侵蚀和利润转移行动计划成果中，（　　）是最低标准。

A. 有害税收实践

B. 反协定滥用

C. 国别报告

D. 争端解决

【参考答案】　ABCD

5. 下列属于《关于进一步深化税收征管改革的意见》中"强化国际税收合作"内容的有（　　）。

A. 深度参与数字经济等领域的国际税收规则和标准制定

B. 落实防止税基侵蚀和利润转移行动计划

C. 严厉打击国际逃避税

D. 不断完善"一带一路"税收征管合作机制

E. 支持发展中国家提高税收征管能力

【参考答案】 ABCDE

6. 以下属于"一带一路"倡议合作重点的是(　　)。

　　A. 民心相通

　　B. 金融沟通

　　C. 贸易畅通

　　D. 社会融通

　　E. 设施联通

【参考答案】 ACE

三、判断题

1. 我国税收协定网络覆盖的国家（地区）已超过 100 个。　　(　　)

【参考答案】 √

2. 受 G20 委托，OECD 自 2012 年以来大力推动税基侵蚀和利润转移（BEPS）项目，旨在变革国际税收规则、防止企业在世界范围内逃避纳税义务。我国以 OECD 成员身份全程平等深入参与 BEPS 项目，并成为 BEPS 指导委员会委员。　　(　　)

【参考答案】 ×

3. 2017 年 6 月，包括中国在内的 67 个国家和地区的政府代表共同签署《实施税收协定相关措施以防止税基侵蚀和利润转移（BEPS）的多边公约》。　　(　　)

【参考答案】 √

4. 混合错配安排，是指利用 2 个或 2 个以上税收管辖区对同一混合实体

或混合工具在税务处理上的差异产生税收结果错配,从而减少参与方总体税负的安排。( )

【参考答案】 √

第四章

我国反避税体系与法规解读

我国参考国际 BEPS 行动计划等反避税转让定价理论,以我国反避税实践为基础构建了一套行之有效的反避税体系。了解我国现行反避税体系的构成和运作特点,是学习反避税转让定价的基础。该体系对我国反避税的职能定位是服务、管理、调查三位一体的体系。本章主要介绍我国反避税体系的构成情况,包括两部分:一是介绍反避税概念体系,包括习惯上的广义的反避税工作体系和狭义的反避税转让定价调查体系;二是介绍我国近年来在反避税特别纳税调整方面的重要立法情况。

第一节 我国反避税体系

在实际工作中,我国的反避税工作体系涉及范围较广,既包括反避税转让定价调查体系,也包括非居民税收和"走出去"税收体系,这些不同的具体领域共同构成我国国际税收工作体系。本节主要通过介绍特别纳税调整转让定价在整体反避税体系中的定位,帮助读者深入理解我国反避税相关的国际税收工作是怎样开展的。

一、广义反避税工作体系

在我国的国际税收体系中，凡是能够实现BEPS行动计划宗旨确保利润在经济活动发生地和价值创造地征税的国际税收工作都可以被归为广义的反避税管理体系，具体来说主要包括对跨境交易纳税人的服务、管理和调查三大职能，这些构成了我国现行反避税工作体系。这三大职能不是严格按照工作职能分工划分的，以下结合我国税收实践详细介绍。

首先来看我国国际税收实际工作中最常见的非居民税收工作，该项税收工作的主要对象是非居民企业或非居民个人纳税人。境内扣缴义务人围绕对外支付需求，按照我国税法中的代扣代缴税收规定，为对外支付款项进行相关纳税情况判定，其中可能涉及的内容包括对股息、利息、特许权使用费的纳税判定，对劳务行为的纳税判定，对受益所有人的判定，对常设机构的判定，对股权转让的纳税判定，对税款计算和税收优惠执行等事项的处理。以上工作内容涉及较多广义的反避税管理和调查内容，比如对非居民纳税人的税收判定和税收协定事后核查等属于典型的管理工作，对某些具有避税疑点的间接股权转让案件进行反避税调查等。其中部分管理工作涉及BEPS行动计划的重要内容，比如合理区分特许权使用费与劳务服务费是反避税工作的重点内容，体现了BEPS行动计划倡导的理念。国际税收工作中还有一个重要领域是涉及境外税收的"走出去"税收领域，其中也涉及对跨境纳税人的服务、管理和调查等相关内容。我国"走出去"企业对加强中外经济交流、服务"一带一路"倡议做出了重要贡献。"走出去"企业在境外经营涉及复杂的跨境税收问题，其中有很大部分与境外税收征管能力相对薄弱的国家有关，这大大提高了我国对"走出去"企业税收服务的难度。我国常见的"走出去"税收工作包括：为"走出去"企业开具税收居民身份证明，启动税收相互协商程序，维护"走出去"企业境外合法税收权益，规范"走出去"企业的境外抵免和汇算清缴，对涉及避税行为的受控外国企业开展反避税调查等。

通常我们理解的狭义的反避税是指转让定价体系。该体系同样既包括服务也包括管理和调查。典型的服务是税务机关提供双边或单边预约定价服务，和双边税收磋商服务，这两项服务都是依纳税人申请而启动的税收服务措施。除了服务措施，典型的管理措施包括关联申报管理、同期资料管理等，该项管理措施带有强制性，符合提交相关报告的企业需要按时报送关联申报和同期资料，这是我国落实BEPS第13项行动计划转让定价文档的国内立法。在调查职能中，特别纳税调整调查措施是最典型的措施，这是根据我国特别纳税调整税收文件规定启动的，涉及企业跨境关联交易合理性的调查。特别纳税调整调查具有严格的程序和立结案标准，是以上三位一体分工中具有较大难度的事项。

二、狭义反避税法规体系

我国狭义的反避税法规体系主要是指由反避税特别纳税调整税收法律法规文件构建的体系。该体系内的税收文件按照发布时间顺序分别是：《特别纳税调整实施办法（试行）》（国税发〔2009〕2号印发），该文件是当前反避税的基础性法规之一，目前有部分内容已废止；《特别纳税调整重大案件会审工作规程》（国税发〔2012〕16号印发），主要是针对税务机关从事反避税调查的实施流程，该文件目前有部分内容废止；《税收协定相互协商程序实施办法》（国家税务总局公告2013年第56号发布），该文件主要是对企业提供的税收协定争端解决的法律机制，属于一项企业服务措施；《一般反避税管理办法》（国家税务总局令第32号发布），该文件的法律层级较高，是以国家税务总局令的形式发布的，属于所有反避税措施中的兜底文件；《关于完善预约定价安排管理有关事项的公告》（国家税务总局公告2016年第64号），该文件完善预约定价安排的税收文件，主要规定企业申请预约定价的程序和谈签要点；2016年第42号公告，该文件是为落实BEPS第13项行动计划转让定价文档安排而制定的文件，该公告相对较新，规定了我国本地文档、主体文档、国别报告等转让定价文档的报告规范；《特别纳税调整内部工作规程》（税总发〔2016〕137号印发）；《特别纳税调查调整及相互协商程序管理办法》（国家税务总局公告2017年第6号发布），该文件是对《特别纳税调整实施办法（试行）》（国税发〔2009〕2号印发）的重要修订，在多个领域内落实了最新BEPS行动计划的多项成果，是反避税转让定价学习的重点内容。

以上构成整体架构的若干文件如果从服务、管理、调查方面来区分，则有其不同的侧重点，这一类的归纳理解属于较深层次的分类。以下按照不同文件特点进行划分。

（1）服务类文件。这类文件主要包括《税收协定相互协商程序实施办法》（国家税务总局公告2013年第56号发布）、《关于完善预约定价安排管理有关事项的公告》（国家税务总局公告2016年第64号）、《特别纳税调查调整及相互协商程序管理办法》（国家税务总局公告2017年第6号发布）、《国家税务总局关于单边预约定价安排适用简易程序有关事项的公告》（国家税务总局公告2021年第24号）。以上服务类型的转让定价税收文件主要是以预约定价为主体构建的，预约定价的程序与特别纳税调整不同，但其运用的转让定价思想是相通的。

（2）管理类文件。其主体是2016年第42号公告，该公告以BEPS理论为来源，构建了一个转让定价文档报告、交换、应用的复杂体系。

（3）调查类文件。特别纳税调整调查的文件体系比较复杂，主要由《一般反避税管理办法》（国家税务总局令第32号发布）、《特别纳税调整实施办法（试行）》（国税发〔2009〕2号印发）、《特别纳税调整内部工作规程》（税总发〔2016〕137号印发）、《特别纳税调查调整及相互协商程序管理办法》（国家税务总局公告 2017 年第 6 号发布）等文件构成。这些文件规定了我国反避税转让定价调查的方向和程序，包括很多税企双方的博弈内容，熟悉相关法规是进行反避税转让定价的必备要求。

第二节 我国反避税法规及重要修订

为落实 BEPS 行动计划成果，在我国构建反税基侵蚀和利润转移的规则体系，我国税收主管部门对原有反避税转让定价文件《特别纳税调整实施办法（试行）》（国税发〔2009〕2 号印发）做出了重大修订，主要包括废止《特别纳税调整实施办法（试行）》（国税发〔2009〕2 号印发）第二章"关联申报"和第三章"同期资料管理"的内容，重新制定 2016 年第 42 号公告；废止《特别纳税调整实施办法（试行）》（国税发〔2009〕2 号印发）第四章"转让定价方法"、第五章"转让定价调查及调整"、第十一章"相应调整及国际磋商"和第十二章"法律责任"等内容，重新制定《特别纳税调查调整及相互协商程序管理办法》（国家税务总局公告 2017 年第 6 号发布）；废止《特别纳税调整实施办法（试行）》（国税发〔2009〕2 号印发）第六章"预约定价安排管理"的内容，重新制定《关于完善预约定价安排管理有关事项的公告》（国家税务总局公告 2016 年第 64 号）。

一、无形资产反避税法规修订

为防止跨国经营企业利用无形资产从事税基侵蚀和利润转移避税安排，BEPS 行动计划专门对无形资产的特性及其利润回报做出了重新界定。对此我国在国内立法中通过制定《特别纳税调查调整及相互协商程序管理办法》（国家税务总局公告 2017 年第 6 号发布，本节下同）相关条款，把 BEPS 的理论成果进行了立法转化，成为我国无形资产反避税转让定价的指导思想。《特别纳税调查调整及相互协商程序管理办法》第三十条确定了无形资产投入与回报的重要原则，即居民国企业不能仅仅凭借无形资产法律所有权而获得回报，来源国企业从事无形资产开发、价值提升、维护和应用推广的公司，应该获得必要回报。第三十条规定，"判定企业及其关联方对无形资产价值的贡献程度及相应的收益分配时，应当全面分析企业所属企业集团的全球营运流程，充分考虑各方在无形资产开发、价值提升、维护、保护、应用和推广中的价值贡献，无形资产价值的实现方式，无形资产与集团内其他业务的功能、风险和资产的相互作用。企业仅拥有无形资产所有权而未对无形资产价值做出贡献的，不应当参与无形资产收益分配。无形资产形成和使用过程中，仅提供资金而未实际执行相关功能和承担相应风险的，应当仅获得合理的资金成本回报"。该项无形资产转让定价的规定，目前是我国涉及无形资产特别纳税调整的重要依据。

《特别纳税调查调整及相互协商程序管理办法》第三十一条承接对于无形资产相关的特许权使用费后续安排进行具体说明，对于企业与其关联方转让或者受让无形资产使用权而收取到的特权使用费规定了转让定价规则。企业与其关联方转让或者受让无形资产使用权而收取或者支付的特许权使用费，应当根据下列情形适时调整，未适时调整的，税务机关可以实施特别纳税调整：①无形资产价值发生根本性变化；②按照营业常规，非关联方之间的可比交易应当存在特许权使用费调整机制；③无形资产使用过程中，企业及其关联方执行的功能、承担的风险或者使用的资产发生变化；④企业及其关联方对无形资产进行后续开发、价值提升、维护、保护、应用和推广做出贡献而未得到合理补偿。该条明确了税务机关有权依照无形资产功能风险的变化来进行转让定价调整，特别是对于无形资产的后续开发、价值提升、维护做出贡献的关联方，有权取得合理的无形资产回报。

《特别纳税调查调整及相互协商程序管理办法》第三十二条规定，"企业与其关联方转让或者受让无形资产使用权而收取或者支付的特许权使用费，应当与无形资产为企业或者其关联方带来的经济利益相匹配。与经济利益不匹配而减少企业或者其关联方应纳税收入或者所得额的，税务机关可以实施特别纳税调整。未带来经济利益，且不符合独立交易原则的，税务机关可以按照已税前扣除的金额全额实施特别纳税调整。企业向仅拥有无形资产所有权而未对其价值创造做出贡献的关联方支付特许权使用费，不符合独立交易原则的，税务机关可以按照已税前扣除的金额全额实施特别纳税调整"。无形资产特权使用费应与无形资产为企业或者关联方带来的经济效益相匹配，不能夸大无形资产的作用，支付与其功能风险不匹配的收益。文件明确税务机关可以对不符合独立交易原则的无形资产使用费支付实施全额特别纳税调整。

《特别纳税调查调整及相互协商程序管理办法》第三十三条规定，"企业以融资上市为主要目的在境外成立控股公司或者融资公司，仅因融资上市活动所产生的附带利益向境外关联方支付特许权使用费，不符合独立交易原则的，税务机关可以按照已税前扣除的金额全额实施特别纳税调整"。附带利益的无形资产调整不太好理解，比如企业因为融资上市，在公开市场上交易股票，这些行为会带来知名度、美誉度和品牌的影响力的提升，可能会大于未上市的公司。如果某上市公司以上市品牌知名度高为由，向境内公司收取无形资产特权使用费，就称为因为融资上市所产生的附带利益所收取的特权使用费。这种收费通常被认为不具有独立交易合理性。这只是融资附带利益的其中一种，对于这类费用税务机关可以进行全额纳税调整。

二、劳务反避税法规修订

《特别纳税调查调整及相互协商程序管理办法》提出了针对劳务服务的6项测试，即受益性测试、需求方测试、重复性测试、价值创造测试、补偿性测试和真实性测试。这6项测试是专门针对境内企业向境外关联方支付大额劳务服务费的反避税措施，也是我国落实BEPS行动计划的重要国内立法。

《特别纳税调查调整及相互协商程序管理办法》第三十四条，对劳务服务实施反避税调查调整做出了原则性规定，即企业与其关联方发生劳务交易支付或者收取价款不符合独立交易原则而减少企业或者其关联方应纳税收入或者所得额的，税务机关可以实施特别纳税调整。符合独立交易原则的关联劳务交易应当是受益性劳务交易，并且按照非关联方在相同或者类似情形下的营业常规和公平成交价格进行定价。受益性劳务是指能够为劳务接受方带来直接或者间接经济利益，且非关联方在相同或者类似情形下，愿意购买或者愿意自行实施的劳务活动。

《特别纳税调查调整及相互协商程序管理办法》第三十五条详细列举了若干非受益性劳务的特征，企业向其关联方支付非受益性劳务的价款，税务机关可以按照已税前扣除的金额全额实施特别纳税调整。非受益性劳务主要包括以下情形：

（1）劳务接受方从其关联方接受的，已经购买或者自行实施的劳务活动。

（2）劳务接受方从其关联方接受的，为保障劳务接受方的直接或者间接投资方的投资利益而实施的控制、管理和监督等劳务活动。该劳务活动主要包括：①董事会活动、股东会活动、监事会活动和发行股票等服务于股东的活动；②与劳务接受方的直接或者间接投资方、集团总部和区域总部的经营报告或者财务报告编制及分析有关的活动；③与劳务接受方的直接或者间接投资方、集团总部和区域总部的经营及资本运作有关的筹资活动；④为集团决策、监管、控制、遵从需要所实施的财务、税务、人事、法务等活动；⑤其他类似情形。

（3）劳务接受方从其关联方接受的，并非针对其具体实施的，只是因附属于企业集团而获得额外收益的劳务活动。该劳务活动主要包括：①为劳务接受方带来资源整合效应和规模效应的法律形式改变、债务重组、股权收购、资产收购、合并、分立等集团重组活动；②由于企业集团信用评级提高，为劳务接受方带来融资成本下降等利益的相关活动；③其他类似情形。

（4）劳务接受方从其关联方接受的，已经在其他关联交易中给予补偿的劳务活动。该劳务活动主要包括：①从特许权使用费支付中给予补偿的与专利权或者非专利技术相关的服务；②从贷款利息支付中给予补偿的与贷款相关的服务；③其他类似情形。

（5）与劳务接受方执行的功能和承担的风险无关，或者不符合劳务接受方经营需要的关联劳务活动。

（6）其他不能为劳务接受方带来直接或者间接经济利益，或者非关联方不愿意购买或者不愿意自行实施的关联劳务活动。

《特别纳税调查调整及相互协商程序管理办法》第三十六条对具有一定受益性但功能风险不匹配的劳务做出了界定，企业接受或者提供的受益性劳务应当充分考虑劳务的具体内容和特性，劳务提供方的功能、风险、成本和费用，劳务接受方的受益情况、市场环境，交易双方的财务状况，以及可比交易的定价情况等因素，按照本办法的有关规定选择合理的转让定价方法，并遵循以下原则：①关联劳务能够分别按照各劳务接受方、劳务项目为核算单位归集相关劳务成本费用的，应当以劳务接受方、劳务项目合理的成本费用为基础，确定交易价格。②关联劳务不能分别按照各劳务接受方、劳务项目为核算单位归集相关劳务成本费用的，应当采用合理标准和比例向各劳务接受方分配，并以分配的成本费用为基础，确定交易价格。分配标准应当根据劳务性质合理确定，可以根据实际情况采用营业收入、营运资产、人员数量、人员工资、设备使用量、数据流量、工作时间以及其他合理指标，分配结果应当与劳务接受方的受益程度相匹配。非受益性劳务的相关成本费用支出不得计入分配基数。

《特别纳税调查调整及相互协商程序管理办法》第三十七条规定企业向未执行功能、承担风险，无实质性经营活动的境外关联方支付费用，不符合独立交易原则的，税务机关可以按照已税前扣除的金额全额实施特别纳税调整。

以上集团内劳务 6 项测试立法内容完全符合我国在 BEPS 行动计划中的相关立场，以最新的集团内劳务税收理论为指引制定了我国的国内法规定，至此我国在完善劳务服务税收转让定价法规方面确立了中国标准。

第三节　自测练习

一、单选题

1. 下列不属于特别纳税调查调整适用的文书的是（　　）。

    A. 特别纳税调查无问题结案通知书

    B. 特别纳税调查结论通知书

    C. 特别纳税调查初步调整通知书

    D. 特别纳税调查调整通知书

【参考答案】　A

2. 我国《企业所得税法》确定税收管辖权，依据的原则是（　　）。

    A. 收益原则

    B. 属地原则

    C. 属人原则与属地原则相结合

    D. 属人原则

【参考答案】　C

3. 下列不构成常设机构的是（　　）。

A. 分支机构

B. 具有准备性或辅助性的固定营业场所

C. 中外合作办学项目

D. 不具有法人资格的中外合作办学机构

【参考答案】　B

4. 下列属于居民企业的有（　　）。

A. 在中国从事安装服务的美国N公司

B. 美国N公司

C. 实际管理机构在中国的美国N公司

D. 在中国设立常设机构的美国N公司

【参考答案】　C

5. 下面关于所得来源地判断原则的说法中，错误的是（　　）。

A. 销售货物所得，按照交易活动发生地确定

B. 提供劳务所得，按照劳务发生地确定

C. 动产转让所得，按照动产的所在地确定

D. 股息、红利等权益性投资所得，按照分配所得的企业所在地确定

【参考答案】　C

6. 以下不是非居民企业在中国境内设立的机构、场所的是（　　）。

A. 管理机构

B. 提供劳务的场所

C. 装配的场所

D. 偶尔受托从事经营的营业代理人

【参考答案】　D

7. 以下不是税收协定的条款的是（　　）。

A. 特许权使用费

B. 财产收益

C. 演艺人员和运动员

D. 租金

【参考答案】 D

8. 由居民企业控制的外国企业，如其实际税负低于（ ），并非由于合理的经营需要而对利润不做分配或者减少分配的，利润中应归属于我国居民企业的部分，应计入当期收入征税。

   A. 10%

   B. 12.5%

   C. 15%

   D. 17.5%

【参考答案】 B

9. 我国 A 居民企业在甲国设立 B 分公司，2022 年在境内取得所得 1 000 万元，B 分公司取得所得 200 万元。B 分公司适用 40% 税率，但因享受甲国税收减税待遇在甲国实际缴纳所得税 40 万元。A 企业适用 25% 企业所得税税率。按照饶让抵免法，则我国应对该公司征税（ ）万元。

   A. 300

   B. 260

   C. 250

   D. 220

【参考答案】 C

10. A 企业某年度息税前营业利润为 250 万元，息税前利润率为 2.5%，远低于同行业平均利润水平。主管税务机关对其开展特别纳税调查调整，调整指标为息税前营业利润率，目标值为 5.5%。税务机关应当对该企业进行的特别纳税调整额为（　　）万元。

A. 550

B. 250

C. 300

D. 30

【参考答案】　C

11. 境外所得采用我国税法规定的简易办法计算抵免额度，则（　　）。

A. 按照12.5%计算境外已纳税额

B. 按照25%的法定税率计算抵免

C. 按照10%预提税率计算抵免

D. 不适用饶让抵免

【参考答案】　D

12. 境内A银行向甲国B企业贷款1 000万元，合同约定利率为5%。2022年A银行收到甲国B企业45万元利息（已扣除甲国预提所得税，甲国预提所得税率为10%）。该笔境外贷款的融资成本为本金的4%，则A银行应纳税所得总额中境外利息收入的应纳税所得额为（　　）万元。

A. 10

B. 5

C. 45

D. 50

【参考答案】　A

13. 非居民企业在中国境内承包工程作业或提供劳务的，应当自项目合同或协议签订之日起（　　）日内，向项目所在地主管税务机关办理税务登记手续。

A. 25

B. 30

C. 35

D. 40

【参考答案】 B

14. 境内居民企业 A 向非居民企业 B 借款，约定借款期限自 2020 年 1 月 1 日起至 2020 年 12 月 31 日，2020 年 12 月 31 日一次还本付息。而 A 企业实际支付利息时间为 2021 年 6 月 30 日。A 企业在 2020 年 12 月 31 日将该项利息支出计入自建固定资产原值，并于 2021 年 3 月 31 日进行 2020 年度企业所得税汇算清缴申报。则 A 企业应就该利息支出代扣代缴企业所得税的时点为（ ）。

A. 2020 年 12 月 31 日

B. 2021 年 3 月 31 日

C. 2021 年 6 月 30 日

D. 2021 年 12 月 31 日

【参考答案】 B

15. 境外 A 企业为非居民企业，境内 B 企业和 Y 企业为居民企业。A 企业经过前后两次投资 Y 企业，合计持有 Y 企业 40% 的股权。2009 年 10 月 1 日第一次出资 100 万美元（假设当时人民币汇率中间价为：1 美元 = 8.5 元人民币），2012 年 8 月 1 日第二次投资 50 万欧元（假设当时人民币汇率中间价为 1 欧元 = 8.9 元人民币）。2021 年 4 月 10 日 A 企业以人民币 2 000 万元将其拥有的 Y 企业所有股权转让给 B 企业，合同于当天生效，B 企业于 2021 年 4 月 15 日向 A 企业支付了股权转让款 2 000 万元人民币。假设 2021 年 4 月 15 日，人民币兑美元和欧元的中间价分别为 1 美元 = 6.5 元人民币，1 欧元 = 7.5 元人民币。假设本次财产转让交易由扣缴义务人扣缴企业所得税，则本次交易的应纳税所得额是（ ）万元。

A. 705

B. 775

C. 905

D. 975

【参考答案】 D

16. 非居民企业与中国居民企业签订机器设备销售合同，同时提供设备安装等劳务，其销售合同中未列明提供劳务服务收费金额，且主管税务机关又无参照标准的，以不低于销售合同总价款的（ ）为原则，确定非居民企业的劳务收入。

A. 5%

B. 10%

C. 15%

D. 20%

【参考答案】 B

二、多选题

1. 非居民纳税人享受协定待遇，采取（ ）的方式办理。

A. 自行判断

B. 申报享受

C. 相关资料留存备查

D. 相关资料报税务机关备案

【参考答案】 ABC

2. 根据《国家税务总局关于税收协定执行若干问题的公告》（国家税务总

局公告 2018 年第 11 号）的规定，演艺人员活动包括（   ）。

A. 演艺人员从事的舞台、影视、音乐等各种艺术形式的活动

B. 以演艺人员身份开展的其他个人活动（例如演艺人员开展的电影宣传活动，演艺人员或运动员参加广告拍摄、企业年会、企业剪彩等活动）

C. 具有娱乐性质的涉及政治、社会、宗教或慈善事业的活动

D. 在商业活动中进行具有演出性质的演讲

【参考答案】　ABCD

3. 根据《企业所得税法》的规定，下列各项属于非居民企业的有（   ）。

A. 依法在中国境内成立，或者依照外国（地区）法律成立但实际管理机构在中国境内的企业

B. 依法在中国境内成立，但收入全部来源于境外的企业

C. 依照外国（地区）法律成立且实际管理机构不在中国境内，但在中国境内设立机构、场所的企业

D. 在中国境内未设立机构、场所，但有来源于中国境内所得的企业

【参考答案】　CD

4. 关于扣缴义务人应扣未扣预提税的情况，下列说法正确的有（   ）。

A. 非居民企业应到所得发生地主管税务机关申报纳税

B. 对扣缴义务人处以税款的 50% 以上 3 倍以下的罚款

C. 向扣缴义务人追缴税款

D. 对逾期仍未缴纳的税款征收滞纳金

【参考答案】　ABD

5. 境内机构和个人对外支付下列外汇资金，属于免于进行服务贸易等项下对外支付税务备案范围的有（   ）。

A. 境内个人境外留学、旅游、探亲等因私用汇

B. 保险项下保费、保险金等相关费用

C. 外国投资者以境内直接投资合法所得在境内再投资

D. 财政预算内机关、事业单位、社会团体非贸易非经营性付汇业务

【参考答案】 ABCD

6. 税收协定的主要作用包括（   ）。

   A. 降低跨境纳税人在东道国的税负

   B. 增强税收确定性

   C. 消除双重征税

   D. 解决涉税争议

【参考答案】 ABCD

三、判断题

1. 自 2020 年 1 月 1 日起，非居民纳税人享受协定待遇，采取"自行判断、申报享受、相关资料留存备查"的方式办理。（   ）

【参考答案】 √

2. 中外合作办学项目中开展教育教学活动的场所构成常设机构。（   ）

【参考答案】 √

3. 中国企业延期向非居民企业支付的利息，已计入企业当期成本、费用，且在年度申报时税前扣除的，扣缴义务发生时间为企业所得税年度纳税申报时。（   ）

【参考答案】 √

4. 申请人应向主管其所得税的县（区）税务局申请开具《税收居民证明》。中国居民企业的境内、境外分支机构应由其中国总机构向总机构主管税务机关申请。合伙企业应当以其中国居民合伙人作为申请人，向中国居民合伙人主管税务机关申请。（   ）

【参考答案】 √

5. 非居民企业可以享受小型微利企业所得税优惠政策。（ ）

【参考答案】 ×

6. 非居民企业间接转让机构、场所财产所得按照《国家税务总局关于非居民企业间接转让财产企业所得税若干问题的公告》（国家税务总局公告 2015 年第 7 号）规定应缴纳企业所得税的，应计入股权转让合同或协议生效之日次年所属纳税年度该机构、场所的所得，按照有关规定申报缴纳企业所得税。（ ）

【参考答案】 ×

7. 对在中国境内未设立机构、场所的，或者虽设立机构、场所但取得的所得与其所设机构、场所没有实际联系的境外机构投资者（包括境外经纪机构），从事中国境内原油期货交易取得的所得（不含实物交割所得），暂免征收企业所得税。（ ）

【参考答案】 ×

8. 根据税收征管法，我国同外国缔结的有关税收的条约、协定同本法有不同规定的，依照国内法的规定办理。（ ）

【参考答案】 ×

9. 非境内注册居民企业从中国境内其他居民企业取得的股息、红利等权益性投资收益，按照《企业所得税法》第二十六条和《中华人民共和国企业所得税法实施条例》（以下简称《企业所得税法实施条例》）第八十三条的规定，作为其免税收入。（ ）

【参考答案】 √

10. 对香港市场投资者（包括企业和个人）投资上交所、深交所上市 A 股取得的转让差价所得，由上市公司按照 10% 的税率代扣所得税。（ ）

【参考答案】 ×

11. 不具有法人资格的中外合作办学机构构成常设机构。　　　　（　　）

【参考答案】 √

第五章
关联关系和关联交易管理

关联关系和关联交易申报管理是反避税转让定价的基础工作,是反避税大数据应用的主要数据来源和分析调查的依据。我国企业年度关联关系和关联交易申报和企业所得税年度汇算清缴申报同步进行。本章介绍我国现行关联申报、关联交易管理的基本原理和管理逻辑,并对该项管理工作的大数据应用原理进行介绍。本章分为两部分:第一节介绍关联关系和关联交易申报与转让定价工作的关系;第二部分介绍具体关联关系和关联交易申报的要点。

第一节 关联关系和关联交易的类型

首先来看关联关系和关联交易申报的大数据应用逻辑。企业达到我国关联关系和关联交易报送门槛,需要在年度汇算清缴期间内报送关联关系和关联交易报告表。该报告表与企业所得税年度汇算清缴报告表同样具有法律效力,企业需要为申报数据的真实性承担法律责任。企业申报后,数据将进入税务机关申报信息数据库,相关部门可以在这个数据库的基础上应用企业利润水平分析系统提取数据，进行统计分析和风险排序，加工出大数据应用的产品，并结合具体反避税管理和调查工作的需要，制定相应的分析策略，对存在避税风险企业的关联交易进行更加细致的分析对比。

关联交易审核的前提条件是被分析企业对外发生的交易事项是与关联方发生的关联交易事项。根据《企业所得税法》第四十一条的规定，企业与其关联方之间的业务往来，不符合独立交易原则而减少企业或者其关联方应纳税收入或者所得额的，税务机关有权按照合理方法调整。因此，可以说关联关系评估是反避税转让定价的前提工作。

一、关联关系的类型

现行认定企业关联关系的依据是《国家税务总局关于完善关联申报和同期资料管理有关事项的公告》（国家税务总局公告2016年第42号）中规定的关联关系类型，并在《中华人民共和国企业年度关联业务往来报告表（2016年版）》中有详细列示。

根据2016年第42号公告文件规定，关联关系按照以下不同类别进行划分。

1. 股权类关联关系（A类）

一方直接或者间接持有另一方的股份总和达到25%以上；双方直接或者间接同为第三方所持有的股份达到25%以上。

如果一方通过中间方对另一方间接持有股份，只要其对中间方持股比例达到25%以上，则其对另一方的持股比例按照中间方对另一方的持股比例计算。

两个以上具有夫妻、直系血亲、兄弟姐妹以及其他抚养、赡养关系的自然人共同持股同一企业，在判定关联关系时持股比例合并计算。

以上需要关注的新判断标准是，在判断是否因持股关系构成关联关系时，增加了"两个以上具有夫妻、直系血亲、兄弟姐妹以及其他抚养、赡养关系的自然人共同持股同一企业,判定关联关系时持股比例合并计算"的规定。

2. 借贷类关联关系(B类)

双方存在持股关系或者同为第三方持股,虽持股比例未达到上述第一项规定,但双方之间的借贷资金总额占任一方实收资本比例达到50%以上,或者一方全部借贷资金总额的10%以上由另一方担保(与独立金融机构之间的借贷或者担保除外)。

借贷资金占比计算公式如下:

$$\text{借贷资金总额占实收资本比例} = \text{年度加权平均借贷资金} \div \text{年度加权平均实收资本} \tag{5-1}$$

其中:

$$\text{年度加权平均借贷资金} = \text{i 笔借入或者贷出资金账面金额} \times \text{i 笔借入或者贷出资金年度实际占用天数} \div 365 \tag{5-2}$$

$$\text{年度加权平均实收资本} = \text{i 笔实收资本账面金额} \times \text{i 笔实收资本年度实际占用天数} \div 365 \tag{5-3}$$

以上需要关注的新判断标准是,在判断是否因资金借贷构成关联关系时,明确了借贷资金总额占实收资本比例的计算方法。

3. 无形资产控制类关联关系(C类)

双方存在持股关系或者同为第三方持股,虽持股比例未达到25%以上的规定,但一方的生产经营活动必须由另一方提供专利权、非专利技术、商标权、著作权等特许权才能正常进行。

4. 劳务控制类关联关系(D类)

如果一方的购买、销售、接受劳务、提供劳务等经营活动由另一方控制。

其中，控制是指一方有权决定另一方的财务和经营政策，并能据以从另一方的经营活动中获取利益。

5. 高管控制类关联关系（E类）

一方半数以上董事或者半数以上高级管理人员（包括上市公司董事会秘书、经理、副经理、财务负责人和公司章程规定的其他人员）由另一方任命或者委派，或者同时担任另一方的董事或者高级管理人员，或者双方各自半数以上董事或者半数以上高级管理人员同为第三方任命或者委派。

以上标准在判断是否因董事或高级管理人员的任职构成关联关系时，提示性列举了高级管理人员的范围包括上市公司董事会秘书、经理、副经理、财务负责人和公司章程规定的其他人员。

以上关联关系排除仅因国家持股或者由国有资产管理部门委派董事、高级管理人员导致构成关联关系的情形。

6. 家庭成员关联关系（F类）

具有夫妻、直系血亲、兄弟姐妹以及其他抚养、赡养关系的两个自然人分别与双方具有以上股权类、借贷类、经营类、人事控制类几种关系之一，可以判断双方具有关联关系。

以上新判断标准明确具有夫妻、直系血亲、兄弟姐妹以及其他抚养、赡养关系的两个自然人分别与待判定是否构成关联关系的双方因持股关系、资金借贷关系、生产经营需依赖特定特许权交易、控制关系以及董事或高级管理人员的任职构成关联关系的，待判定的双方也构成关联关系。例如，丈夫与A公司构成关联关系，妻子与B公司构成关联关系，则A公司和B公司构成关联关系。

7. 实质控制类（G类）

双方在实质上具有其他共同利益也可以认定为关联关系。

除以上列明的关联关系外，我国税务部门针对新时期出现的新情况，补充了特殊情况下关联关系的认定标准。《国家税务总局关于进一步深化税务领域"放管服"改革　培育和激发市场主体活力若干措施的通知》（税总征科发〔2021〕69号）第二条第（九）项明确，"严格执行关联申报要求。认真落实2016年第42号公告，企业与其他企业、组织或者个人之间，一方通过合同或其他形式能够控制另一方的相关活动并因此享有回报的，双方构成关联关系，应当就其与关联方之间的业务往来进行关联申报"。该项规定实质上是把股权外的控制关系纳入了关联关系申报的范围。

二、关联交易的类型

在关联关系明确的前提下，我国关联交易管理总体原则根据《中华人民共和国税收征收管理法》（以下简称《税收征收管理法》）第三十六条提出的标准，"企业或者外国企业在中国境内设立的从事生产、经营的机构、场所与其关联企业之间的业务往来，应当按照独立企业之间的业务往来收取或者支付价款、费用；不按照独立企业之间的业务往来收取或者支付价款、费用，而减少其应纳税的收入或者所得额的，税务机关有权进行合理调整"，即各项不同类型的关联交易都需要符合独立交易原则。因此，接下来需要按照不同关联交易类型的特点了解关联交易的组成。

根据2016年第42号公告第四条，企业关联交易的主要类型包括：①有形资产使用权或者所有权的转让。有形资产包括商品、产品、房屋建筑物、交通工具、机器设备、工具器具等。②金融资产的转让。金融资产包括应收账款、应收票据、其他应收款项、股权投资、债权投资和衍生金融工具形成的资产等。③无形资产使用权或者所有权的转让。无形资产包括专利权、非专利技术、商业秘密、商标权、品牌、客户名单、销售渠道、特许经营权、政府许可、著作权等。④资金融通。资金包括各类长短期借贷资金（含集团资金池）、担保费、各类应计息预付款和延期收付款等。⑤劳务交易。劳务包括市场调查、营销策划、代理、设计、咨询、行政管理、技术服务、合约研发、维修、法律服务、财务管理、审计、招聘、培训、集中采购等。

第二节　关联关系和关联交易申报管理要点

在税收管理方面，明确报送关联关系和关联申报表的条件是做好相关工作的前提。根据2016年第42号公告第一条规定，"实行查账征收的居民企业和在中国境内设立机构、场所并据实申报缴纳企业所得税的非居民企业向税务机关报送年度企业所得税纳税申报表时，应当就其与关联方之间的业务往来进行关联申报，附送《中华人民共和国企业年度关联业务往来报告表（2016年版）》"。该条款理解起来具有一定的难度，如果境内企业（居民企业或非居民企业，但绝大多数是居民企业）实行查账征收，且在年度内发生了关联交易，无论该关联交易是与境内关联方的交易还是与境外关联方的交易，都需要报送关联关系和关联交易报告表。具体报告方式是通过填报年度汇算清缴申报中的关联关系和关联交易申报表，与年度企业所得税汇算清缴申报表一同报送，截至期限是每年5月31日前完成申报。

一、相关税收文件

与关联关系和关联交易管理相关的税收文件，包括：

（1）《国家税务总局关于完善关联申报和同期资料管理有关事项的公告》（国家税务总局公告2016年第42号）及其官方解读文件，其中涉及公共发布的背景和目的，信息丰富。

（2）《国家税务总局关于明确中华人民共和国企业年度关联业务往来报告表（2016）填报口径的公告》（国家税务总局公告2017年第26号），该公告明确了跨国集团关联方成员实体等问题。

（3）《国家税务总局关于明确国别报告有关事项的公告》（国家税务总局公告 2017 年第 46 号），该公告明确了相关与多边税收征管公约的衔接事项。

（4）《国家税务总局关于进一步深化税务领域"放管服"改革 培育和激发市场主体活力若干措施的通知》（税总征科发〔2021〕69 号），该文件第二条第（九）款明确非股权情况下构成关联关系的情况。企业与其他企业、组织或者个人之间，一方通过合同或其他形式能够控制另一方的相关活动并因此享有回报的，双方构成关联关系，应当就其与关联方之间的业务往来进行关联申报。

二、关联交易申报管理工作

企业发生境外关联交易并进行申报后，后续关联交易管理的原则是判断企业申报的关联交易是否符合独立交易原则。如果经分析判断不符合独立交易原则，那么税务机关很可能对相关交易开展特别纳税调整管理，具体来说相关对外支付的大额费用如特许权使用费、劳务费等费用可能不允许在税前扣除。在判断企业关联交易是否符合独立交易原则和是否属于向未履行功能、承担风险，无实质性经营活动的境外关联方支付费用，可以参考以下判断标准：

（1）与企业承担功能风险或者经营无关的劳务活动。

（2）关联方为保障企业直接或者间接投资方的投资利益，对企业实施的控制、管理和监督等劳务活动。

（3）关联方提供的，企业已经向第三方购买或者已经自行实施的劳务活动。

（4）企业虽由于附属于某个集团而获得额外收益，但并未接受集团内关联方实施的针对该企业的具体劳务活动。

（5）已经在其他关联交易中获得补偿的劳务活动。

（6）其他不能为企业带来直接或者间接经济利益的劳务活动。

三、关联关系审核的要点

关联关系审核的要点主要有两个目标：一是审核是否完整填写《中华人民共和国企业年度关联业务往来报告表（2016年版）》中G000000表《报告企业信息表》和G101000《关联关系表》；二是分析存在隐藏关联关系的可能性。以下分别来看这两个方面的审核要点。

（一）关联申报完整性审核

首先来看第一个审核目标，即审核填表的完整性。在报告企业信息表和关联关系表中，主要需要填报与企业有直接和间接关系的股东和高管人员，包括最终控股股东名称、前五大直接控股股东信息、间接控股或者有重大影响的股东信息等。除了以上填表的信息，还需要在同期资料中补充披露关联申报表中没有的相关重要信息，包括与企业发生交易的关联方，内容涵盖关联方名称、法定代表人、高级管理人员的构成情况、注册地址、实际经营地址，以及关联个人的姓名、国籍、居住地等情况。

（二）识别隐蔽关联关系

除了以上公开披露的关联关系，部分集团企业和跨境经营的企业会通过隐蔽的关联关系进行关联交易，逃避关联交易审核，以此获取税收上的利益。隐藏关联关系的办法很多，例如，企业实际控制人不以出资人的身份出现，不在相关企业任职，以代理人来控制企业，不使用相同或相近的企业名称，采用跨区域间接投资、代理持股、裙带人员持股等隐蔽方式控制相关的企业，躲避监管部门管理。在实际中，隐蔽关联关系的动机不全是逃避纳税，往往还有其他目的，例如，逃避外汇管制、获取银行贷款、粉饰上市公司业绩等。识别隐蔽关联关系的方法大致可以分为两类：一类是通过非财务信息进行识别；第二类是通过财务信息进行识别。在实际工作中，这两类识别方法都是经常使用的。

在关联交易的管理审核中，通常需要按照发现的企业基本面分析和财务数据的疑点，分析关联交易、定量论证的顺序，对跨境关联交易的主要类型如有形资产交易、无形资产交易、提供劳务和股权转让，以及融资金融关联交易进行分析。可能分析的方面包括但不限于以下几方面：

（1）分析跨境货物贸易的关联交易规律。随着对外贸易的发展，我国经济从以往的高速发展转向高质量的中高速发展，我国对外货物贸易结构发生了重要变化，进口原材料、能源等生产要素的价格不断上涨，以跨境货物贸易为主的加工贸易和制造业出口的利润在普遍下降，从事此类业务的跨国企业也在进行产业转移。从经济发展的大趋势来看，大多数普通的制造业货物贸易的整体利润在逐步下降，反映在反避税中的避税风险也在不断下降。但对于具有一定垄断地位和奢侈品消费性质的跨境货物贸易，由于可能存在较高的不合理利润转移的情况，因此不能简单地把这类货物贸易等同于普通的货物贸易。

（2）无形资产跨境关联交易逐渐成为转让定价领域的重点。跨国集团在经营过程中，通常会使用母公司的先进技术、知名品牌或管理经营，利用这些无形资产在中国境内取得高额收益。无形资产具有附加值高、隐蔽性强、价值不确定性强等特点，能够给跨国企业带来的利润比单一功能的加工制造行业高，而这些利润又可以通过无形资产的天然属性进行隐蔽转移。因此，近年来BEPS行动计划针对无形资产加入了新的观点，例如强调市场溢价理论，不能单纯依据无形资产的法律所有权获取超额利润等。这些观点的提出代表了我国在无形资产转让定价理论方面的最新成果。

（3）劳务服务跨境关联交易虽然在BEPS行动计划理论方面已经具备较为完善的体系，但是在具体的反避税管理方面，管理难度依然较大，仍然是避税风险较高的领域。从大的方向上来看，BEPS 行动计划把劳务分为高附加值劳务（例如研发活动）和低附加值劳务（例如生产经营管理），要求区分不同劳务的性质对劳务采取不同的定价标准。在劳务的合理性判断方面，根据国家税务总局公告 2017 年第 6 号第三十四条、三十五条等规定，对跨境关联劳务明确了转让定价原则，即要接受劳务的中国境内企业需要满足劳务的受益性原则才可以进行合规的税务处理。之所以说目前在跨境劳务的税务管理方面存在难度，是因为对于劳务服务的具体价值的衡量存在难度，在实际情况中可能存在难以寻找可比对象的情况。

（4）关联股权转让的发生数量日益增多，特别是在存在境外上市，跨境投资中国境内企业的情况时，容易涉及股权转让的相关问题，比较常见的是与跨境间接股权转让相关的涉税问题。这类跨境股权转让的问题往往单独出现的情况比较多，对此我国已有比较明确的税收法规对其进行规范。

> 【问答】 经过多年的关联关系和关联交易申报管理实践，有关方面积累了不少关于关联报告表填写的实用问题，本书在此介绍部分典型问答，帮助读者了解关联交易申报的细节。
>
> 关联交易和关联申报常见问题问答具体如下。
>
> 1. 问：记账本位币是美元，能否以美元填报关联业务表？
>
> 答：不能。除明确标明其他币种的项目，只能以人民币填报，金额列至小数点后两位。
>
> 2. 问：企业既编制个别财务报表又编制合并财务报表，是否要同时填报《个别年度关联交易财务状况分析表》和《合并年度关联交易财务状况分析表》？
>
> 答：都要填报。
>
> 3. 问：融资租赁企业，因融资租赁而购入的资产需要填写哪张关联报告表？

答：如果是转让所有权的关联交易，要填写《有形资产所有权交易表》；如果是出让资产使用权的关联交易，要填写《有形资产使用权交易表》。

4. 问：总分公司是否构成关联关系？分公司是否需要填写关联交易表？

答：构成关联关系。分公司由总公司汇总纳税，由总公司统一填写关联申报表。

5. 问：企业从集团资金池借入借出多笔资金，该业务是否需要填写关联申报表？

答：需要填写。应在《融通资金表》填写企业发生的借入、借出资金情况。

6. 问：《融通资金表》中的借贷金额是否含增值税？

答：不含增值税。关联申报表中金额与会计核算保持一致。

7. 问：关联方不计息的资金往来是否属于"关联交易"？是否需要填写《融通资金表》？

答：根据国家税务总局2016年第42号公告的规定，融通资金包括各类应计息预付款和延期收付款等。关联方之间的无息资金往来应该计算利息，属于关联交易，应该填写《融通资金表》。

第三节 自测练习

一、单选题

1. 我国税法规定，企业与另一企业之间的借贷资金总额占企业自有资金50%或以上，或企业借贷资金总额的（　　）是由另一企业担保的，可判定为关联企业。

A. 50%

B. 25%

C. 20%

D. 10%

【参考答案】 D

2. 在关联关系判定中，甲公司持有乙公司60%股份，乙公司持有丙公司30%股份，甲公司间接持有丙公司的股份为（　　）%。

A. 60

B. 18

C. 30

D. 40

【参考答案】 C

3. 根据《国家税务总局关于完善关联申报和同期资料管理有关事项的公告》（国家税务总局公告2016年第42号）的规定，国别报告主要披露（　　）所属跨国企业集团所有成员实体的全球所得、税收和业务活动的国别分布情况。

A. 最终母公司

B. 最终控股企业

C. 实体成员

D. 集团总部

【参考答案】 B

4. 根据《企业所得税法实施条例》的规定，《企业所得税法》第三十八条规定的可以指定扣缴义务人的情形，不包括（　　）。

A. 预计工程作业或者提供劳务期限不足一个纳税年度，且有证据表明不履行纳税义务的

B. 纳税人取得《企业所得税法》第三条第三款规定的所得，扣缴义务人未依法扣缴或者无法履行扣缴义务的

C. 没有办理税务登记或者临时税务登记，且未委托中国境内的代理人履行纳税义务的

D. 未按照规定期限办理企业所得税纳税申报或者预缴申报的

【参考答案】　B

二、多选题

1. 混合错配常见的类型包括（　　）。

    A. 金融工具错配

    B. 混合体支付

    C. 反向混合

    D. 输入性错配

【参考答案】　ABCD

2. 税收协定在我国适用的税种有（　　）。

    A. 企业所得税

    B. 环保税

    C. 印花税

    D. 个人所得税

【参考答案】　AD

3. 不需要参与当年度的非居民企业所得税汇算清缴的情况有（　　）。

    A. 当年度亏损的非居民企业

    B. 临时来华承包工程和提供劳务不足1年，在年度中间终止经营活动，且已经结清税款的

    C. 汇算清缴期内已办理注销的

D. 其他经主管税务机关批准可不参加当年度所得税汇算清缴的

【参考答案】　　BCD

三、判断题

1. 通过金融账户涉税信息自动交换（CRS），可以获取我国税收居民在境外开立的金融账户交易明细。　　　　　　　　　　　　　　　　（　　）

【参考答案】　　×

2. 2022 年税务机关拟对 A 企业实施特别纳税调查调整，涉及调整年度为 2007—2012 年，A 企业应按要求进行调整，补缴税款并对全部年度加收利息。　　　　　　　　　　　　　　　　　　　　　　　　（　　）

【参考答案】　　×

3. 税务机关实施特别纳税调整调查时，只能要求被调查企业提供相关资料。　　　　　　　　　　　　　　　　　　　　　　　　　　（　　）

【参考答案】　　×

4. 税收居民身份证明应证明非居民纳税人取得所得的当年度税收居民身份。　　　　　　　　　　　　　　　　　　　　　　　　　　（　　）

【参考答案】　　×

5. 企业来源于境外的利息、租金、特许权使用费、转让财产等收入，若未能在合同约定的付款日期当年收到上述所得，仍应按合同约定付款日期所属的纳税年度确认境外所得。　　　　　　　　　　　　（　　）

【参考答案】　　√

第六章
转让定价文档管理

转让定价文档和国别报告,是 BEPS 行动计划中的第 13 项成果,也是一项重要的反避税基础工作。这项行动计划的主要措施是在各国建立一套标准化的转让定价文档报送标准,以转让定价文档中的同期资料和国别报告作为管理手段,发现跨国企业可能存在的避税疑点。本章通过介绍同期资料的分类、内容构成和管理要求,帮助大家掌握同期资料和国别报告准备工作的要点,更好地发挥该项工具在反避税转让定价中的基础性作用。

第一节 转让定价文档分类

转让定价文档包括的类型较多,分别适用不同情况的报告主体,理解起来具有一定难度。它是开展反避税管理工作的第一个难点。当前我国的转让定价文档体系是在 BEPS 行动计划理论来源的基础上,依据 2016 年第 42 号公告税收文件建立起来的体系。

从整体上看,转让定价文档的主要组成部分是同期资料和国别报告,在单独提及同期资料的情况下，通常包括本地文档、主体文档和特殊事项文档三个组成部分。这三个部分不是必须同时提交，而是根据不同企业的情况在满足相关报送标准的情况下才需要报送。特殊事项文档又包括两个特殊文档项目：一是成本分摊协议，二是资本弱化文档。在我国，以上转让定价文档在实际税收管理中是通过两大报送体系分别实现的。其中同期资料报送体系是根据 2016 年第 42 号公告单独建立的报送体系，国别报告报送体系是随关联交易报告表在年度汇算清缴期内与企业所得税汇算清缴报告同时报送的体系。这是两套不同标准的数据报告途径。

本书根据转让定价文档在实务工作中的常见程度，将其分为同期资料和国别报告两种类型。

一、同期资料

（一）本地文档

本地文档是跨国企业准备的一类最常见的同期资料报告，它反映跨国集团内部具体某一子公司的关联交易情况，其信息有助于确保企业在特定的税收管辖区域内的转让定价政策符合独立交易原则。本地文档侧重于对跨国企业在中国境内的公司与其他国家的关联企业之间发生的对当地税收影响重大的关联交易进行转让定价分析。按照 BEPS 第 13 项行动计划对本地文档提出了基本要求，本地文档涉及三个方面的内容：本地企业信息、受控交易、财务信息。

在我国，本地文档披露的企业关联关系和转让定价信息非常丰富。根据 2016 年第 42 号公告第十四条的规定，本地文档主要披露企业关联交易的详细信息包括以下内容。

1. 企业概况

（1）组织结构，包括企业各职能部门的设置、职责范围和雇员数量等。

(2) 管理架构,包括企业各级管理层的汇报对象以及汇报对象主要办公所在地等。

(3) 业务描述,包括企业所属行业的发展概况、产业政策、行业限制等影响企业和行业的主要经济和法律问题,主要竞争者等。

(4) 经营策略,包括企业各部门、各环节的业务流程,运营模式,价值贡献因素等。

(5) 财务数据,包括企业不同类型业务及产品的收入、成本、费用及利润。

(6) 涉及本企业或者对本企业产生影响的重组或者无形资产转让情况,以及对本企业的影响分析。

2. 关联关系

(1) 关联方信息,包括直接或者间接拥有企业股权的关联方,以及与企业发生交易的关联方,内容涵盖关联方名称、法定代表人、高级管理人员的构成情况、注册地址、实际经营地址,以及关联个人的姓名、国籍、居住地等情况。

(2) 上述关联方适用的具有所得税性质的税种、税率及相应可享受的税收优惠。

(3) 本会计年度内,企业关联关系的变化情况。

3. 关联交易

1) 关联交易概况

(1) 关联交易描述和明细,包括关联交易相关合同或者协议副本及其执行情况的说明,交易标的的特性,关联交易的类型、参与方、时间、金额、结算货币、交易条件、贸易形式,以及关联交易与非关联交易业务的异同等。

(2) 关联交易流程,包括关联交易的信息流、物流和资金流,与非关联交易业务流程的异同。

（3）功能风险描述，包括企业及其关联方在各类关联交易中执行的功能、承担的风险和使用的资产。

（4）交易定价影响要素，包括关联交易涉及的无形资产及其影响，成本节约、市场溢价等地域特殊因素。地域特殊因素应从劳动力成本、环境成本、市场规模、市场竞争程度、消费者购买力、商品或者劳务的可替代性、政府管制等方面进行分析。

（5）关联交易数据，包括各关联方、各类关联交易涉及的交易金额。关联交易数据分别披露关联交易和非关联交易的收入、成本、费用和利润，不能直接归集的，按照合理比例划分，并说明该划分比例的依据。

2）价值链分析

（1）企业集团内业务流、物流和资金流，包括商品、劳务或者其他交易标的从设计、开发、生产制造、营销、销售、交货、结算、消费、售后服务、循环利用等各环节及其参与方。

（2）上述各环节参与方最近会计年度的财务报表。

（3）地域特殊因素对企业创造价值贡献的计量及其归属。

（4）企业集团利润在全球价值链条中的分配原则和分配结果。

3）对外投资

（1）对外投资基本信息，包括对外投资项目的投资地区、金额、主营业务及战略规划。

（2）对外投资项目概况，包括对外投资项目的股权架构、组织结构，高级管理人员的雇佣方式，项目决策权限的归属。

（3）对外投资项目数据，包括对外投资项目的营运数据。

4）关联股权转让

（1）股权转让概况，包括转让背景、参与方、时间、价格、支付方式，以及影响股权转让的其他因素。

（2）股权转让标的的相关信息，包括股权转让标的所在地，出让方获取该股权的时间、方式和成本，股权转让收益等信息。

（3）尽职调查报告或者资产评估报告等与股权转让相关的其他信息。

5）关联劳务

（1）关联劳务概况，包括劳务提供方和接受方，劳务的具体内容、特性、开展方式、定价原则、支付形式，以及劳务发生后各方受益情况等。

（2）劳务成本费用的归集方法、项目、金额、分配标准、计算过程及结果等。

（3）企业及其所属企业集团与非关联方存在相同或者类似劳务交易的，还应当详细说明关联劳务与非关联劳务在定价原则和交易结果上的异同。

6）其他税收裁定

与企业关联交易直接相关的，中国以外其他国家税务主管当局签订的预约定价安排和做出的其他税收裁定。

4. 可比性分析

（1）可比性分析考虑的因素，包括交易资产或者劳务特性，交易各方功能、风险和资产，合同条款，经济环境，经营策略等。

（2）可比企业执行的功能、承担的风险以及使用的资产等相关信息。

（3）可比对象搜索方法、信息来源、选择条件及理由。

（4）所选取的内部或者外部可比非受控交易信息和可比企业的财务信息。

（5）可比数据的差异调整及理由。

5. 转让定价方法的选择和使用

（1）被测试方的选择及理由。

（2）转让定价方法的选用及理由，无论选择何种转让定价方法，均须说明企业对集团整体利润或者剩余利润所做的贡献。

（3）确定可比非关联交易价格或者利润的过程中所作的假设和判断。

（4）运用合理的转让定价方法和可比性分析结果，确定可比非关联交易价格或者利润。

（5）其他支持所选用转让定价方法的资料。

（6）关联交易定价是否符合独立交易原则的分析及结论。

（二）主体文档

主体文档是 BEPS 第 13 项行动计划制订的一份重要的转让定价文档，也是 2016 年第 42 号公告修订加入的一项重要同期资料文档。相对于准备本地文档的企业来说，需要准备主体文档的企业相对较少，通常来说，具有较大体量的跨国企业才需要准备主体文档。主体文档是站在跨国企业最终控制方的角度，来分析其全球的组织和业务开展情况的转让定价文档，涉及跨国集团的全球战略，具有较强的敏感性。

主体文档反映跨国企业集团业务全貌，其中主要包括全球业务性质、整体转让定价政策以及全球收入及经济活动的分配情况，以帮助税务机关确定是否存在重大转让定价风险。一般情况下主体文档包括与跨国集团相关的概述和反映跨国企业集团的经济、法律、财务、税收等背景情况。BEPS 第 13 项行动计划认为，主体文档无需提供详尽的细节内容，只需要提供其中重要的协议、无形资产和交易清单。准备主体文档的目的是向税务机关提供跨国企业的全球运营情况及政策概况等重要信息，如果遗漏某些信息会影响转让定价结果的可靠性，那么此类信息就应被认为是重要的。

根据 2016 年第 42 号公告第十二条的规定，主体文档主要披露最终控股企业所属企业集团的全球业务整体情况，具体包括以下内容：

1. 组织架构

以图表形式说明企业集团的全球组织架构、股权结构和所有成员实体的地理分布。成员实体是指企业集团内任一营运实体，包括公司制企业、合伙企业和常设机构等。

2. 企业集团业务

（1）企业集团业务描述，包括利润的重要价值贡献因素。

（2）企业集团营业收入前五位以及占营业收入超过5％的产品或者劳务的供应链及其主要市场地域分布情况。供应链情况可以采用图表形式进行说明。

（3）企业集团除研发外的重要关联劳务及简要说明，说明内容包括主要劳务提供方提供劳务的胜任能力、分配劳务成本以及确定关联劳务价格的转让定价政策。

（4）企业集团内各成员实体主要价值贡献分析，包括执行的关键功能、承担的重大风险、使用的重要资产。

（5）企业集团会计年度内发生的业务重组，产业结构调整，集团内企业功能、风险或者资产的转移。

（6）企业集团会计年度内发生的企业法律形式改变、债务重组、股权收购、资产收购、合并、分立等。

3. 无形资产

（1）企业集团开发、应用无形资产及确定无形资产所有权归属的整体战略，包括主要研发机构所在地和研发管理活动发生地及其主要功能、风险、资产和人员情况。

（2）企业集团对转让定价安排有显著影响的无形资产或者无形资产组合，以及对应的无形资产所有权人。

（3）企业集团内各成员实体与其关联方的无形资产重要协议清单，重要协议包括成本分摊协议、主要研发服务协议和许可协议等。

（4）企业集团内与研发活动及无形资产相关的转让定价政策。

（5）企业集团会计年度内重要无形资产所有权和使用权关联转让情况，包括转让涉及的企业、国家以及转让价格等。

4. 融资活动

(1) 企业集团内部各关联方之间的融资安排以及与非关联方的主要融资安排。

(2) 企业集团内提供集中融资功能的成员实体情况,包括其注册地和实际管理机构所在地。

(3) 企业集团内部各关联方之间融资安排的总体转让定价政策。

5. 财务与税务状况

(1) 企业集团最近一个会计年度的合并财务报表。

(2) 企业集团内各成员实体签订的单边预约定价安排、双边预约定价安排以及涉及国家之间所得分配的其他税收裁定的清单及简要说明。

(3) 报送国别报告的企业名称及其所在地。

主体文档与本地文档的主要区别在于:第一,文档覆盖范围不同。本地文档仅以单个子公司为视角反映关联交易,主体文档以站在集团最终母公司视角反映整体交易。第二,文档准备主体不同。本地文档由各子公司各自准备,主体文档由最终母公司准备。

(三) 特殊事项文档

我国同期资料中的特殊事项文档包括两类特殊事项文档,即成本分摊协议和资本弱化文档。特殊事项文档之所以特殊是因为在企业实际经营中,发生此类业务的情况比较特殊且不多见,这些事项并不是企业跨境关联交易的主要业务类型。

对于成本分摊协议,BEPS 行动计划解释成本分摊协议,是一种特殊的合同安排,用来约定合同各参与方在共同开发、生产或受让无形资产或服务时各自应做出的贡献和需要承担的风险,并预期上述无形资产或服务会为各参与方创造收益。如果成本分摊协议未对各参与方的贡献和收益进行合理评估,将导致后续开展的经济活动发生利润转移,税务机关对此有进行后续管理和

第六章 转让定价文档管理

调整的权力。

2016年第42号公告第十五条规定，企业签订或者执行成本分摊协议的，应当准备成本分摊协议特殊事项文档。2016年第42号公告第十六条规定成本分摊协议特殊事项文档包括以下内容：

（1）成本分摊协议副本。

（2）各参与方之间达成的为实施成本分摊协议的其他协议。

（3）非参与方使用协议成果的情况、支付的金额和形式，以及支付金额在参与方之间的分配方式。

（4）本年度成本分摊协议的参与方加入或者退出的情况，包括加入或者退出的参与方名称、所在国家和关联关系，加入支付或者退出补偿的金额及形式。

（5）成本分摊协议的变更或者终止情况，包括变更或者终止的原因、对已形成协议成果的处理或者分配。

（6）本年度按照成本分摊协议发生的成本总额及构成情况。

（7）本年度各参与方成本分摊的情况，包括成本支付的金额、形式和对象，做出或者接受补偿支付的金额、形式和对象。

（8）本年度协议预期收益与实际收益的比较以及由此做出的调整。

（9）预期收益的计算，包括计量参数的选取、计算方法和改变理由。

资本弱化，是企业和企业的投资者为了最大化自身利益或其他目的，在融资和投资方式的选择上，降低股本的比重，提高贷款的比重而造成的企业负债与所有者权益的比率超过一定限额的现象。企业资本由权益资本和债务资本构成。权益资本是所有者投入的资本，包括投入的资本金、资本公积金、盈余公积金和未分配利润等；债务资本是从资本市场、银行、关联企业的融资及正常经营过程中形成的短期债务等。在企业的生产经营所用资金中，债务资本与权益资本比率的大小，反映了企业资本结构的优劣状况。这种比率如果合理，债务资本适当，可以保证企业生产经营和防范市场风险的资金需求，并获得财务上的良性效应，即资本结构的优化；如果债务资本超过权益资本过多，比例失调，就会造成资本弱化。

资本弱化文档的作用是帮助企业证明关联债资比符合独立交易原则的文档。当企业接受关联企业的债务投资与权益投资超过规定的比例时，企业发生的超过部分利息支出通常不允许企业所得税前扣除。如果企业认为符合独立交易原则，可以税前扣除的，应当根据 2016 年第 42 号公告第十五条规定准备资本弱化特殊事项文档进行说明。

2016 年第 42 号公告第十五条规定，企业关联债资比例超过标准比例需要说明符合独立交易原则的，应当准备资本弱化特殊事项文档。2016 年第 42 号公告第十七条规定资本弱化特殊事项文档包括以下内容：

（1）企业偿债能力和举债能力分析。

（2）企业集团举债能力及融资结构情况分析。

（3）企业注册资本等权益投资的变动情况说明。

（4）关联债权投资的性质、目的及取得时的市场状况。

（5）关联债权投资的货币种类、金额、利率、期限及融资条件。

（6）非关联方是否能够并且愿意接受上述融资条件、融资金额及利率。

（7）企业为取得债权性投资而提供的抵押品情况及条件。

（8）担保人状况及担保条件。

（9）同类同期贷款的利率情况及融资条件。

（10）可转换公司债券的转换条件。

（11）其他能够证明符合独立交易原则的资料。

准备以上同期资料也有例外情况，2016 年第 42 号公告第十八条规定，企业执行预约定价安排的，可以不准备预约定价安排涉及关联交易的本地文档和特殊事项文档，且关联交易金额不计入本公告第十三条规定的关联交易金额范围。企业仅与境内关联方发生关联交易的，可以不准备主体文档、本地文档和特殊事项文档。

二、国别报告

国别报告是反映跨国集团在全球所有运营的国家和地区内的全球收入分配、纳税情况以及各税收管辖区内的其他经济活动指标的信息报告。根据BEPS第13项行动计划，该报告需要列示跨国企业集团所有成员实体的名单及其财务信息、所属税收管辖地、注册地，以及主要经营活动的性质。

国别报告内容对于企业具有极强的敏感性和保密性，因此国别报告的准备条件和报送要求都是非常严格的。国别报告一般是由大型跨国企业集团最终控股企业向本国税务机关报送国别报告；国别报告在主管税务机关之间进行交换；国别报告有助于对转让定价风险进行初步评估，协助税务机关评估其他与税基侵蚀和利润转移相关的税务风险。然而，BEPS行动计划强调国别报告披露的信息不能直接构成转让定价调查调整的依据。

我国国别报告的填报要求是根据2016年第42号公告规定具体执行的。该公告规定了国别报告的准备条件和报送要求，阐述了我国国别报告的制定背景。文件规定我国居民企业跨国企业实际控制方，通过关联申报表中的国别报告表格报送国别报告，具体来说分别是《国别报告——所得、税收和业务活动国别分布表（该表披露跨国企业集团全球收入、利润、人员分别等情况）和《国别报告——跨国企业集团成员实体名单》（该表披露各成员实体的注册地以及所从事的经济活动性质）。

2016年第42号公告第五条规定国别报告的报送情况，存在下列情形之一的居民企业，应当在报送年度关联业务往来报告表时，填报国别报告：

（1）该居民企业为跨国企业集团的最终控股企业，且其上一会计年度合并财务报表中的各类收入金额合计超过55亿元。最终控股企业是指能够合并其所属跨国企业集团所有成员实体财务报表的，且不能被其他企业纳入合并财务报表的企业。成员实体应当包括：①实际已被纳入跨国企业集团合并财务报表的任一实体；②跨国企业集团持有该实体股权且按公开证券市场交易要求应被纳入但实际未被纳入跨国企业集团合并财务报表的任一实体；③仅由于业务规模或者重要性程度而未被纳入跨国企业集团合并财务报表的任一实体；④独立核算并编制财务报表的常设机构。

（2）该居民企业被跨国企业集团指定为国别报告的报送企业。国别报告主要披露最终控股企业所属跨国企业集团所有成员实体的全球所得、税收和业务活动的国别分布情况。国别报告与主体文档的区别主要表现在报送形式上，主体文档是详细文本式报告，国别报告是固定格式的表格式报表，并且国别报告的报送门槛远高于报送主体文档的集团企业。

第二节 同期资料报送条件和常见管理问题

同期资料文档的报送和管理是反避税转让定价的重要基础工作，本节主要依据我国的税收文件要求介绍各类同期资料的报送条件和常见管理问题。

一、同期资料报送条件

（一）本地文档的报送条件

本地文档是子公司层面的转让定价文档，反映跨国企业集团某个下属公司所发生的局部跨境关联交易情况的个别报告。根据 2016 年第 42 号公告第十三条、十八条，判定某个跨国企业在华子公司是否应当准备年度本地文档，可以按以下步骤进行判定：

第一步：判断本公司年度内是否发生跨境关联交易。如果没有，不需要准备本地文档；如果有，进行第二步判断。

第二步：①判断本公司在该年度有形资产所有权转让金额（来料加工业务按照年度进出口报关价格计算）是否超过 2 亿元。注意此处是指买卖有形货物的所有权，不是使用权。如果超过，则需要准备本地文档，如果没有超过进行下一项判断。②判断本公司年度金融资产转让金额是否超过 1 亿元。如果超过，则需要准备本地文档；如果没有超过，进行下一项判断。③判断本公司无形资产所有权转让金额超过 1 亿元。注意此处是指买卖无形资产的所有权，不是使用权。如果超过，则需要准备本地文档；如果没有，超过进行下一项判断。④判断本公司其他关联交易金额合计超过 4 000 万元。如果超过，则需要准备本地文档。

执行预约定价安排的企业可以不用准备预约定价关联交易相关的本地文档，且执行预约定价安排的关联交易不计入以上关联交易金额。本地文档的准备时限，根据 2016 年第 42 号公告第十九条，应在次年 6 月 30 日前准备完毕。

（二）主体文档报送条件

主体文档是集团母公司层面的转让定价文档，它反映整个跨国集团所发生的整体跨境关联交易情况，这个全部关联交易是指全球层面的关联交易报告。

1. 判断是否准备主体文档

主体文档的反映对象和准备主体往往是分离的，这是与本地文档不同的地方。本地文档的反映对象和准备主体基本上都是同一个子公司。主体文档反映的对象是集团母公司的全球整体交易情况，而有准备主体文档义务的可能是母公司分布在中国境内的子公司。根据 2016 年第 42 号公告第十一条、第十八条，第判断某个跨国集团母公司是否需要准备年度主体文档，可以按以下步骤进行判断：

第一步：判断本公司年度内是否发生跨境关联交易。如果没有，不需要准备主体文档；如果有，进行第二步判断。

第二步：①询问本公司的最终合并报表的母公司是否准备了主体文档。如果已准备，则不论本公司关联交易金额大小都需要准备主体文档；如果母公司没有准备主体文档，进行下一项判断。②本公司年度内关联交易总额是否超过 10 亿元人民币？如果超过，则需要准备主体文档；如果没有超过，则不需要准备主体文档。

注意：这里的关联交易总额，是指本企业发生的境内外各类型的关联交易总额，且不能排除已执行预约定价安排的关联交易金额。

2. 了解主体文档准备时限

根据 2016 年第 42 号公告第十九条，主体文档应在最终控股母公司会计年度结束之日起 12 个月内准备完毕。

根据《国家税务总局关于明确同期资料主体文档提供及管理有关事项的公告》（国家税务总局公告 2018 年第 14 号），跨国集团在中国的子公司提供主体文档可以遵循以下规则：

（1）如果跨国企业集团准备了主体文档的，我国境内的子公司可以选择任一企业主管税务机关主动提供主体文档。集团内其他企业被主管税务机关要求提供主体文档时，在向主管税务机关书面报告集团主动提供主体文档情况后，可免于提供。如果集团内一家企业被税务机关实施特别纳税调查并已按主管税务机关要求提供主体文档，集团内其他企业不能免予提供主体文档，但集团仍然可以选择其他任一企业适用该款规定。

（2）企业集团内各企业均属一个省、自治区、直辖市、计划单列市税务机关管辖的，收到主体文档的主管税务机关需层报至省税务机关，由省税务机关负责主体文档管理，统一组织协调，按需求提供给集团内各企业主管税务机关使用。

（3）企业集团内各企业分属两个或者两个以上省、自治区、直辖市、计划单列市税务机关管辖的，收到主体文档的主管税务机关需要层报至国家税务总局，由国家税务总局负责主体文档管理，统一组织协调，按需求提供给集团内各企业主管税务机关使用。

（三）特殊事项文档报送条件

特殊事项文档包括成本分摊协议特殊事项文档和资本弱化特殊事项文档。根据 2016 年第 42 号公告第十五条、第十八条，企业没有发生跨境关联交易的不需要准备特殊事项文档。

如果企业发生了跨境关联交易，并且企业签订或者执行成本分摊协议的，应当准备成本分摊协议特殊事项文档。

如果企业发生了跨境关联交易，并且企业关联债资比例超过标准比例需要说明符合独立交易原则的，应当准备资本弱化特殊事项文档，即企业发生了跨境关联交易，并且关联债资比超过 2∶1（非金融企业）或者 5∶1（金融企业）时，企业需要提供资本弱化特殊事项文档。执行预约定价安排的企业可以不用准备预约定价关联交易相关的特殊事项文档，且执行预约定价安排的关联交易不计入以上关联交易金额。

二、同期资料常见管理问题

【问答】 在实际工作中常见以下有关同期资料准备和管理中的问题，仅供读者参考。

1. 问：编制本地文档的可比数据必须找 3 年的数据吗？找一年的数据是否可以？

答：在应用交易净利润法进行可比性分析时，通常应考虑运用多年度的数据资料。根据惯例，一般会使用 3 个年度的数据，除非个案的特殊情况需要更长的时间。

2. 问：只有境内业务的企业是否应该编制本地文档？

答：根据国家税务总局 2016 年第 42 号公告第十八条第二款规定：企业仅与境内关联方发生关联交易的，可以不准备主体文档、本地文档和特殊事项文档。

3. 问：企业签订成本分摊协议如何处理？

答：根据国家税务总局 2015 年第 45 号公告成本分摊协议管理公告，企业应自成本分摊协议签订起 30 日内向税务机关报送副本，并在年度汇算时填报关联业务表。

4. 问：国别报告表中有形资产不包括"金融资产"，这里是否包括应收账款？

答：根据国家税务总局 2016 年第 42 号公告，金融资产包括应收账款、应收票据、其他应收款项等。

5. 问：集团公司属于投资公司，所有收入都是投资收益，应该如何填列国别报告中的关联方收入？

答：从其他成员实体收取的，在其他成员实体所属国家（地区）被认定为股息的款项，不计入收入。

6. 问：国别报告报送条件中上一会计年度合并报表中各类收入合计超过 55 亿元，其中"上一会计年度"怎样理解？如 2017 年度未超过 55 亿元、2018 年度超过 55 亿元，2019 年是否填报国别报告？

答："上一会计年度"是指企业所得税申报所属年度的上一年，不是申报当年的上一年。2019 年申报年度判断是否报送国别报告，应该这样考虑：2019 年申报年度的所属年度是 2018 年度，2018 所属年度的"上一会计年度"也就是 2017 年度收入未超 55 亿元，因此 2019 年不需要填报国别报告。应在 2020 年报国别报告。

7. 问：合资企业，两家股东持股比例为 50∶50，且两家股东均合并该企业财务报表。如果该企业存在跨境关联交易，且年度关联交易总额超过达到 10 亿元，合资企业如何准备主体文档？

答：主体文档只针对年度内发生跨境关联交易的企业，只要企业有跨境关联交易，应自行了解合并其财务报表的最终控股企业集团是否已经准备主体文档。如果最终控股企业集团已经准备主体文档，翻译成中文，并按照中国主体文档要求补充部分内容即可；如果其最终控股企业集团没有准备主体文档，企业再审视自身当年关联交易总额是否达到 10 亿元，如果达到 10 亿元，则企业需要准备最终控股企业集团的主体文档。

该企业两家股东均合并该企业财务报表，所以应当了解两家股东所属企业集团是否已经准备主体文档。如果两家股东所属企业集团均已准备主体文档，翻译成中文，并按照中国主体文档要求补充部分内容即可。

如果两个股东所属集团未准备主体文档，该居民企业要分别准备两个股东的主体文档。

8. 问：集团最终控股企业未准备主体文档，中国子公司满足主体文档准备条件。如果最终控股企业会计年度是 10 月 1 日至次年 9 月 30 日，中国子公司首个主体文档应该准备最终控股企业哪个会计年度的？是 2015 年 10 月 1 日—2016 年 9 月 30 日，还是 2016 年 10 月 1 日至 2017 年 9 月 30 日？

答：2016 年第 42 号公告适用于 2016 年及以后的会计年度，相应的首个主体文档年度应该是最终控股企业 2016 年 1 月 1 日及以后开始的首个会计年度。

对于本例，中国子公司应该准备 2016 年 10 月 1 日开始的会计年度，按照 2016 年第 42 号公告规定，应该在 2018 年 9 月 30 日前准备完毕。

9. 问：主体文档涉及跨国企业集团的全球业务，出于对集团商业机密的考虑，主体文档是否可以采取多种途径提交？

答：税务机关对主体文档的提交方式没有特别限制。可以由集团最终控股企业自己提交，也可以授权中国境内子公司或者中介机构提交。

第三节 自测练习

一、单选题

1. 企业应当依据《企业所得税法实施条例》第一百一十四条的规定，按纳税年度准备并按税务机关要求提供其关联交易的同期资料。以下（　　）企业需要准备主体文档。

    A. 年度关联交易总额超过 4 000 万元

    B. 年度关联交易总额超过 5 亿元

    C. 年度关联交易总额超过 10 亿元

    D. 年度关联交易总额超过 1 亿元

    【参考答案】　C

2. 特殊事项文档包括（　　）特殊事项文档和资本弱化特殊事项文档。

    A. 有形资产使用权或者所有权的转让

    B. 资金融通

    C. 无形资产使用权或者所有权的转让

    D. 成本分摊协议

    【参考答案】　D

3. 同期资料包括主体文档、本地文档和( )。

    A. 特殊事项文档

    B. 集团组织架构

    C. 集团业务描述

    D. 国别文档

【参考答案】 A

4. 同期资料应当自税务机关要求的准备完毕之日起保存( )年。

    A. 5

    B. 10

    C. 15

    D. 20

【参考答案】 B

5. 下列表述中,( )不属于税务机关对辖区内企业实施特别纳税调整监控管理的主要手段。

    A. 同期资料管理

    B. 关联申报审核

    C. 转让定价调查

    D. 利润水平监控

【参考答案】 C

二、多选题

1. 本地文档是企业反映其关联交易情况的重要资料,年度关联交易金额符合( )条件之一的企业,应当准备本地文档。

    A. 有形资产所有权转让金额(来料加工业务按照年度进出口报关价格计算)超过2亿元

B. 金融资产转让金额超过 1 亿元

C. 无形资产所有权转让金额超过 1 亿元

D. 其他关联交易金额合计 3 000 万元

【参考答案】 ABC

2. 存在（　　）情形的居民企业，应当在报送年度关联业务往来报告表时，填报国别报告。

   A. 年度关联交易总额超过 10 亿元

   B. 该居民企业为跨国企业集团的最终控股企业，且其上一会计年度合并财务报表中的各类收入金额合计超过 55 亿元。

   C. 该居民企业被跨国企业集团指定为国别报告的报送企业

   D. 有形资产所有权转让金额（来料加工业务按照年度进出口报关价格计算）超过 50 亿元

【参考答案】 BC

三、判断题

1. 根据《国家税务总局关于完善关联申报和同期资料管理有关事项的公告》（国家税务总局公告 2016 年第 42 号），最终控股企业是指能够合并其所属跨国企业集团所有成员实体财务报表的，且不能被其他企业纳入合并财务报表的企业。　　　　　　　　　　　　　（　　）

【参考答案】 √

2. 企业仅与境内关联方发生关联交易的，可以不准备主体文档、本地文档和特殊事项文档。　　　　　　　　　　　　　　　　　　　　（　　）

【参考答案】 √

第七章
磋商与预约定价

本章为读者介绍"三位一体"反避税体系中的服务工作内容,即双边磋商和单双边预约定价相关事项。[①] 磋商和预约定价对于大部分读者来说是比较陌生的概念,磋商属于一种对纳税人的事后救济途径;预约定价是对未来关联交易的假设性事实,提供税收确定性的一种事前税收裁定措施。随着跨国企业跨境经营范围和规模的扩大,税收争议出现的概率也大大提高,双边磋商就成为一种维护本国跨国企业在不同国家(地区)合法税收权益的有力工具,使得当前双边磋商的需求也在不断增加。在各国反避税调查力度不断加大的情况下,跨国企业为寻求税收确定性,避免进入高风险和高成本的反避税调查程序而希望与主管税务机关达成预约定价协议。因此,掌握磋商和预约定价的基本知识,是从事反避税转让定价工作的必备要求,可以帮助读者形成完整的国际税收理念。本章内容分为两部分:一是介绍磋商和预约定价的概念及其适用模式对比;二是了解我国现行磋商和预约定价相关规则。

---

① 注:理论和法规中存在多边磋商和多边预约定价,但实务中极为少见,本书在此简化表述。

第一节　磋商与预约定价适用模式对比

磋商，即相互协商程序（Mutual Agreement Procedure，MAP），是国际税收协定中规定的缔约方之间相互协商解决税收问题的程序。《OECD税收协定范本》和《联合国税收协定范本》中都设有相互协商程序条款，具体内容包括，当纳税人认为缔约方一方或双方的征税措施对其产生不符合税收协定的征税时，可以将案情提交其居民国主管税务机关。主管税务机关认为其提出的意见合理但不能单方面解决时，应设法与缔约方另一方主管税务机关启动相互协商程序，达成协议解决纳税人享受税收优惠或避免双重征税的涉税需求。由此可见，磋商主要包括两大方面的内容：一是解决纳税人享受税收协定的争议，另一个是解决纳税人被转让定价调查补税形成的双重征税问题。

预约定价安排（Advance Pricing Arrangement，APA），是指纳税人事先将其和境外关联企业之间的内部交易与经营事项涉及的转让定价方法，向税务机关申请报告，经纳税人、关联企业、税务机关充分地协商后，预先确定受控交易所适用的转让定价标准（如转让定价方法、可比对象确定、对未来事件的关键性假设等），共同签署一份约定未来关联交易事项的转让定价安排协议。该协议的核心内容是对跨国企业未来实现的利润进行分配的方案，通过这项事先裁定获得受税务机关认可的确定性安排，避免产生后续企业被税务机关发起反避税调查的风险。通常预约定价安排分为，由税收协定缔约双方主管税务机关达成的双边预约定价安排和申请企业与主管税收机关达成的单边预约定价安排两种。

为加深读者对磋商和预约定价概念的理解，本书在此介绍与这项工作有关的几项事实。第一，磋商和预约定价是税务机关为企业提供的一项依申请的税收行政服务，不是行政执法或行政调查行为，其目的是解决税收争议和提供确定性。第二，目前在我国向主管税务机关提出磋商和预约定价申请的大部分是我国"引进来"的外资企业，我国"走出去"企业随着未来在境外的经营活动逐步增加也会逐步增加这类服务需求。第三，磋商主要解决已经发生的税收争议，包括我国企业在境外不能享受对方国家与我国签署的税收协定争议和被国外税务机关反避税调查补税后的解决双重征税诉求。预约定价主要为预防有可能发生的转让定价调查。第四，磋商和预约定价不能确保解决税收协定争议和消除双重征税，因为在实际操作过程中，双边磋商会遇到很多种情况导致双方税务机关不能够达成一致，也就无法解决双重征税问题，这是最差的一种情况。第五，我国当前在双边磋商中的立场是不接受国际仲裁，即使出现磋商不能够达成一致的情况也不接受国际仲裁，确保国家税收主权。

1. 双边磋商的适用模式

为说明双边磋商的适用模式，本书以具体实例为读者介绍磋商的具体产生背景。假设，境外母公司在中国境内设立了一个外资子公司，外资子公司实施了一项利润转移税收安排，把在中国境内实现的利润转移了30亿元到境外。如果没有实施利润转移，中国境内子公司的利润是50亿元，实施利润转移后中国境内留存利润20亿元。该公司的利润转移安排触发我国税务机关对其实施的特别纳税调整调查，通过调查我国税务机关成功调增该外资企业30亿元应纳税所得，并补征了相应的税款。在实施特别纳税调整后，该跨国集团的经营利润总额没有改变，全球利润仍然是90亿元，但由于该转移部分的利润30亿元已经转移到对方国家并缴纳了企业所得税，因此跨国集团总的经营利润中有30亿元利润被重复征税，形成了被双重征税的情况。为解决企业的双重征税问题，被调查企业的母公司向其所在国税务机关提出双边磋商申请，希望通过双边磋商解决被重复征税的多缴税款问题。如果双方税务机关根据双边税收协定安排接受企业申请启动磋商程序，两国税务机关就会开展双边谈判，协商解决双重征税的方案。该协商结果本质是协商一种双方都能接受的退税方案，包括一方全额退税一方不退税，或双方都退税的解决方案，以及无法达成一致不能解决双重征税的结果。

双边磋商的范围较广，适用对象主要分为两类，一类是税收协定项目的双边磋商，另一类是与特别纳税调整有关的双边磋商。与税收协定相关的双边磋商适用对象包括我国的非居民企业和我国的"走出去"企业，如果企业在相关国家提出享受税收协定的事项产生争议，企业可以提出双边磋商申请解决这类争议。

在实际工作中比较复杂的是与特别纳税调整相关的双边磋商程序。在我国提出与特别纳税调整相关的双边磋商申请的适用对象，主要是在我国被特别纳税调整调查的外资企业。这类双边磋商具有较强的时限规定。假设，外资企业被税务机关特别纳税调整调查的年度是2020年，根据我国《企业所得税法实施条例》第一百二十三条规定，企业与其关联方之间的业务往来，不符合独立交易原则，或者企业实施其他不具有合理商业目的安排的，税务机关有权在该业务发生的纳税年度起10年内，进行纳税调整。因此，该项特别纳税调整调查的时间范围最长不超过往前追溯10年即最早从2010年度起进行调查调整。特别纳税调整案件不是短期内能够结束的，如果税务机关2020年立案，2022年调查结案且当年企业补缴了税款和利息，企业有权在2022年当年提出双边磋商申请解决双重征税问题。

2. 预约定价申请的适用模式

预约定价申请的适用模式与磋商程序相比有相似之处，以同样背景的示例向读者介绍。假设，境外母公司在中国境内设立一个外资子公司，子公司每年转移利润30亿元到境外，使得境外母公司每年利润增加到70亿元，但跨国集团总利润仍然是90亿元。该跨国企业集团对于自身的转让定价安排是否符合税务机关独立交易测试没有把握，希望与税务机关协商取得一个确定的转让定价安排，把外资子公司在境内的留存利润水平确定在合理区间，避免被税务机关调查产生损失。出于以上动机，该跨国集团子公司向我国税务机关提出预约定价申请。

预约定价申请分为两类：一是双边预约定价申请，由企业提出申请，由外资企业母公司所在国税务机关与我国税务机关开展谈判，确定企业跨国利润的归属。该类预约定价安排效力最强，一旦达成协议可以完全避免被双方税务机关发起反避税调查，但是该类预约定价安排难度最大，不容易达成协议。二是单边预约定价申请，由该外资企业与中国税务机关开展谈判，取得外资企业在中国的利润归属。该类预约定价安排的效力仅适用于中国境内，无法避免境外母公司所在国税务机关认定该单边预约定价安排转移母公司利润安排不合理从而被进行反避税调查。

在实际预约定价安排中，不仅可以对未来的利润分配进行安排，也可以追溯过往年度的利润安排。例如，企业于2022年提出双边预约定价谈签申请，经评估税务机关于2023年接受企业谈签意向，则在实际谈判中以2023年为准，企业可以向前追溯调整10年即从2013年起至2022年作为追溯调整时间，预约定价时间可以从2023年算起安排未来3～5年的利润安排情况，即最长对2023—2027年度的未来利润安排进行谈判。

第二节　磋商与预约定价规则

我国磋商和预约定价需要按照我国税收文件的具体规定执行。

一、磋商的相关规定

我国与税收协定相关的磋商文件依据是《国家税务总局关于发布〈税收

协定相互协商程序实施办法〉的公告》（国家税务总局公告 2013 年第 56 号），与特别纳税调整调查相关的磋商文件依据是《特别纳税调整及相互协商程序管理办法》（国家税务总局公告 2017 年第 6 号发布），这两个文件分别应对不同类型的磋商案件。

首先来看税收协定类的税务争议磋商范围，共包括六个方面：第一，与居民身份认定相关的争议；第二，与常设机构判定相关的争议；第三，与所得或者财产的免税、税率适用情况相关的争议；第四，遭遇税收歧视产生的纳税争议；第五，与税收协定理解有关的争议；第六，与税收管辖权相关的争议。以上税收协定类型的争议，企业可以按照《税收协定相互协商程序实施办法》向省级税务机关提出启动 MAP 程序，申请人包括企业和个人。企业向注册地所在省税务机关提出申请，个人向户籍所在省级税务机关提出申请。与转让定价调查调整相关的磋商申请，主要包括与外资企业相关的转让定价调查补税争议，以及我国"走出去"企业在境外遭到转让定价调查的税收争议。这类税收争议可以依据《特别纳税调整及相互协商程序管理办法》，由当事企业向我国国家税务总局提出申请启动 MAP 程序。

《BEPS 多边公约》对相互磋商程序有专门规定，相互磋商案件提交时限为不符合税收协定的征税措施第一次通知之日起 3 年内。如果我国家和其他个别国家单独约定了不同的磋商时限，则按照税收协定执行。同时《BEPS 多边公约》规定，MAP 和国内法救济途径应当是平行程序，纳税人可以不考虑国内法救济途径直接申请 MAP。这是多边公约对于提出磋商申请案件的一个非常重要的原则，确定了磋商和国内法的救济程序是平行关系，而不是先后关系，国内税收救济程序申请不影响提出磋商申请。

二、预约定价安排

我国预约定价安排执行中的程序有较大的操作难度，预约定价过程本身较为复杂，当前主要税收文件依据是《国家税务总局关于完善预约定价安排管理有关事项的公告》（国家税务总局公告 2016 年第 64 号）。根据该文件，我国预约定价申请主要包括 6 个实施阶段：

（1）预备会谈。

（2）谈签意向。

（3）分析评估。

（4）正式接受申请。

（5）开展协商并签署协议。

（6）监控执行。

预约定价安排通常适用于有一定规模的企业，判断标准是主管税务机关向企业送达接收其谈签意向的《税务事项通知书》之日所属纳税年度前 3 个年度，每个年度发生的关联交易金额 4 000 万元人民币以上的企业。

三、预约定价预备会谈提交资料

申请预约定价安排的企业，应当向税务机关书面提出预备会谈申请。税务机关可以与企业开展预备会谈。预备会谈期间，企业应当就以下内容做出简要说明：

（1）预约定价安排的适用年度。

（2）预约定价安排涉及的关联方及关联交易。

（3）企业及其所属企业集团的组织结构和管理架构。

（4）企业最近 3~5 个年度生产经营情况、同期资料等。

（5）预约定价安排涉及各关联方功能和风险的说明，包括功能和风险划分所依据的机构、人员、费用、资产等。

（6）市场情况的说明，包括行业发展趋势和竞争环境等。

（7）是否存在成本节约、市场溢价等地域特殊优势。

(8) 预约定价安排是否追溯适用以前年度。

(9) 其他需要说明的情况。

企业申请双边预约定价安排的，还应提交以下说明内容：①向税收协定缔约对方税务主管当局提出预约定价安排申请的情况；②预约定价安排涉及的关联方最近 3~5 个年度生产经营情况及关联交易情况；③是否涉及国际重复征税及其说明。

四、预约定价谈签意向说明文件

税务机关和企业在预备会谈期间达成一致意见的，主管税务机关向企业送达同意其提交谈签意向的《税务事项通知书》。企业收到《税务事项通知书》后向税务机关提出谈签意向。

企业申请单边预约定价安排的，应当向主管税务机关提交《预约定价安排谈签意向书》，并附送单边预约定价安排申请草案。企业申请双边或者多边预约定价安排的，应当同时向国家税务总局和主管税务机关提交《预约定价安排谈签意向书》，并附送双边或者多边预约定价安排申请草案。

1. 单边预约定价安排申请草案应当包括的内容

(1) 预约定价安排的适用年度。

(2) 预约定价安排涉及的关联方及关联交易。

(3) 企业及其所属企业集团的组织结构和管理架构。

(4) 企业最近 3~5 个年度生产经营情况、财务会计报告、审计报告、同期资料等。

(5) 预约定价安排涉及各关联方功能和风险的说明，包括功能和风险划分所依据的机构、人员、费用、资产等。

(6) 预约定价安排使用的定价原则和计算方法，以及支持这一定价原则和计算方法的功能风险分析、可比性分析和假设条件等。

(7) 价值链或者供应链分析，以及对成本节约、市场溢价等地域特殊优势的考虑。

(8) 市场情况的说明，包括行业发展趋势和竞争环境等。

(9) 预约定价安排适用期间的年度经营规模、经营效益预测以及经营规划等。

(10) 预约定价安排是否追溯适用以前年度。

(11) 对预约定价安排有影响的境内、外行业相关法律、法规。

(12) 企业关于不存在本条第（三）项所列举情形的说明。

(13) 其他需要说明的情况。

2. 双边或者多边预约定价安排申请草案还应当包括的内容

(1) 向税收协定缔约对方税务主管当局提出预约定价安排申请的情况。

(2) 预约定价安排涉及的关联方最近 3～5 个年度生产经营情况及关联交易情况。

(3) 是否涉及国际重复征税及其说明。

3. 税务机关可以拒绝企业提交谈签意向的情形

(1) 税务机关已经对企业实施特别纳税调整立案调查或者其他涉税案件调查，且尚未结案的。

(2) 未按照有关规定填报年度关联业务往来报告表。

(3) 未按照有关规定准备、保存和提供同期资料。

(4) 预备会谈阶段税务机关和企业无法达成一致意见。

五、税务机关对预约定价申请的分析评估

税务机关可以从以下几方面进行分析评估：

(1) 功能和风险状况。分析评估企业与其关联方之间在供货、生产、运输、销售等各环节以及在研究、开发无形资产等方面各自做出的贡献、执行

的功能以及在存货、信贷、外汇、市场等方面承担的风险。

（2）可比交易信息。分析评估企业提供的可比交易信息，对存在的实质性差异进行调整。

（3）关联交易数据。分析评估预约定价安排涉及的关联交易的收入、成本、费用和利润是否单独核算或者按照合理比例划分。

（4）定价原则和计算方法。分析评估企业在预约定价安排中采用的定价原则和计算方法。如申请追溯适用以前年度的，应当做出说明。

（5）价值链分析和贡献分析。评估企业对价值链或者供应链的分析是否完整、清晰，是否充分考虑成本节约、市场溢价等地域特殊优势，是否充分考虑本地企业对价值创造的贡献等。

（6）交易价格或者利润水平。根据上述分析评估结果，确定符合独立交易原则的价格或者利润水平。

（7）假设条件。分析评估影响行业利润水平和企业生产经营的因素及程度，合理确定预约定价安排适用的假设条件。

在分析评估阶段，税务机关可以与企业就预约定价安排申请草案进行讨论。税务机关可以进行功能和风险实地访谈。税务机关认为预约定价安排申请草案不符合独立交易原则的，企业应当与税务机关协商，并进行调整；税务机关认为预约定价安排申请草案符合独立交易原则的，主管税务机关向企业送达同意其提交正式申请的《税务事项通知书》，企业收到通知后，可以向税务机关提交《预约定价安排正式申请书》，并附送预约定价安排正式申请报告。

六、正式签订预约定价协议

税务机关应当在分析评估的基础上形成协商方案，并据此开展协商工作。主管税务机关与企业开展单边预约定价安排协商，协商达成一致的，拟定单边预约定价安排文本。国家税务总局与税收协定缔约对方税务主管当局开展双边或者多边预约定价安排协商，协商达成一致的，拟定双边预约定价安排文本。

七、预约定价监控执行

税务机关应当监控预约定价安排的执行情况。预约定价安排执行期间，企业应当完整保存与预约定价安排有关的文件和资料，包括账簿和有关记录等，不得丢失、销毁和转移。企业应当在纳税年度终了后6个月内，向主管税务机关报送执行预约定价安排情况的纸质版和电子版年度报告，主管税务机关将电子版年度报告报送国家税务总局；涉及双边或者多边预约定价安排的，企业应当向主管税务机关报送执行预约定价安排情况的纸质版和电子版年度报告，同时将电子版年度报告报送国家税务总局。

年度报告应当说明报告期内企业的经营情况以及执行预约定价安排的情况。需要修订、终止预约定价安排，或者有未决问题或者预计将要发生问题的，应当做出说明。

预约定价安排执行期间，主管税务机关应当每年监控企业执行预约定价安排的情况。监控内容主要包括：企业是否遵守预约定价安排条款及要求；年度报告是否反映企业的实际经营情况；预约定价安排所描述的假设条件是否仍然有效等。预约定价安排执行期间，企业发生影响预约定价安排的实质性变化，应当在发生变化之日起30日内书面报告主管税务机关，详细说明该变化对执行预约定价安排的影响，并附送相关资料。由于非主观原因而无法按期报告的，可以延期报告，但延长期限不得超过30日。

税务机关应当在收到企业书面报告后，分析企业实质性变化情况，根据实质性变化对预约定价安排的影响程度，修订或者终止预约定价安排。签署的预约定价安排终止执行的，税务机关可以和企业按照本公告规定的程序和要求，重新谈签预约定价安排。税务机关与企业共同签署的预约定价安排，在执行期间，企业应当分别向税务机关报送年度报告和实质性变化报告。税务机关应当对企业执行预约定价安排的情况实施联合监控。

预约定价安排执行期满后自动失效。企业申请续签的，应当在预约定价安排执行期满之日前 90 日内向税务机关提出续签申请，报送《预约定价安排续签申请书》，并提供执行现行预约定价安排情况的报告，现行预约定价安排所述事实和经营环境是否发生实质性变化的说明材料，以及续签预约定价安排年度的预测情况等相关资料。

预约定价安排采用四分位法确定价格或者利润水平，在预约定价安排执行期间，如果企业当年实际经营结果在四分位区间之外，税务机关可以将实际经营结果调整到四分位区间中位值。预约定价安排执行期满，企业各年度经营结果的加权平均值低于区间中位值，且未调整至中位值的，税务机关不再受理续签申请。

由于预约定价服务的资源是有限的，因此我国税务机关优先受理条件较好的企业的预约定价申请。具体来说，我国税务机关优先受理预约定价申请的情况如下：

（1）企业关联申报和同期资料完备合理，披露充分。

（2）企业纳税信用级别为 A 级。

（3）税务机关曾经对企业实施特别纳税调查调整，并已经结案。

（4）签署的预约定价安排执行期满，企业申请续签，且预约定价安排所述事实和经营环境没有发生实质性变化。

（5）企业提交的申请材料齐备，对价值链或者供应链的分析完整、清晰，充分考虑成本节约、市场溢价等地域特殊因素，拟采用的定价原则和计算方法合理。

（6）企业积极配合税务机关开展预约定价安排谈签工作。

（7）申请双边或者多边预约定价安排的，所涉及的税收协定缔约对方税务主管当局有较强的谈签意愿，对预约定价安排的重视程度较高。

（8）其他有利于预约定价安排谈签的因素。

第三节　自测练习

一、单选题

1. 预约定价安排执行期满后自动失效。企业申请续签的，应当在预约定价安排执行期满之日前（　　）日内向税务机关提出续签申请，报送《预约定价安排续签申请书》，并提供执行现行预约定价安排情况的报告，现行预约定价安排所述事实和经营环境是否发生实质性变化的说明材料以及续签预约定价安排年度的预测情况等相关资料。

    A. 30

    B. 60

    C. 90

    D. 120

    【参考答案】　C

2. 除涉及国家安全的信息外，国家税务总局可以按照对外缔结的国际公约、协定、协议等有关规定，与其他国家（地区）税务主管当局就（　　）以后签署的单边预约定价文本实施信息交换。

    A. 2016 年 4 月 1 日

    B. 2016 年 6 月 1 日

    C. 2016 年 12 月 1 日

    D. 2016 年 1 月 1 日

【参考答案】 A

3. 根据单边预约定价安排适用的简易程序，主管税务机关受理企业申请后，应当与企业就其关联交易是否符合独立交易原则进行协商，并于向企业送达受理申请的《税务事项通知书》之日起（ ）个月内协商完毕。

    A. 3

    B. 6

    C. 9

    D. 12

【参考答案】 B

4. 国家税务总局决定暂停或者终止相互协商程序的，应当书面通知省级税务机关。负责特别纳税调整事项的主管税务机关应当在收到书面通知（ ）个工作日内，向企业送达暂停或者终止相互协商程序的《税务事项通知书》。

    A. 15

    B. 30

    C. 60

    D. 90

【参考答案】 A

5. 企业拒不配合税务机关进行功能和风险实地访谈，税务机关可以拒绝企业（ ）。

    A. 提交谈签意向

    B. 已提交的谈签意向

    C. 提交正式申请

    D. 提交预备会谈申请

【参考答案】 C

6. 企业以前年度的关联交易与预约定价安排适用年度相同或者类似的，经企业申请，税务机关可以将预约定价安排确定的定价原则和计算方法追溯用于以前年度该关联交易的评估和调整。追溯期最长为（　　）年。

   A. 3

   B. 5

   C. 8

   D. 10

【参考答案】 D

7. 企业应当在年度终了后（　　）个月内，向主管税务机关报送执行预约定价安排的情况的纸质版和电子版年度报告。

   A. 1

   B. 3

   C. 6

   D. 12

【参考答案】 C

8. 我国与（　　）签署了第一个税收协定。

   A. 日本

   B. 韩国

   C. 美国

   D. 巴基斯坦

【参考答案】 A

9. 中国居民（国民）申请启动相互协商程序的申请人应在有关税收协定规定的期限内，以书面形式向（　　）提出启动相互协商程序的申请。

A. 市税务局

B. 省税务局

C. 县税务局

D. 主管税务机关

【参考答案】 B

二、多选题

1. 单边预约定价安排简易程序包括（　　）三个阶段。

    A. 谈签意向

    B. 申请评估

    C. 协商签署

    D. 监控执行

    【参考答案】 BCD

2. 企业进行双（多）边预约定价安排正式申请时，需要提交（　　）等资料。

    A. 预约定价安排正式申请书

    B. 预约定价安排正式申请报告

    C. 启动特别纳税调整相互协商程序申请表

    D. 启动预约定价安排程序申请表

    【参考答案】 ABC

3. 在预约定价安排谈签工作中，存在税务机关可以拒绝企业提交谈签意向的情形有（　　）。

    A. 税务机关已经对企业实施特别纳税调整立案调查或者其他涉税案件调查，且尚未结案的

    B. 未按照有关规定填报年度关联业务往来报告表

C. 未按照有关规定准备、保存和提供同期资料

D. 企业提交的单边预约定价安排申请草案文本格式不符合有关规定的要求

E. 预备会谈阶段税务机关和企业无法达成一致意见

【参考答案】 ABCE

4. 预约定价安排的谈签不影响税务机关对企业不适用预约定价安排的年度及关联交易的（　　）。

A. 特别纳税调查调整

B. 监控管理

C. 纳税申报管理

D. 强制执行

E. 征收管理

【参考答案】 AB

5. 预约定价安排包括的类型有（　　）。

A. 单边

B. 双边

C. 三边

D. 多边

【参考答案】 ABD

6. 企业可以与税务机关就其未来年度关联交易的定价原则和计算方法达成预约定价安排。有下列税务机关可以拒绝企业提交预约定价安排正式申请的情形有（　　）。

A. 预约定价安排申请草案拟采用的定价原则和计算方法不合理，且企业拒绝协商调整

B. 企业拒不提供有关资料或者提供的资料不符合税务机关要求，且不

按时补正或者更正

C. 企业拒不配合税务机关进行功能和风险实地访谈

D. 其他不适合谈签预约定价安排的情况

【参考答案】 ABCD

7. 有下列国家税务总局可以拒绝企业申请或者税收协定缔约对方税务主管当局启动相互协商程序的请求的情形有（   ）。

A. 企业或者其关联方不属于税收协定任一缔约方的税收居民

B. 申请或者请求不属于特别纳税调整事项

C. 申请或者请求明显缺乏事实或者法律依据

D. 申请不符合税收协定有关规定

E. 特别纳税调整案件尚未结案或者虽然已经结案但是企业尚未缴纳应纳税款

【参考答案】 ABCDE

8. 有下列国家税务总局可以暂停相互协商程序的情形有（   ）。

A. 企业申请暂停相互协商程序

B. 税收协定缔约对方税务主管当局请求暂停相互协商程序

C. 申请必须以另一被调查企业的调查结果为依据，而另一被调查企业尚未结束调查调整程序

D. 其他导致相互协商程序暂停的情形

【参考答案】 ABCD

9. 以下属于我国税法规定的特别纳税调整管理事项的有（   ）。

A. 预约定价安排

B. 成本分摊协议

C. 资本弱化

D. 税收饶让

【参考答案】 ABC

10. 特别纳税调整相互协商程序包括的类型有（　　）。

    A. 单边预约定价安排谈签

    B. 双（多）边预约定价安排谈签

    C. 转让定价相应调整相互协商程序

    D. 税收协定条款解释或者执行的相互协商程序

【参考答案】 BC

11. 启动特别纳税调整相互协商程序的方式有（　　）。

    A. 本国企业申请

    B. 税收协定缔约对方国家关联企业申请

    C. 税收协定缔约对方税务主管当局来函请求

    D. 地方税务机关申请

【参考答案】 AC

12. 企业在主管税务机关向其送达受理单边预约定价安排申请的《税务事项通知书》之日所属纳税年度前3个年度，每年度发生的关联交易金额4 000万元人民币以上，并符合下列条件之一的，可以申请适用简易程序。（　　）

    A. 已向主管税务机关提供拟提交申请所属年度前3个纳税年度的、符合《国家税务总局关于完善关联申报和同期资料管理有关事项的公告》（国家税务总局公告2016年第42号）规定的同期资料

    B. 自企业提交申请之日所属纳税年度前10个年度内，曾执行预约定价安排，且执行结果符合安排要求的

    C. 自企业提交申请之日所属纳税年度前10个年度内，曾受到税务机关特别纳税调查调整且结案的。

    D. 已向主管税务机关提供拟提交申请所属年度前3个纳税年度的财

务报告的

【参考答案】 ABC

13. 企业提交谈签意向后，税务机关应当分析预约定价安排申请草案内容，评估其是否符合独立交易原则。税务机关可以从（　　）等方面进行分析评估。

　　A. 功能和风险情况

　　B. 可比交易信息、关联交易数据

　　C. 定价原则和计算方法

　　D. 价值链分析和贡献分析

　　E. 纳税信用等级

【参考答案】 ABCD

三、判断题

1. 预约定价安排适用年度的计算起点为企业提交正式申请的次年。　　　　　　　　　　　　　　　　　　　　　　　（　　）

【参考答案】 ×

2. 预约定价安排采用四分位法确定价格或者利润水平的，预约定价安排执行期满，企业各年度经营结果的加权平均值低于区间中位值，且未调整至中位值的，税务机关不再受理续签申请。　　　　　（　　）

【参考答案】 √

3. 同时涉及2个或者2个以上省、自治区、直辖市和计划单列市税务机关的单边预约定价安排，暂不适用单边预约定价安排简易程序。　　　　　　　　　　　　　　　　　　　　　　　（　　）

【参考答案】 √

4. 特别纳税调整相互协商程序不可以暂停或者终止。　　　（　　）

第七章　磋商与预约定价

【参考答案】　×

5. 企业执行预约定价安排的，同样需要准备预约定价安排涉及关联交易的本地文档和特殊事项文档。　　　　　　　　　　　　　（　　）

【参考答案】　×

6. 企业申请双边或者多边预约定价安排的，应当向国家税务总局提出预备会谈申请，提交《预约定价安排预备会谈申请书》。　　　（　　）

【参考答案】　×

7. 企业申请单边预约定价安排续签的，不可申请适用简易程序。（　　）

【参考答案】　×

8. 企业纳税信用级别为 B 级及以上的，税务机关可以优先受理企业提交的预约定价安排申请。　　　　　　　　　　　　　　　（　　）

【参考答案】　×

9. 企业可以与税务机关就其未来年度关联交易的定价原则和计算方法达成预约定价安排。　　　　　　　　　　　　　　　　　（　　）

【参考答案】　√

10. 国家税务总局不可以拒绝特别纳税调整相互协商程序申请。（　　）

【参考答案】　×

第八章
大数据应用发现避税疑点

反避税调查发现避税疑点除了运用转让定价理论，在实际操作层面还经常通过一系列专门的分析方法发现潜在的税收风险。从整体分析的框架上看，发现避税疑点可以分为两个层次：第一个层次的分析是从整体层面发现潜在税收风险，第二个层次是从具体层面发现避税疑点。

从整体层面发现避税疑点，首先需要评估该企业所在行业的平均利润水平，了解该行业的基本运作特点和行业价值链的构成，分析具体企业或细分行业在整体行业价值链中的地位。例如，汽车制造行业是一个大的行业类别，其中细分为汽车整车企业和零配件企业，不同的上下游企业大致会处于各自合理的利润区间之内。整体层面分析还包括对受测试企业的功能风险定位做出分析，明确被分析对象的功能风险是处于单一功能企业还是处于复杂功能企业，是否具备营销、研发等重要职能。功能风险与企业的利润水平存在正相关关系。整体层面的分析还包括对受测试企业的财务状况进行评估，包括企业历年收入和利润的表现是否稳定、是否存在异常变化等情况。以上反避税工作中，有相当一部分的分析是需要借助大数据工具来实现的，特别是在发现避税疑点的环境，需要利用大数据的分析优势从众多发生关联交易的企业中发现可能存在避税风险的企业。

在发现具体避税疑点层面，需要详细分析个别受测试企业的关联交易情况，包括关联交易的类型、金额、交易特点等，发现企业经营数据与转让定价理论存在的背离表现，作为发现避税疑点的重要依据，并为后续进行可比性分析、筛选可比对象、制定可比性调整方案做好准备。

第一节　分析发现避税疑点

反避税转让定价调查的前期分析，通常在反避税调查还未正式立案的情况下，主要通过企业已提交资料对存在潜在避税疑点的企业进行相关分析。主要分析资料包括企业历年度报送的企业所得税汇算清缴报告、年度关联关系和关联交易申报表、其他税种申报资料、可能报送的同期资料等。

一、整体层面分析发现避税疑点

在整体层面发现避税疑点的过程，通常是运用同期资料等转让定价相关资料，对企业整体情况进行分析审核。同期资料能够较为全面地反映企业集团整体的组织架构、关联关系和关联交易情况，反映企业多个层面的复杂经营状况，因此早期的反避税疑点分析主要是运用同期资料审核方法进行分析。

在分析企业税收申报资料和同期资料时，首先应收集跨国企业集团全球组织架构、集团业务情况、无形资产、财务税务状况、企业概况、关联关系描述、关联交易描述、可比性分析、转让定价方法选择等方面的情况。例如，关注对组织结构的描述，包括对企业各个职能部门的设置情况进行详细说明，对该部门负责的产品和服务的范围介绍，对销售运营部门负责的公司整体销售战略的制定、规划情况，对产品的营销部门负责的具体执行这些整体营销战略目标等，以及这些部门人员的设置和分工等，都需要详细了解。再比如，在财务资料部分，应了解企业主要产品和服务类型的收入、成本和利润情况。

在整体层面的分析中，还需要关注被分析对象所在行业的风险分析结果。行业分析是发现潜在避税疑点的重要参考面，因为只有对该行业的经营情况和合理利润水平有较为准确的判断时，才有可能对个别企业的整体情况是否符合普遍行业状况、是否存在潜在避税风险进行判断。

比如，对传统的机械加工制造企业进行分析时，需要对该行业当前所处的行业发展阶段有所了解。通过了解可以发现，传统机械加工制造行业依靠资金、人力投入较大，与互联网等新兴行业相比利润回报偏低，合理利润区间较窄。通过行业分析可以发现，互联网行业属于知识驱动型行业，相对于传统行业来说互联网产品的边际成本较低，利润水平相对较高，并且互联网行业还有较强的产业聚集效应。此外，对于行业分析来说，还要关注该企业处于行业价值链的上游、中游还是下游，是处于高度竞争的行业还是处于垄断性较强的行业。这些方面都有可能影响企业的利润率。

其次，对同期资料中的财务数据进行分析。这一环节是同期资料分析的关键步骤。企业报送的同期资料在形式上符合2016年第42号公告要求后，就需要对其内容进行深入分析，查找是否存在避税疑点。应着重分析近几年财务数据的变化趋势。根据《特别纳税调查调整及相互协商程序管理办法》（国家税务总局公告2017年第6号发布）第四条，税务机关实施特别纳税调查，应当重点关注具有以下风险特征的企业：

（1）关联交易金额较大或者类型较多。

（2）存在长期亏损、微利或者跳跃性盈利。

（3）与低税国家（地区）关联方发生关联交易。

如果通过分析企业历年财务数据显示出以上特征,那么就需要进一步关注。这种财务指标分析是可以通过对比比较直观地发现问题的。

二、功能风险分析发现避税疑点

功能风险分析是反避税分析审核中具有较大难度的内容。该项工作是为了分析被测试企业是否存在做着高价值的贡献却仅获得低价值回报的情况。企业的价值可以用其承担的功能风险来衡量,因此发现企业实际承担的功能风险,是该项风险分析工作的重点。举例来说,自主研发相对于受托研发来说是价值更高的工作,市场营销相对于简单的分销来说是价值更高的工作等。如果企业存在国家税务总局公告2017年第6号第四条中描述的"利润水平与其所承担的功能风险不相匹配,或者分享的收益与分摊的成本不相配比"的情况,那么就可以判断该企业存在功能风险和所获得回报不匹配的避税疑点。

功能风险分析侧重于分析交易双方的实际活动及其各自的能力,包括制定风险决策和生产经营方案的能力。因此,在分析企业的功能时有必要了解企业的组织结构,尤其应该重点了解跨国企业集团作为整体如何创造价值、关联企业执行的功能与其他集团成员间的相关性,以及关联企业在价值创造中的贡献。功能风险分析需要识别的企业功能有很多,其中包括设计、制造、装配、研发、劳务、采购、分销、营销、广告、运输、融资和管理等。功能风险分析是分析所考察企业承担的主要功能,对被测试企业与可比企业在各自执行的功能上的重大差异进行识别。通常功能风险分析需要从功能分析、风险分析和资产分析三个方面进行。

(一)功能分析

跨国企业下属各个实体的功能风险可以通过逐个分析比较的方法进行判断。以下以制造企业为例进行说明。

1. 研发

通常研发部门在一些跨国企业中是单独设置的单位，在母公司所在国设置最大的核心研发中心，在其他国家和地区设置不同规模的附属研发中心，这些研发中心与生产中心、营销中心不是一个法人实体。这些研发中心的特点是有着自上而下的研发任务安排，各个分中心通过项目制，在总部的协调下实现合作。

1）核心研发中心的特点

在功能上，核心研发中心通常具有以下特点：

（1）拥有研发所有权。

（2）负担研发费用预算的制定。

（3）有实质性研发成果。

（4）享受研发的预期收益。

（5）决定无形资产协议或成本分摊协议。

（6）申请专利。

（7）在研发中具有指挥协调地位。

（8）承担研发失败的风险。

（9）通常具有独一无二的无形资产。

（10）能够通过研发获得竞争优势。

2）分支研发中心的特点

作为各地的分支研发中心，通常具有合约研发的地位，其具有以下特点：

（1）是为关联企业代研发。

（2）不拥有研发所有权。

（3）不负担研发费用预算。

（4）有实质性研发成果。

（5）不享受研发的预期收益。

(6) 不决定无形资产协议或成本分摊协议。

(7) 研发成果自己不申请专利。

(8) 在研发中不具有较高地位。

(9) 不承担研发失败的风险。

(10) 通常不具有独一无二的无形资产。

(11) 不能通过研发获得竞争优势。

有时一些规模不大的研发机构设置在本土生产企业之内，作为一个部门承担对生产技术和生产工艺的开发工作，其承担的功能和风险类似于合约研发中心。

2. 采购

跨国企业通常在市场所在国设置生产功能，这些生产功能经过细分可以划分为多个具体职能，在进行功能风险识别时需要详细了解具体的内容。采购是生产职能中必不可少的一环。需要区分是谁具体承担此项功能。

(1) 谁安排采购计划。

(2) 谁行使采购功能。

(3) 采购费用谁负担。

(4) 采购决定是否要关联方批准或由关联方安排。

(5) 是否向关联方采购。

(6) 是否向第三方采购。

(7) 谁承担原材料价格波动的市场风险。

3. 生产设备和生产计划

在具体的生产环节，识别生产方的具体职能有助于了解企业生产职能履行情况，通常需要了解以下内容。

(1) 谁采购生产设备。

(2) 谁维修生产设备。

(3) 采购费用谁负担。

(4) 谁制订生产计划。

(5) 是否向关联方采购设备。

(6) 是否向第三方采购设备。

(7) 是否仅仅履行简单的加工组织职能。

(8) 是否仅是采购进行分包装作业。

(9) 谁承担生产过程中的风险。

(10) 谁承担生产投资失败、设备损失的风险。

4. 质量控制

质量控制是生产过程中的重要功能，特别是对于生产复杂产品的公司来说，良好的质量控制可以提高产品的品质，给产品带来更高的附加价值。质量控制功能需要了解以下内容。

(1) 谁决定质量控制的形式。

(2) 谁决定最终产品的质量标准和程序。

(3) 谁负责质量控制。

(4) 谁提供质量控制技术和设备。

(5) 质量控制的费用谁来负担。

(6) 质量控制是否申请专利的技术。

(7) 谁承担质量控制的风险。

5. 存储与运输

存货的存储和运输对于生产企业来说是重要的价值实现环节，通常需要了解以下内容。

(1) 存货存放在哪个企业。

(2) 谁控制存货水平。

(3) 谁决定怎样控制存货水平，也就是说存货生产的订单生产计划由谁负责。

（4）谁承担存货存放费用。

（5）谁承担存货运输风险。

6. 营销计划

营销是开拓市场的重要方式。跨国企业在当地市场的品牌从无到有进行推广需要营销，因此跨国企业在本土化的营销过程中有可能形成营销性无形资产，在对营销功能进行识别时应注意其对价值的贡献作用。可以通过以下内容来识别。

（1）谁进行市场调查。

（2）谁制定营销策略。

（3）谁负责具体营销。

（4）谁承担营销风险。

（5）谁决定采用何种营销手段。

（6）谁支付营销费用。

7. 商标和商誉

识别营销性无形资产需要根据本地企业的营销功能进行分析。营销功能是判断是否具备特殊性市场因素的重要依据，因为特殊性市场因素不会凭空形成，只能是在履行了相应的职能后才会具备，反过来说这种特殊性市场因素的形成通常不会依赖于组织的营销设计，即便没有主观愿望，也会形成客观的市场现实。营销性无形资产的识别可以参考以下内容。

（1）商标和商誉的专利权归谁。

（2）商标和商誉的使用权归谁。

（3）有无商标使用权的协议。

（4）是否收取或支付特许权使用费。

（5）谁决定特许权使用的内容、比例。

(6) 谁承担相应风险。

(7) 商标商誉的打假事项由谁来做。

(8) 商标商誉的宣传由谁来实施。

8. 销售和分销

销售和分销属于流通环节，相比于营销等事项具有较低的价值功能，但是作为生产销售环节中必不可少的一个环节，销售和分销同样非常重要。以下是识别销售和分销职能的具体内容。

(1) 谁制订销售计划。

(2) 销售费用由谁承担。

(3) 是否销售给关联方。

(4) 谁收到订单。

(5) 谁开具发票。

(6) 谁承担商品价格波动的风险。

(7) 存货存放在哪个企业。

(8) 谁控制存货水平。

(9) 谁承担存货费用。

(10) 谁承担存货损失风险。

(11) 谁安排运输。

(12) 谁支付运输费用。

(13) 谁提供售后服务。

(14) 谁承担服务费。

(15) 谁承担销售风险。

9. 管理与定价

这里的管理主要是指企业承担的一般管理职能和融资功能，主要需要考虑以下几方面。

（1）是否存在完整的管理功能。

（2）是否承担管理费用。

（3）是否承担管理风险。

（4）谁决定产品定价。

（5）谁决定产品定价政策。

（6）谁承担风险。

（7）向谁借款是否向关联方借款。

（8）是否支付利息。

（9）向谁贷款。

（10）是否收到利息。

（11）融资费用谁承担。

（12）有无借款协议。

（13）谁承担财务风险，例如汇率和利率波动风险。

（14）谁承担信用风险。

（15）是否向关联企业借调人员。

（16）借调人员工资谁支付。

（17）是否提供或接受培训。

（18）培训费用谁承担。

（19）有无财产租赁。

（20）谁承担租赁费用。

（21）谁承担风险。

功能分析总的来说并不难，市场中的大多数企业都需要遵循市场环境中的特定规律。该做的事该履行的功能是必不可少的，其中更多的可能是功能的排列组合问题，这需要在进行同期资料审核的时候去识别。如果某些功能没有或者配置不合常规，那么就应该考虑是否存在隐藏的功能风险。

(二) 风险分析

识别风险的目的是更合理地评估被分析对象应该获得的利润水平,因为根据经济运行的原理,高市场风险应取得高市场回报。BEPS 行动计划对风险识别的程序有详细的描述,在此做简要介绍。

(1) 识别具有经济重要性的风险。风险的重要性取决于对潜在利润或损失的影响程度。对大多数企业来说,重要的风险包括:市场风险,例如经济环境、政治、监管、竞争、科技进步、社会发展变化带来的风险;经营风险,此类风险的影响取决于企业活动的性质以及企业的市场选择,例如出现产品问题严重影响企业的品牌和声誉的情况,产品无法按照既定标准生产等;财务风险,企业出现现金流动性风险、无法按期偿还债务等情况;交易风险,包括货物交易过程中出现的定价、支付等风险。

(2) 确定合同约定中的特定风险。在商业合同中,有的合同条款有明确的书面约定,例如关于应收账款、存货、信用的风险约定。也有一些约定是通过合同默示的方式进行的,例如交易一方向另一方支付固定报酬就隐含了向交易对方分配相关利润和损失的约定。风险的特点是不确定性,如果在事前已知某项风险的结果,那么关联企业之间约定的承担风险有可能就不是真正的承担风险。对于这种情况,税务机关有可能会不认可风险的分配结果。

(3) 确定关联方分别承担什么风险。通过功能分析确定交易中各关联方如何承担和管理具有经济重要性的特定风险,哪些企业执行风险控制或减缓风险的功能,哪些企业承担风险带来的不利后果或有利结果,以及哪些企业具备承担风险的财务能力。

(4) 确认合同约定的风险与交易事实是否一致。该步骤是综合以上风险识别的信息,对照合同约定分析合同实际的履行过程,分析合同约定的风险交易与事实是否一致。如果合同描写的风险承担条款和双方实际行为存在差异,那么应该分析该差异的经济影响是否重大。

（5）风险分配。根据以上步骤的分析结果，如果被认定承担风险的关联企业，例如境外控股公司，没有对风险实施控制或不具备承担风险的财务能力和资源，则该风险应当被分配给境内实际对风险实施控制且具备承担风险承担能力的企业，例如境内生产企业。如果多家关联企业既对风险实施控制又具备承担风险的财务能力，那么风险应该被分配给实施最多控制的关联企业，对于其他承担风险的企业给予合理补偿。

（6）基于风险分配的结果制定交易价格。在界定交易定价时，应考虑风险承担导致的经济及其他方面的影响。承担风险应当获得合理的补偿，既承担风险又实施风险控制行为的企业应当比仅承担风险或仅实施风险控制行为的企业获得更高的预期补偿。

（三）资产分析

企业运用怎样的资产进行经营活动，会对企业的经营利润产生重大影响，一般来说运用优质资产提供优质服务的企业应当在市场上获得较高报酬，如果这样的企业为关联方提供产品和服务仅仅获得较低的报酬，那么这项交易有可能需要进行转让定价调整。因此，对这些资产的差异和特性进行比较分析在功能风险分析中比较重要。在比较的过程中需要考虑的因素包括：有形资产转让交易过程中资产的物理特性、质量、可靠性、供应能力和供应量；服务交易中服务的性质和范围；无形资产交易中的交易方式（例如经营许可和销售）、资产类型（例如专利、商标和专有技术）、保护程度和期限，以及使用资产的预期收益。

对于资产的这些因素在选择转让定价方法中应着重关注，可比非受控价格法对任何资产或服务的特性的重大差异都会对价格产生影响，从而需要考虑其重大差异；在再销售价格法或者成本加成法下，资产或服务的特性差异对毛利率或成本加成率产生的影响可能性较小；在交易净利润法下，资产的特性差异对利润指标的影响比传统交易法更小。

三、价值链分析发现避税疑点

价值链分析，是通过分析被测试企业在整体产业价值创造环节中所做的贡献来分析合理利润区间的一种方法。例如，跨国企业把产品的研发功能放在本国，把生产、分销功能放在中国等其他国家。如果放在中国的生产、分销功能所获得的利润在整体产业链中处于不合理的低位，或者低于同行业利润水平，那么可以初步判断其整体价值链上分配的利润水平不合理，剥夺了中国应获得的市场利润。特别是中国市场对产业链的价值有着突出的贡献，例如中国用户数量众多、市场消费能力强大。在这种情况下中国市场应根据其价值贡献大小参与更多的产业价值链利润分配。这就是价值链分析在发现避税疑点方面的基本原理。

在具体实际操作中，价值链分析通过寻找关键价值驱动因素对跨国企业的业务、部门以及经营活动的影响，并确定关键价值驱动因素对价值创造过程的相对贡献，可以用于关联交易定价、检验关联交易实际结果，以及确定各集团公司对整体价值链所做的贡献。在理论层面，目前有以下三种价值链分析方法。①

（一）财务比率分析法

基于多年分析跨国企业价值链的实践经验，我们为跨国企业介绍三种主要的价值链分析方法，跨国企业可结合实际情况选择使用，来分析中国实体所属的全球价值链。

通过评估中国子公司的4个财务比率是否匹配，来分析各集团公司的相应价值贡献，分析价值创造是否与利润回报相匹配。不相匹配的比率越大，

---

① 史蒂夫·荷，王迎.价值链分析：三种方法各有利弊[N].中国税务报，2018-02-23(10).

税务机关对中国子公司的利润回报所产生的质疑也就越大。跨国企业应在其转让定价报告中（通过价值链分析）对这种情况做出相应解释。

这4个财务比率分别是子集团销售额与跨国企业总销售额之比率（销售率）、子集团息税前利润与跨国企业总息税前利润之比率（息税前利润率）、子集团毛利与跨国企业总毛利之比率（毛利率）、子集团人数与跨国企业总人数之比率（人数率）。需要说明的是，这里的子集团是指跨国企业设立在各国（地区）的母公司及其下属本区域子公司，跨国企业是指全球总部。

举例来说，某跨国企业在荷兰、中国、英国、德国都设有子集团公司，荷兰仅有10%人员率，却占有跨国企业总息税前利润的43%和总毛利的38%，而中国子集团的人员率为58%，却只获得7%的息税前利润和10%毛利。如假设人员数量是利润分配的唯一因素，跨国企业应就以上的严重不匹配情况向各利益相关者（例如税务机关）予以解释。该疑点可能导致税务机关对这种不匹配比率表示怀疑。因此，跨国企业应在其税收/转让定价报告中（通过价值链分析）对这种情况做出相应的解释。

进一步以人员率这一财务比率分析为例，假设XYZ跨国企业是一家全球顶级电子商务公司。其母公司设在中国境内，在中国香港、开曼群岛和其他国家或地区都有分支机构。XYZ跨国企业全球20×2财年总息税前利润约为40亿美元，整个集团20×2财年共雇用了3万名员工，平均每名员工大约创造了13.3万美元的息税前利润。

假设XYZ中国子集团共雇用了2万名员工，在20×2财年，这些员工在中国每年应创造约27亿美元的息税前利润。依此类推，假设XYZ跨国企业在中国香港、开曼群岛和其他国家或地区各雇佣1 000人、10人和8 990人，那么三个地区相应的息税前利润应分别为1.3亿美元（13.3万美元/人×1 000人），133万美元（13.3万美元/人×10人）和12亿美元（13.3万美元/人×8 990人）。因此，按照人员率这一财务指标，各个国家（地区）在全球价值链上的息税前利润分配，大体比例应是中国境内67%、中国香港3%、开曼群岛0、其他国家及地区30%。

该方法直观明了，便于使用，为跨国企业分析提供了一个衡量分析集团整体业务和财务健康实质的方法。由于每个财务比率所捕捉的经营实务及财务风险的角度不同，因此单个财务比率并不能反映出整个集团实体的业务和财务风险实质。同时，该方法也无法反映与功能、风险和资产相关的分析结果，没有考虑和反映出价值链上所涉及的无形资产或区位特定因素。

（二）波特价值链分析法

哈佛大学商学院的迈克尔·波特提出了一种价值链分析模型，并把企业活动分为主要职能和辅助性职能。不同的企业参与的价值活动中，并不是每个职能都创造价值，实际上只有某些特定的职能才真正创造价值，这些真正创造价值的职能，就是价值链上的"重大人员功能"。企业要保持其竞争优势，实际上就是企业价值链上某些特定的重大人员功能在起作用。集团公司可以使用该模型，从整体视角评估其价值链。我们据此进一步开发了波特价值链分析模型，并根据经合组织BEPS行动计划第8～10项和2016年第42号公告的具体要求，增加了一些分析类别。

集团公司在使用此方法时应考虑以下步骤：一是确定全球价值链上的主要职能和辅助性职能，并考虑各职能下的人数和重大人员功能；二是对集团公司做详细的职能分析，并考虑执行的功能、承担的风险、使用的资产，确定非无形资产溢价及评估各集团公司的职责范围，并确定每个创造价值的集团公司在价值链上所处的位置。基于上述评估的结果，再向各集团公司分配适当的利润。

针对主体公司架构下的转让定价风险，澳大利亚税务局（以下简称ATO）出台了一套自检程序，跨国企业可以根据ATO列出的6个风险评级框架，利用波特价值链分析法，对集团转让定价风险开展评级和测试。在具体操作中，ATO 就有关企业职能风险和经营实质等方面的问题，要求纳税人予以回复，从而测试纳税人的商业模式和业务活动是否与其利润回报相匹配。ATO 要求，企业递交的证明文件不应只是叙述性文件，还应包括除价值链描述以外的其他支持性文件，例如审计报表、企业年报、职务描述和关键绩效指标等相应的支持文件。

沿用方法一中 XYZ 集团的例子，假设中国香港公司是集团的营销主体公司，澳大利亚子公司在当地的销售是通过中国香港公司来实现的，澳大利亚子公司的职能只限于为中国香港公司提供营销支持。按照 ATO 的要求，这种情况就需要 XYZ 集团对澳大利亚子公司的情况做出风险评级。是否存在风险，要视中国香港公司的利润情况而定。如果中国香港公司 20×2 财年的营销收入为 150 万美元，营业费用（只计算员工工资和办公室租赁费用，即直接销售成本）为 30 万美元，其息税前利润应是 120 万美元。在此情况下，中国香港公司的息税前利润将是营业费用的 4 倍。按照 ATO 风险评级框架的要求，对营销主体公司的回报是在成本的基础上来计算的，而不是以销售为基础，只有在主体公司利润小于或等于直接销售成本加成 1 倍（即 100% 加成）的情况下才可进入绿色免审区域。对于上述 4 倍（400%）的情况，澳大利亚子公司将被纳入风险企业接受进一步审查。

ATO 的风险自检程序，可以说是一种变相的波特式价值链分析。跨国企业应及时做好详尽的价值链分析，只有对企业的价值链有全面的评估和认识，才能发现问题，及时纠正，才能在后 BEPS 的大环境下和各国转让定价风险评估挑战中有效控制税务风险。

该方法易于划分出全球价值链上的常规职能，从职能、风险、有形资产、无形资产和人员各个不同角度分析了价值链，为集团公司的价值链提供了一个整体和透明的视图。但是，这种方法不适合用于分析高度整合的集团公司价值链，难以考量集团公司的关键价值驱动因素对集团利润的价值贡献，也难以考量具体业务流程对关键价值驱动因素的支持与贡献比重。

(三) 流程贡献分析法

有些跨国企业将某些高度整合的功能分配给多个集团公司分别承担，这些分散的功能之间彼此密切相关。例如，生产、物流、仓储、市场营销和销售功能分别由不同的集团公司承担。在这种情况下，跨国企业可以考虑使用流程贡献分析法，以此来反映由各主要职能部门所从事的关键业务流程对关键价值驱动因素的价值贡献。价值链上主要职能的价值贡献可以用公式来计算：关键价值驱动因素比重（％）×主要职能比重。

1. 使用流程贡献分析法的步骤

使用流程贡献分析法时，建议按以下步骤开展相应分析：

(1) 确定集团公司的关键价值驱动因素。

(2) 按各关键价值驱动因素的相应价值贡献程度分配百分比。

(3) 确定支持每个关键价值驱动因素的关键业务流程。

(4) 确定价值链上各部门从事的主要职能。

(5) 根据各部门从事的主要职能，对相应关键业务流程所做的价值贡献予以量化，同时考虑重要人员职能的价值贡献。

(6) 根据量化得分结果，用百分比计算每项主要职能（部门）的价值贡献。

(7) 根据以上百分比分配相应利润。

该方法将价值链上的关键价值因素与关键业务流程以及主要职能相结合，综合考量对集团公司的价值贡献，同时考虑了重要人员职能的相应贡献，能更详细地分析高度整合并拥有多种职能和业务流程的集团企业的具体情况。但是，此方法在量化分析主要职能的价值贡献时带有强烈的主观色彩。对价值链上各集团公司的职能和业务流程进行划分，开展的事实交叉核对和实践经验考量越详细，用此方法分析的结果也就相对越客观。

2. 价值链分析方法的步骤

上述三种价值链分析方法在实际运用中,建议按以下步骤来分析价值链:

(1) 做详尽的工业分析,并对外部因素对价值贡献的影响加以考量。

(2) 通过与员工访谈,并结合集团公司在价值创造中所履行的职能、承担的风险(包括工业和商业模式)和拥有的资产(有形资产和无形资产),开展详尽的功能分析。

(3) 确定关键价值驱动因素和支持关键价值驱动因素的关键业务流程。

(4) 定性评估每个集团实体所做的价值贡献。

(5) 用百分比量化评估每个集团实体所做的价值贡献。

(6) 评估其他因素可能对价值创造(例如重要人员职能、集团协同效应、购买力和区位优势)和利润分配所产生的影响。

(7) 根据以上步骤评估的结果,向集团实体分配相应的利润。

四、可比性分析发现避税疑点

可比性分析是为了给被测试企业寻找恰当的可比利润对象,在具有可比性的情况下,通过测算可比企业的利润来间接衡量被测试企业的利润是否处于合理的利润区间。为了达到分析可比性的目的,需要对可比企业和被测试企业的重要经营特性进行分析,这个分析的过程就是可比性分析。对可比企业的要求按照税收政策文件列举可比性分析特征进行分析判断,对可比性分析中的一些复杂条件能够进行识别。从分析角度来讲,可比性分析需要从可比方和被测试方双方的角度分别进行功能风险分析,再进行比较,对比两者的异同。从具体的操作层面来讲,可比性分析首先需要明确被测试方的功能风险,再以此为标准设置合理的系统筛选条件,从数据库中进行可比企业查找。

我国税收文件 2016 年第 42 号公告对可比性分析提出的分析要点如下:可

比性分析考虑的因素，包括交易资产或者劳务特性，交易各方功能、风险和资产，合同条款，经济环境，经营策略等；可比企业执行的功能、承担的风险以及使用的资产等相关信息；可比对象搜索方法、信息来源、选择条件及理由；所选取的内部或者外部可比非受控交易信息和可比企业的财务信息；可比数据的差异调整及理由。

（一）可比性分析的具体内容

对怎样运用独立性交易原则进行可比性分析，《特别纳税调查调整及相互协商程序管理办法》（国家税务总局公告2017年第6号）第十五条提出了几个方面的具体要求，税务机关实施转让定价调查时，应当进行可比性分析。可比性分析的具体内容一般包括以下5个方面，税务机关可以根据案件情况选择具体分析内容。

（1）交易资产或者劳务特性，包括有形资产的物理特性、质量、数量等；无形资产的类型、交易形式、保护程度、期限、预期收益等；劳务的性质和内容；金融资产的特性、内容、风险管理等。

（2）交易各方执行的功能、承担的风险和使用的资产。功能包括研发、设计、采购、加工、装配、制造、维修、分销、营销、广告、存货管理、物流、仓储、融资、管理、财务、会计、法律及人力资源管理等；风险包括投资风险、研发风险、采购风险、生产风险、市场风险、管理风险及财务风险等；资产包括有形资产、无形资产、金融资产等。

（3）合同条款，包括交易标的、交易数量、交易价格、收付款方式和条件、交货条件、售后服务范围和条件、提供附加劳务的约定、变更或者修改合同内容的权利、合同有效期、终止或者续签合同的权利等。合同条款分析应当关注企业执行合同的能力与行为，以及关联方之间签署合同条款的可信度等。

（4）经济环境，包括行业概况、地理区域、市场规模、市场层级、市场占有率、市场竞争程度、消费者购买力、商品或者劳务可替代性、生产要素价格、运输成本、政府管制，以及成本节约、市场溢价等地域特殊因素。

（5）经营策略，包括创新和开发、多元化经营、协同效应、风险规避及市场占有策略等。

按照独立交易原则，非关联企业之间进行交易时会考虑交易各方功能、风险、资产和预期报酬等情况，并且经过讨价还价后能够使得交易价格接近市场平均水平。例如，代工厂往往不会考虑生产的产品是否具有销售渠道，只需要按照生产数量进行收费，赚取固定的加工利润。

进行可比性分析时，如果关联企业和非关联企业之间销售的产品或服务存在一定差异，难以直接找到可比价格，就需要根据企业之间的功能、风险、资产、报酬等情况寻找可比的因素。如果关联企业事先在合同中约定了有关风险分配的内容，并严格遵照执行，那么税务机关只需要考虑独立企业在相同或类似的情况下是否会接受协议中的风险分配情况。如果会，表明关联方之间的风险分配符合公平交易原则，反之则企业需要接受相应纳税调整。如果关联企业之间签订的合同没有约定如果出现各种交易风险时各方谁承担风险的情况，那么这种约定的情况就不符合独立企业之间的交易情况，其交易方的利润分配就有可能需要调整。

（二）可比性分析的方法

为了使可比性分析的过程透明化，《OECD 转让定价指南》中制定了一套典型的可比性分析程序。这个程序被视为各方都能接受的一种可操作的程序，它不具有强制性。《OECD 转让定价指南》特别说明，如果使用其他操作方法也能够确定可比交易的话，也可以接受其他方法。这是因为应用可比性分析的典型过程并不能保证得出的结果符合独立交易原则。该可比性分析程序共分为 9 个步骤：

（1）确定可比交易的年份。通常可比交易的年份应与被测试、被调查企业的关联交易属于同一时期。

（2）对纳税人的情况进行广泛分析。在这里，广泛的分析是可比性分析中不可缺少的一步，它包括对行业、竞争、经济和监管因素以及其他影响纳税人及其环境因素的分析，但还未涉及对具体受测试情况的分析。

（3）从功能分析的角度出发来理解被测试的关联交易，从而选择被测试方、选择最恰当的转让定价方法、在交易利润法下选择适当的测试财务指标，识别重大可比性影响因素。

选择恰当的被测试企业。选择交易净利润法作为转让定价方法时，有必要选择恰当的被测试企业以测试净利润指标。被测试企业的选择应该与交易的功能分析一致。一般原则下所选择的被测试企业应能便于应用转让定价方法，且能找到方便可比的公司。通常情况下功能风险不复杂的企业会被选择作为被测试企业。

需要注意的是，被测试企业在通常情况下就是转让定价调查中的被调查企业。这是因为根据跨国企业的价值链安排，中国境内的企业为了尽可能少承担税负，通常被定位为单一功能或者简单功能的企业，这时被调查企业的功能风险特点与选择被测试企业的要求符合。因此，在我国进行的大多数转让定价调查中，被测试企业就是被调查企业，不用专门进行识别和选择。但是这并不代表被调查企业和被测试企业总是同一个企业，跨国企业的功能风险配置颠倒过来，那么有可能选择境外简单功能企业作为被测试企业，但是这需要掌握该跨国企业整个价值链所创造的利润。

选择恰当的被测试的交易。选择被测试交易时需要考虑的一个问题是，对于纳税人发生的交易是单独进行测试还是把若干交易合并起来视为一个整体进行测试。在理想状态下，为了最准确地接近公平市场价值，应针对各个交易独立运用独立交易原则，但是通常的情况下很多交易是连续发生的，很难进行单独评估。例如，一些提供长期供货或提供服务的合同；对一组产品线进行定价；使用无形资产进行交易的情况；销售组合经营策略的产品等。

在选择被测试交易时，还应关注关联企业间某些分别签订合同的交易可能需要组合在一起进行评估，以确定交易条件是否符合独立交易原则。而有些时候关联企业之间的某些一揽子交易却要单独评估。例如，跨国企业可能将一系列具有共同利益的项目，如专利、商标、技术服务、行政管理、设备出租等，组合成一个单独的交易，并且制定一个单独的服务价格。这类一揽子交易，通常不包括商品销售。在某些情况下，对这些交易进行一揽子评估可能行不通。所以，必须把这些一揽子交易的各个部分剥离下来，确定各部分的转让定价后，税务机关再从整体上考虑其是否符合独立交易原则。

（4）审查可能存在的内部可比交易。内部可比交易是指集团内关联方与非关联方的交易。内部可比交易可以被视为非关联交易进行测试。相对于外部非关联方之间的交易，内部可比交易可能与被调查的关联交易有更直接和相近的关系，因为内部可比交易和被调查的关联交易之间遵循相同的会计准则和功能风险配置，并且内部可比交易的信息获取更加完整且成本较低。但是，有时内部可比交易并非总是更加可信的。如果纳税人把生产的某一特定产品大量销售给境外关联企业，同时又少量销售给境内非关联企业，那么在考虑这种内部可比交易的情况时，还需要考虑销售量对价格的影响。销售数量的差异很可能对这两类交易的可比性产生重大的影响。如果无法对该差异进行合理解释，并准确调整其差异，那么这项发生在纳税人与非关联方之间的交易就无法被视为恰当的可比交易。

（5）当需要考虑外部可比交易时，确认数据来源的可靠性。通常选择外部可比交易数据时会选择商业数据库，这些数据库通过收集境内外上市公司披露的信息分析整合得出可比性分析结论。使用商业数据库的优势是这些公开披露的上市公司财务数据具有较强的透明性和代表性，但是这并不代表进行可比性分析时一定要使用商业数据库。如果能够从内部可比数据中获得可比信息，则无需使用商业数据库。进行转让定价调查时，通常把使用的商业数据库信息同其他来源的信息结合起来分析。

对于境外的可比数据来源，目前在分析一些行业的可比企业时较少使用，这是为了避免特殊市场因素带来的差异。

（6）选择最恰当的转让定价方法，并根据该方法确定相关的财务指标（如确定交易净利润法中的净利润指标）。

（7）确定潜在可比交易，在步骤3识别重大可比性因素的基础上，确定独立交易应具备的关键特征。这些特征应考虑交易资产或劳务特性、交易各方功能和风险、合同条款、经济环境、经营策略等可比性因素。

（8）如果有需要，则进行可比性调整。如果在运用可比性分析时，比较过程存在实质性的重大差异，那么就需要对可比性分析的结果进行必要的、准确的调整。可比性调整通常有以下几种情况：对于被测试企业与可比企业之间的运用不同的会计处理导致的差异进行调整；对使用的一些财务数据产生的差异进行调整；对资本、功能、资产、风险等项目进行调整；对应收账款、应付账款及存货上的差异进行运营资本的调整。

进行可比性调整时，要确保可比性调整的透明度与准确性，这就需要对所有调整事项进行解释，包括调整的理由和合理性，调整金额是怎样计算的，调整对每个可比信息的结果产生了什么影响，可比性经过调整是否得到了提高等。

（9）解释并运用已收集的数据，确定符合独立交易原则的报酬。确定符合独立交易原则的报酬时需要对以上各个步骤进行再次审视，做出与整体功能风险相符合的结论。

第二节　发现避税疑点案例

【案例 8-1】　本案例以税务机关审核企业提交的资料进行财务数据分析时发现避税疑点的案例，来说明在同期资料审核中运用财务数据进行的主要过程。该案例背景及相关数据来源于公开资料。①

一、RL 苏州公司经营情况

RL 苏州公司，是一家生产制造型外商投资企业，成立于 20×0 年，从 20×1 年起取得收入。主营业务是生产销售 TFT 液晶显示模组产品并提供相关售后服务，产品主要应用于移动电话及笔记本电脑。RL 苏州公司生产的产品大致可以分为中、小型 TFT 液晶显示模组和大型 TFT 液晶显示模组。RL 苏州公司增值税适用税率为 17%，贸易模式为进料加工，出口退税适用免抵退方法。所得税适用税率为 25%。RL 苏州公司股权结构较为简单，由境外 RL 母公司 100% 持有股权。

二、RL 苏州公司经营模式

RL 苏州公司是一家出口导向型生产制造企业，其经营模式如下：首先，RL 母公司在境外接受客户订单，先进行前工序 TFT-LCD 模组半成品的生产；其次，境外母公司将半成品以及从境外第三方购买的液晶等原材料一起销售给 RL 苏州公司；第三步，RL 苏州公司对进口的半成品进行后工序生产，其中少量辅助材料在中国境内非关联方采购；第四步，RL 苏州公司将生产的产成品全部返销给境外母公司，再由境外母公司销售给最终客户。

---

① 参见：张浩. 日立苏州转让定价税务风险防控的案例研究[D]. 长沙：湖南大学，2014.

物流方面，最终销售给母公司的产品由 RL 苏州公司向境外母公司直接发货，再由境外母公司发货给最终客户；而最终销售给境外母公司以外客户的货物则由 RL 苏州公司直接发货。

三、RL 苏州公司的财务数据

表 8-1 是 RL 苏州公司自成立取得收入以来的历年经营情况，可以看出该公司自 20×3 年以来开始获利，公司进入发展阶段。

表 8-1　RL 苏州公司历年经营情况　　　　　　单位：万元

序号	项目	公式	20×1 年	20×2 年	20×3 年	20×4 年	20×5 年	20×6 年
1	营业收入		21 521	207 142	604 218	651 605	616 396	718 204
2	营业成本		20 906	202 992	590 454	631 465	604 224	690 174
3	营业税金及附加							
4	毛利	1-2-3	615	4 150	13 764	20 140	12 172	28 030
5	毛利率	4/1						
6	销售费用		908	4 294	8 188	8 593	-200	8 901
7	管理费用							
8	资产减值损失							
9	息税前利润	4-6-7-8	-293	-144	5 576	11 547	12 372	19 129
10	息税前利润率	9/1	-1.36%	-0.07%	0.92%	1.77%	2.01%	2.66%
11	完全成本加成率	9/(2+3+6+7)	-1.34%	-0.07%	0.93%	1.80%	2.05%	2.74%

表 8-2 是 RL 苏州公司历年的关联交易情况，可以看出该公司绝大部分的购销业务都是与境外关联公司之间发生的业务往来。

表 8-2　RL 苏州公司关联交易情况　　　　　　单位：万元

年度	20×1 年	20×2 年	20×3 年	20×4 年	20×5 年	20×6 年
关联销售	21 750	207 142	604 218	651 605	616 396	718 204
关联销售比率	100%	100%	100%	99.98%	100%	100%
关联采购	23 575	198 684	514 204	500 740	458 450	528 871
关联采购比率	100%	88.82%	80.87%	85.22%	82.49%	80.42%

根据国家税务总局公告 2017 年第 6 号第四条提出的转让定价需要着重分析的疑点，RL 苏州公司所面临的转让税务风险可以归结为以下几点：

（1）关联交易数额较大且占比较高。RL 苏州公司关联交易销售比例基本都达到 100%，关联采购比例均在 80% 以上，完全可以被认定为关联交易数额巨大。

（2）长期微利。RL 苏州公司财务数据显示为微利，息税前利润率基本维持在 2% 左右，主营业务成本同步增加。这说明企业在保持低利率的情况下规模在不断扩大，低利率情况下的规模扩大说明该利润率带有较为明显的人为操纵痕迹。

（3）单一功能企业。通过对 RL 苏州公司的企业功能风险分析得到 RL 苏州公司主要承担 LCD 显示屏原材料采购、制造生产以及包装运输功能，虽然也有一部分辅助性材料自行在国内采购，不是严格意义上的来料加工或进料加工型企业，但是来自境外母公司的材料占到其材料采购的 80% 以上，很有可能被税务机关认定为单一功能风险企业，不应承担亏损。

四、下一步的审核方向

从同期资料审核的角度来看，通过基本的功能风险分析对应企业财务数据和关联交易情况，确定企业可能存在的避税疑点，就已经基本达到了同期资料审核的主要目的。下一步来说，需要进行的工作是深入的可比性分析，以及行业价值链分析。通过行业可比性分析，进行横向利润水平定位，确定 RL 苏州公司应获取的合理行业利润；通过产业价值链分析，进行纵向利润水平定位，确定 RL 苏州公司是否存在并应享有中国市场溢价，这需要具体分析 RL 境外母公司的最终客户群体。

【案例 8-2】 可比性分析案例，整体考察功能风险的 5 个可比方面。①

一、案例简介

A 公司是一家电子硬件厂商，拥有高新技术企业资质，于×年全资投资拥有高新技术企业和软件企业双重资质的 B 公司。B 公司开发的软件产品通过关联交易销售给 A 公司，内置到 A 公司的电子产品后再整体对外销售。A、B 公司的关联交易情况如图 8-1 所示。

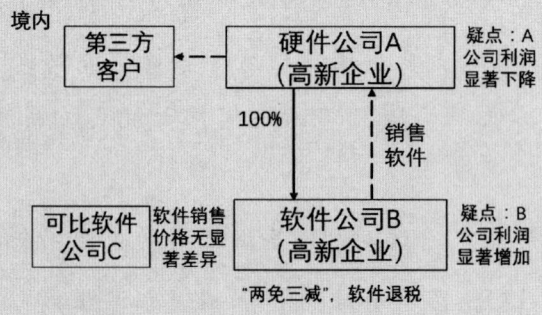

图 8-1　A 公司与 B 公司关联交易情况

值得注意的是，自 B 公司成立后，A 公司的盈利状况就直线下降，B 公司的盈利状况却一路飙升，利润率远远高于同业平均水平，一直处于超高盈利状态，两者形成了鲜明的对比。A、B 公司的经营利润水平如表 8-3、表 8-4 所示。

表 8-3　B 公司成立前后 A 公司利润水平对比表

年度	A 公司主营业务利润率	备注
×-2	22.60%	
×-1	26%	
×	16.80%	B 公司成立
×+1	15.20%	

---

① 案例来源：黄洁钦. 对关联交易可比性分析的理解[J]. 国际税收，2014(8)：64-66.

表 8-4　A、B 公司总利润率对比表

利润率	×	×+1	×+2	×+3	×+4	×+5	×+6	×+7	×+8
A 公司总利润率	10%	5.80%	7.20%	4%	1%	2%	-0.19%	-5%	4%
B 公司总利润率	63%	82%	77%	88%	96%	98%	99%	90%	86%

在税收优惠方面，A 公司属于高新技术企业，享受 15% 的企业所得税税率优惠。但 B 公司拥有高新技术企业和软件企业双重身份，其税收优惠更具优势：自 × 年起享受企业所得税"两免三减半"的税收优惠，之后按 10% 的税率征收企业所得税，其增值税实际税负超过 3% 的部分还可享受即征即退的税收优惠。因此，A 公司与 B 公司之间的交易很可能存在着巨大的避税空间。并且，A 公司通过关联交易利用 B 公司的软件企业资格进行避税的疑点比较明显。

二、可比性分析遇到难题

为了确定 A、B 公司合理的交易价格或合理的利润区间，税务机关选择单纯从事软件开发的 B 公司作为测试对象，试图寻找 B 公司软件的可比交易价格，但遇到了困难。

首先，A 公司的产品市场是一个小众市场，从事其中前端软件或内置软件开发的企业数量非常少，而且具有相当强的垄断性。在垄断的市场中，寻找比较理想的可比企业或可比价格非常困难。其次，在有限的 B 公司同业中，寻找纯软件的可比企业非常困难，绝大部分企业都是软硬件混营，无法获取独立软件企业的经营数据。最终，税务机关找到了可比企业 C 公司。在 B 公司设立之前，A 公司的软件由 C 公司开发，从产品特性的角度来说，C 公司的软件产品与 B 公司高度可比，而且 C 公司是一家纯软件企业，没有硬件产品，不论是从正常经营规律还是行业平均水平，C 公司的利润状况也都比较可信、正常。但是，税务机关对两个公司的数据进行分析后发现，B、C 公司的软件价格没有很明显的差异。

既然 B、C 公司的软件价格没有明显的差异，那么应该如何调整避税嫌疑突出的 A、B 公司的关联交易呢？应调整收入还是调整费用？从企业所得税的角度来看，不管调整收入还是调整费用，关联企业 A、B 公司作为一个集团，对集团所得税的整体调整是没有影响的。如果 A、B 公司之间的关联交易是外销，因出口货物实行出口退税，对增值税也没有影响，但是，因为 A、B 公司之间的交易是在境内交易，而且 B 公司的增值税享受软件企业实际税负超过 3% 的部分即征即退的税收优惠，所以，调整收入还是调整费用对增值税影响巨大。这是本案争议的焦点。

一种观点认为，既然第三方 C 公司的独立市场价格与 B 公司不存在明显的差异，就说明 A、B 公司的关联交易符合独立交易原则，其交易价格是合理的，要纠正 A、B 公司扭曲的盈利状况，只能从费用列支方面入手，而不能调整 B 公司的收入，因为调整收入即意味着调整 B 公司的价格。

另一种观点认为，应用独立交易原则判定关联交易合理性的前提是独立企业间存在与关联交易相类似的实际交易，必须特别注意这些交易的约束条件与关联交易的差异，也就是说必须进行可比性分析。

虽然第三方 C 公司的软件销售价格与 B 公司不存在明显差异，A、B 公司关联交易似乎符合独立交易原则，其交易价格似乎是合理的，但是通过可比性分析可以发现 C 公司的交易与 B 公司的可比性存在重大缺陷。

国家税务总局公告 2017 年第 6 号第十五条对可比性分析提出了 5 个方面的要求，即可比性分析因素主要包括产品特性、交易各方功能和风险、合同条款、经济环境、经营策略 5 个方面。也就是说可比性分析不仅仅包含产品的可比性，产品可比只是可比性分析的一个方面，还应当进行功能和风险、合同条款、经济环境、经营策略等的可比性分析。

三、调整结果

经进一步了解，B公司自成立以来每年都没有营业成本和销售费用发生，管理费用占销售收入的比例也严重低于C公司及软件业的平均水平。因此，既然B公司没有发生体现市场营销等方面的费用开支，从行为、功能、风险的角度出发，B公司就只是拥有研发单一功能的企业，缺乏采购及存货、市场营销、财务融资、投资决策及有效行政管理等职能，而第三方可比软件公司C是一个全功能企业，也就是说，B和C公司功能风险的可比性存在重大差异，直接以C公司销售给非关联客户的软件价格作为独立交易价格不符合独立交易原则的本质要求。C公司的软件市场价必须经过差异性调整才能作为A、B公司关联交易的参照价格，并以经过差异性调整的参照价格对A、B公司关联交易价格进行调整：调减B公司的销售收入，同时调减A公司等额营业成本。

调整的结果是，由于A、B之间存在实际税负差，通过以上收入和成本的调整，增加了A、B两个企业整体的应纳所得税额，在增值税上B公司可能需要退还已享受的软件退税金额。

该案例在选择转让定价调整方法时，选择的是可比非受控价格法，税务机关没有通过寻找与B公司利润可比的企业进行调整，可能的原因是B公司利润水平很高，难以寻找到适合的利润可比对象，因此税务机关把寻找可比的角度放在寻找销售价格可比的企业上。但是，随后遇到第二个难题，即从单纯的销售价格来看，潜在的可比企业的销售价格和B公司的软件销售价格基本一致，但是两个公司的功能风险不可比，A公司是全功能软件销售企业，B公司不具备营销和管理功能。这里需要考虑的问题是，A、B公司之间存在的这种功能风险差异是否重大，是否通过价格调整可以消除。如果可以消除这种差异，则可以按照本案例中的销售价格调整方法进行调整。

第三节 自测练习

一、单选题

1. 税务机关依照《企业所得税法》有关规定做出特别纳税调整，需要补征税款的，应当补征税款，并按照国务院规定加收利息。其中，利息应当按照税款所属纳税年度中国人民银行公布的与补税期间同期的（　　）计算。

   A. 人民币贷款基准利率加5个百分点

   B. 人民币存款基准利率加5个百分点

   C. 人民币贷款基准利率加3个百分点

   D. 人民币存款基准利率加3个百分点

   【参考答案】　A

2. 在中国境内设立机构、场所的非居民企业在年度中间终止经营活动的，应当自实际经营终止之日起（　　）日内，向税务机关办理当期企业所得税汇算清缴。

   A. 45

   B. 50

   C. 55

   D. 60

   【参考答案】　D

3. 在中国境内未设立机构、场所的非居民企业，其来源于中国境内的所得按照下列办法计算企业所得税。（　　）

   A. 股息、红利等权益性投资收益，以收入全额为应纳税所得额

B. 转让财产所得以收入全额为应纳税所得额

C. 利息、租金、特许权使用费所得，以收入全额减除发生的费用为应纳税所得额

D. 境外所得按收入总额减除与取得收入有关、合理支出的余额为应纳税所得额

【参考答案】 A

4. 在中国境内未设立机构、场所的非居民企业，以融资租赁方式将设备、物件等租给中国境内企业使用，租赁期满后设备、物件所有权归中国境内企业（包括租赁期满后作价转让给中国境内企业），非居民企业按照合同约定的期限收取租金，应（ ）计算缴纳企业所得税。

A. 以租赁费（包括租赁期满后作价转让给中国境内企业的价款）作为贷款利息

B. 以租赁费（包括租赁期满后作价转让给中国境内企业的价款）扣除设备、物件价款后的余额作为贷款利息

C. 以租赁费（包括租赁期满后作价转让给中国境内企业的价款）作为特许权使用费

D. 以租赁费（包括租赁期满后作价转让给中国境内企业的价款）扣除设备、物件价款后的余额作为特许权使用费

【参考答案】 B

二、多选题

1. 对非居民企业在中国境内取得工程作业和劳务所得应缴纳的所得税，税务机关可以指定工程价款或者劳务费的支付人为扣缴义务人。可以指定扣缴义务人的情形，包括（ ）。

A. 预计工程作业或者提供劳务期限不足一个纳税年度，且有证据表明

不履行纳税义务的

B. 预计工程作业或者提供劳务期限超过一个纳税年度，且有证据表明不履行纳税义务的

C. 没有办理税务登记或者临时税务登记，且未委托中国境内的代理人履行纳税义务的

D. 未按照规定期限办理企业所得税纳税申报或者预缴申报的

【参考答案】　ACD

2. 对外发起专项情报交换请求应遵循的基本原则包括(　　)。

A. 成本最优原则

B. 穷尽国内手段原则

C. 可预见相关性原则

D. 不溯及既往原则

【参考答案】　BC

3. 国际税收情报交换案件中可涉及的税种包括(　　)。

A. 所得税

B. 关税

C. 消费税

D. 增值税

【参考答案】　ACD

4. 需要按照规定对非居民金融账户涉税信息开展尽职调查的金融机构指(　　)。

A. 存款机构

B. 托管机构

C. 投资机构

D. 特定的保险机构及其分支机构

【参考答案】 ABCD

5. 受疫情影响，税务机关将结合企业（　　）等因素，在转让定价调查中综合考虑疫情对企业造成的影响。

    A. 功能风险

    B. 关联交易特征

    C. 行业特点

    D. 可比企业情况

    E. 复工复产时间

【参考答案】 ABCD

6. 税务机关实施特别纳税调整调查，应当重点关注具有（　　）风险特征的企业。

    A. 存在长期亏损、微利或者跳跃性盈利

    B. 低于同行业利润水平

    C. 利润水平与其所承担的功能风险不相匹配，或者分享的收益与分摊的成本不相配比

    D. 与低税国家（地区）关联方发生关联交易

【参考答案】 ABCD

7. 企业收到特别纳税调整风险提示或者发现自身存在特别纳税调整风险的，可以自行调整补税。以下关于企业自行调整的表述，正确的是（　　）。

    A. 企业自行调整补税的，税务机关不能再对其实施特别纳税调查调整

    B. 企业自行调整补税的，税务机关仍可按照有关规定实施特别纳税调查调整

    C. 企业自行调整补税的，无需加收利息

    D. 企业自行调整补税的，其2008年1月1日以后发生交易的自行调整补税按照基准利率加收利息

【参考答案】　BD

三、判断题

1. 只要承诺参与金融账户涉税信息自动交换（CRS）的辖区，都会与我国交换 CRS 信息。（　　）

【参考答案】　×

2. 在特别纳税调整无形资产形成和使用过程中，仅提供资金而未实际执行相关功能和承担相应风险的，应当仅获得合理的资金成本回报。
（　　）

【参考答案】　√

3. 疫情防控期间，我国政府在房租、税费、融资等方面出台了一系列援助政策。如果企业认为政府援助对转让定价安排产生影响，可以自行做出可比性调整，税务机关不会对政府援助政策的可比因素进行甄别。
（　　）

【参考答案】　×

4. 我国税务机关现阶段与外国税务机关开展税收征管协助的形式有情报交换和税收追索。（　　）

【参考答案】　×

第九章
转让定价方法

本章介绍反避税调整中转让定价方法的分类和适用情况。反避税转让定价理论，最终需要通过具体转让定价利润计算方法衡量被测试企业的利润水平。不同的利润水平计算方法对独立交易利润的衡量结果是不同的，因此根据被测试企业的特点选择转让定价方法是必须掌握的内容。本章根据我国《特别纳税调查调整及相互协商程序管理办法》（国家税务总局公告 2017 年第 6 号）文件规定的 5 种转让定价方法进行介绍，包括对这 5 个转让定价方法概念的介绍和对其中常用转让定价方法应用情况的详细分析。在当前传统的转让定价体系中，尽管名义上存在多种转让定价方法可供选择，但是其中一些方法对应用条件要求很高，难以在谈判双方之间达成一致，因此事实上转让定价最常用的方法是适用范围较宽、谈判双方最容易取得共识的交易净利润法，其次是利润分割法，其他转让定价方法的价值更多体现在丰富转让定价理论方面。

第一节 转让定价的分类

转让定价方法是指在关联交易中确定价格或利润水平的方法。出于企业集团内部管理的需要和外部监管的要求，集团内企业成员之间都需要按照一定的转让定价方法确定内部商品和服务的定价方法，这些不同的定价方法表面上是确定交易价格，实质上需要关注不同商品和服务的交易利润。

在不同的转让定价方法的选用上，OECD 转让定价指南不赞成对各种方法规定机械的选用顺序，而是鼓励灵活地选择合适的转让定价方法。当前转让定价方法的分类如下。

一、可比非受控价格法

可比非受控价格法（Comparable Uncontrolled Price Method，CUPM）是指按照没有关联关系的交易各方进行相同或者类似业务往来的价格进行定价的方法。可比非受控价格法一般是很难操作的，两项交易只要有一方面的因素不可比，该方法就不容易采用。该方法的计算基础是销售价格。

二、再销售价格法

再销售价格法（Resale Price Method，RPM）是指按照与被调整企业关联的企业（再销售方）将产品再销售给非关联的第三方使用的价格所应取得的利润水平进行调整的一种方法。它一般适用于制造商或分销商的利润调整。再销售价格法不像可比非受控价格法那样要将比较的重点放在产品身上，而是基于企业行使功能的可比性。再销售价格法要求再销售方没有大幅度提高产品的价值，如果再销售方采用了一些独有的无形资产或追加了一些实质性的东西（如商标、独有的许可权等），再销售价格法就难以使用。也就是说，这种方法应限于再销售方未对商品进行实质性增值加工（如改变外型、性能、结构、更换商标等），仅是简单加工或单纯的购销。

三、成本加成法

成本加成法（Cost Plus Method，CPM），是按产品单位成本加上一定比例的利润制定产品价格的方法。产品价格能保证企业的制造成本和期间费用得到补偿后还有一定利润，产品价格水平在一定时期内较为稳定，定价方法简便易行。

四、交易净利润法

交易净利润法（Transactional Net Margin Method，TNMM）是指按照没有关联关系的交易各方进行相同或者类似业务往来取得的净利润水平确定利润的方法。该方法是一种完全的净利润法，是剔除了所有的经营费用后的利润。

五、利润分割法

利润分割法（Profit Split Method，PSM）是指企业与其关联方的合并利润或者亏损在各方之间采用合理标准进行分配的方法。利润分割法分为一般利润分割法和剩余利润分割法。利润分割法通常不需要直接依赖于严格可比的交易，因而可以应用于缺乏独立可比交易的个案。利润分割法的适用对象主要是关联交易高度整合且难以单独评估各参与方交易成果的情况，或者各参与方都有独特的价值贡献。其优点是可以适用于没有可比企业的情况；可以对交易双方的利润调整情况做出验证，交易净利润法只能单方验证一方的利润；可以适用于关联交易双方都拥有无形资产的情况，交易净利润法适用于没有重大无形资产的情况，因为重大无形资产很难找可比对象。

第二节 转让定价方法的适用情况

在具体选择以上转让定价方法时，根据 OECD 转让定价指南建议，选择合适转让定价方法的原则主要考虑的因素有两个：一是受控交易的性质，尤其是功能分析。例如，受控交易各方做出有独特价值的贡献或参与高度整合性的业务活动的时候，比较交易利润的方法比比较交易价格的方法更合适。二是受控交易和非受控交易数据的可获得性。通常第三方可比公司的毛利率等内部数据难以取得，因此比较价格和毛利的转让定价方法难以运用。

根据国家税务总局公告2017年第6号文件要求，在我国进行反避税转让定价工作时，应具体考虑以下转让定价方法的适用情况。

一、可比非受控价格法适用情况

该方法以非关联方之间进行的与关联交易相同或者类似业务活动所收取的价格作为关联交易的公平成交价格。可比非受控价格法可以适用于所有类型的关联交易。

可比非受控价格法的可比性分析，应当按照不同交易类型，特别考察关联交易与非关联交易中交易资产或者劳务的特性、合同条款、经济环境和经营策略上的差异。

1. 有形资产使用权或者所有权的转让

（1）转让过程，包括交易时间与地点、交货条件、交货手续、支付条件、交易数量、售后服务等。

（2）转让环节，包括出厂环节、批发环节、零售环节、出口环节等。

（3）转让环境，包括民族风俗、消费者偏好、政局稳定程度以及财政、税收、外汇政策等。

（4）有形资产的性能、规格、型号、结构、类型、折旧方法等。

（5）提供使用权的时间、期限、地点、费用收取标准等。

（6）资产所有者对资产的投资支出、维修费用等。

金融资产的转让，包括金融资产的实际持有期限、流动性、安全性、收益性。其中，股权转让交易的分析内容包括公司性质、业务结构、资产构成、所属行业、行业周期、经营模式、企业规模、资产配置和使用情况、企业所处经营阶段、成长性、经营风险、财务风险、交易时间、地理区域、股权关系、历史与未来经营情况、商誉、税收利益、流动性、经济趋势、宏观政策、企业收入和成本结构及其他因素。

2. 无形资产使用权或者所有权的转让

（1）无形资产的类别、用途、适用行业、预期收益。

（2）无形资产的开发投资、转让条件、独占程度、可替代性、受有关国家法律保护的程度及期限、地理位置、使用年限、研发阶段、维护改良及更新的权利、受让成本和费用、功能风险情况、摊销方法以及其他影响其价值发生实质变动的特殊因素等。

资金融通，包括融资的金额、币种、期限、担保、融资人的资信、还款方式、计息方法等。

劳务交易，包括劳务性质、技术要求、专业水准、承担责任、付款条件和方式、直接和间接成本等。

可见，可比非受控价格法需要考虑的情况是很多的，如果关联交易与非关联交易在以上几方面存在重大差异，应当就该差异对价格的影响进行合理调整，无法合理调整的，应当选择其他合理的转让定价方法。

二、再销售价格法适用情况

该方法以关联方购进商品再销售给非关联方的价格减去可比非关联交易毛利后的金额作为关联方购进商品的公平成交价格。再销售价格法的计算公式如下：

$$\text{公平成交价格} = \text{再销售给非关联方的价格} \times \left[1 - \text{可比非关联交易毛利率}\right] \quad (9-1)$$

$$\text{可比非关联交易毛利率} = \text{可比非关联交易毛利} \div \text{可比非关联交易收入净额} \times 100\% \qquad (9-2)$$

再销售价格法一般适用于再销售者未对商品进行改变外形、性能、结构或者更换商标等实质性增值加工的简单加工或者单纯购销业务。

再销售价格法的可比性分析，应当特别考察关联交易与非关联交易中企业执行的功能、承担的风险、使用的资产和合同条款上的差异，以及影响毛利率的其他因素，具体包括营销、分销、产品保障及服务功能，存货风险，机器、设备的价值及使用年限，无形资产的使用及价值，有价值的营销型无形资产，批发或者零售环节，商业经验，会计处理及管理效率等。

再销售价格法的关键是可比毛利率的确定，并且适用于有形资产的购销，不太适用于无形资产。并且再销售的商品一般都没有经过实质性的加工，适用于进行了简单加工的业务或单纯的购销业务。

三、成本加成法适用情况

该方法以关联交易发生的合理成本加上可比非关联交易毛利后的金额作为关联交易的公平成交价格。其计算公式如下：

$$\text{公平成交价格} = \text{关联交易发生的合理成本} \times \left[1 + \text{可比非关联交易成本加成率}\right] \qquad (9-3)$$

$$\text{可比非关联交易成本加成率} = \text{可比非关联交易毛利} \div \text{可比非关联交易成本} \times 100\% \qquad (9-4)$$

成本加成法的可比性分析，应当特别考察关联交易与非关联交易中企业执行的功能、承担的风险、使用的资产和合同条款上的差异，以及影响成本加成率的其他因素，具体包括制造、加工、安装及测试功能，市场及汇兑风险，机器、设备的价值及使用年限，无形资产的使用及价值，商业经验，会计处理，生产及管理效率等。

成本加成法一般适用于有形资产使用权或者所有权的转让、资金融通、劳务交易等关联交易。OECD 转让定价指南表明，成本加成法主要适用于缺少可比非受控价格信息的情况下对企业内部交易产品或服务的定价。在进行转让价格的实际确认计量时，成本加成法主要依据毛利润率得出，而毛利率的高低取决于销售收入和营业成本。由于这两项价格指标和可比非受控法中的价格指标类似，受到很严格的可比条件限制，因此在实际应用中受到很大限制。

四、交易净利润法适用情况

交易净利润法是目前转让定价调整中采用的主流方法，适用生产销售型的企业。交易净利润法通常适用于不拥有重大价值无形资产企业的有形交易、无形资产交易、劳务交易等关联交易。

这是因为利润指标对可比的要求相对于价格来说，受交易差异影响较小；相对于毛利而言，净利润更能包容关联企业和非关联企业之间的功能差异。企业发挥功能方面的差异主要反映在费用上，因此不同企业之间取得的毛利可能差异很大。但是由于市场的作用，同类企业之间获得的净利润水平却差别不大，因此，为了避免过多可比因素引起的不确定情况，税企双方通常能够共同接受交易净利润法作为调整方法。

交易净利润法以可比非关联交易的利润指标确定关联交易的利润。利润指标包括息税前利润率、完全成本加成率、资产收益率、贝里比率等。具体计算公式如下：

$$息税前利润率 = 息税前利润 \div 营业收入 \times 100\% \tag{9-5}$$

该指标是使用得最多的指标，适用于有形资产分销型的交易，即购入商品后进行再销售，或购入原材料经过生产加工后再销售的情况。

$$完全成本加成率 = 息税前利润 \div 完全成本 \times 100\% \qquad (9-6)$$

该指标主要运用于合约研发交易、运营劳务交易、合约制造企业等。该指标的核心在于成本，当付出的成本密切关系着公司在交易中承受的风险、履行的功能以及使用的资产时，通常会采用基于成本的指标来衡量。这里的成本是完全成本的概念，包含了全部直接、间接与交易相关的成本和费用，反映在会计科目上主要由营业成本、税金及附加、销售费用、管理费用等构成，但是不包括财务费用。

$$资产收益率 = 息税前利润 \div [(年初资产总额 + 年末资产总额) \div 2] \times 100\% \qquad (9-7)$$

该指标是基于资产的利润指标，适用于生产型或资本密集型的交易。

$$贝里比率 = 毛利 \div (营业费用 + 管理费用) \times 100\%$$

该指标主要适用于有限功能和风险的分销商。当纳税人从关联企业购进货物然后转售给其他关联企业时，使用贝里比率对这种中间交易十分有效。因为，这种情况下不存在非关联的销售数据，无法适用再销售价格法，而且销售成本是关联销售的成本，也无法适用成本加成法。相比之下，中间交易商的营业费用和管理费用受关联交易影响的可能性较小，因此比较适合使用贝里比率法。

利润指标的选取应当反映交易各方执行的功能、承担的风险和使用的资产。利润指标的计算以企业会计处理为基础，必要时可以对指标口径进行合理调整。

交易净利润法的可比性分析，应当特别考察关联交易与非关联交易中企业执行的功能、承担的风险和使用的资产，经济环境上的差异，以及影响利润的其他因素，具体包括行业和市场情况，经营规模，经济周期和产品生命周期，收入、成本、费用和资产在各交易之间的分配，会计处理及经营管理效率等。

五、利润分割法适用情况

利润分割法是根据企业与其关联方对关联交易合并利润（实际或者预计）的贡献计算各自应当分配的利润额。利润分割法一般适用于企业及其关联方均对利润创造具有独特贡献，业务高度整合且难以单独评估各方交易结果的关联交易。利润分割法的适用应当体现利润在经济活动发生地和价值创造地征税的基本原则。利润分割法主要包括一般利润分割法和剩余利润分割法。

一般利润分割法，通常根据关联交易各方所执行的功能、承担的风险和使用的资产，采用符合独立交易原则的利润分割方式，确定各方应当取得的合理利润；当难以获取可比交易信息但能合理确定合并利润时，可以结合实际情况考虑与价值贡献相关的收入、成本、费用、资产、雇员人数等因素，分析关联交易各方对价值做出的贡献，将利润在各方之间进行分配。

剩余利润分割法，将关联交易各方的合并利润减去分配给各方的常规利润后的余额作为剩余利润，再根据各方对剩余利润的贡献程度进行分配。

利润分割法的可比性分析，应当特别考察关联交易各方执行的功能、承担的风险和使用的资产，收入、成本、费用和资产在各方之间的分配，成本节约、市场溢价等地域特殊因素，以及其他价值贡献因素，确定各方对剩余利润贡献所使用的信息和假设条件的可靠性等。

六、其他方法适用情况

其他方法包括成本法、市场法和收益法等资产评估方法，以及其他能够反映利润与经济活动发生地和价值创造地相匹配原则的方法。

成本法，是以替代或者重置原则为基础，通过在当前市场价格下创造一项相似资产所发生的支出确定评估标的价值的评估方法。成本法适用于能够被替代的资产价值评估。

市场法，是利用市场上相同或者相似资产的近期交易价格，经过直接比较或者类比分析来确定评估标的价值的评估方法。市场法适用于在市场上能找到与评估标的相同或者相似的非关联可比交易信息时的资产价值评估。

收益法，是通过评估标的未来预期收益现值来确定其价值的评估方法。收益法适用于企业整体资产和可预期未来收益的单项资产评估。

第二节　交易净利润法应用案例

交易净利润法在应用时应了解其存在的一些特性，例如：① 当价格受产品差异影响较大时，毛利润易受功能差异影响，净利润指标受这些影响较小；② 企业功能的差异会对成本结构造成影响，从而影响净利润指标的可比性；③ 净利润会受到行业因素的影响，例如竞争情况、管理效率、自身战略、替代产品、成本结构、资本结构、经营水平、行业壁垒等；④ 净利润的可比口径必须一致，对营业费用、非营业费用的划分标准，折旧和准备金的提取方法等，应具备可比性。

交易净利润法的以上特性，使得该方法具有其他转让定价方法不具备的优势。例如，使用该方法时不需要考虑影响产品价格的因素，对挑选的可比企业产品的可比性要求不高；该方法对会计核算方法的可比性要求不高，不需要会计核算方法相同，因为会计上计入成本还是计入费用对毛利影响大但对利润影响不大。因此，交易净利润法在实际应用方面受限较小，常适用于多个关联交易混合的交易类型。但是交易净利润法在应用方面要求最好是不拥有重大无形资产交易的企业。

【案例 9-1】 为详细说明交易净利润法的应用情况，本节以一个转让定价反避税调查的案件为例来说明使用交易净利润方法的主要步骤和一些注意事项。①

一、企业基本情况

NJYG 显示有限公司（以下简称 NJYG 公司）是由 NJYG 高科技股份有限公司（以下简称 NJYG 高科技）、韩国 YG 电子株式会社及其中国投资（以下简称 YG 中国）公司于 1997 年投资成立的合资企业，注册资本 1 192 万美元，中外方持股比例为 30∶70。图 9-1 是该公司股权结构图。

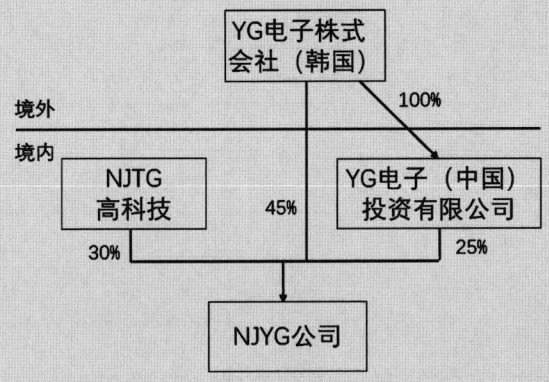

图 9-1　NJYG 显示公司股权结构图

NJYG 公司经营期限为 50 年，主要从事液晶显示器、CRT 显示器及零部件、各种液晶电视机及零部件的生产和销售，并提供相关服务。1997 年 9 月投产，20×3 年前 NJYG 公司属于高新技术企业享受 15% 优惠税率，20×4 年后不符合高新技术企业资格认定条件，税率为 25%，如表 9-1 所示。

---

① 改编自叶守光. 中国企业避税问题风险控制与管理实务[M]. 北京：中国税务出版社，2012.

表 9-1　20×3—20×7 年 NJYG 公司的生产经营状况　　单位：万元

项目	20×3 年	20×4 年	20×5 年	20×6 年	20×7 年
销售收入	161 462	237 762	558 943	791 991	805 567
外销收入	62 604	123 306	434 021	666 471	647 033
外销比重	0.39	0.52	0.78	0.84	0.8
关联外销收入	61 632	120 528	413 058	646 741	635 565
关联外销比重	0.98	0.98	0.95	0.97	0.98
销售成本	138 817	202 778	522 934	748 041	75 8035
销售毛利率（%）	14.02	14.71	6.44	5.52	5.9
管理费用	3 790	6 314	4 688	4 899	6 748
销售费用	15 587	21 305	27 094	33 844	37 903
财务费用	683	-158	-734	1 053	5 705
投资收益			0.18	0.29	0.38
其他业务利润	74	180	-145	-224	-125
营业外收入	245	156	524	1 593	503
营业外支出	491	820	117	73	1 288
净利润	2 413	7 040	5 223	5 452	-3 729
净利润率（%）	1.49	2.96	0.93	0.69	-0.46

二、初步分析疑点

（1）NJYG 公司的销售收入从 20×4 年开始快速增长，销售收入大幅度攀升，说明企业市场较好，企业规模日益扩大；出口销售的比重也稳步增长，到 20×7 年比重已经达到 80.79%。

（2）NJYG 公司产品的销售毛利水平并未随着收入的增长而同步递增，在 20×3 年与 20×4 年有大幅度下降，从 14.71% 降到 6.44%，并开始逐年递减，直到 20×7 年才有所上升。企业净利润率由 20×4 年的 2.96% 陡降至 20×5 年的 0.93%，20×7 年甚至出现负数。

(3) NJYG公司外销大部分通过海外关联销售公司进行,5年来比重在95%以上,因此关联销售比重很大,有利用转让定价转移利润的疑点。

(4) NJYG公司的主要供货商LPL公司与NJYG公司同为韩国集团内控股子公司。NJYG公司20×4年失去高新技术企业资格后,LPL公司于20×5年获得高新技术企业资格,而NJYG公司的营业成本率立刻上升,毛利率迅速下降,企业利用税收优惠政策调控利润的嫌疑比较明显。

(5) 企业对外支付费用数额巨大。以20×7年为例,20×7年销售费用379 029 972.55元,其中咨询服务费、促销费、返利费、维修费等就达229 510 440.79元,占销售费用的60.55%。

结论:从NJYG公司20×3—20×7年财务指标分析,较强的营运能力、较好的企业发展趋势与企业的盈利水平和获利能力不相符;5年各产品销售金额在显示器行业的国内市场占有率为10%~16%;在LCD电视机方面国内市场占有率为4%~6%;在行业内处于中等水平。

三、关联企业和关联交易确认

首先,对企业关联企业进行梳理、认定,并按照销售、采购、支付费用进行分类;在此基础上,对关联销售、关联采购、关联维修、广告费、技术使用费等采集系统数据,进行汇总,与企业申报数据比对。相关部门认定NJYG公司关联企业共有62家。关联交易关系如图9-2所示。

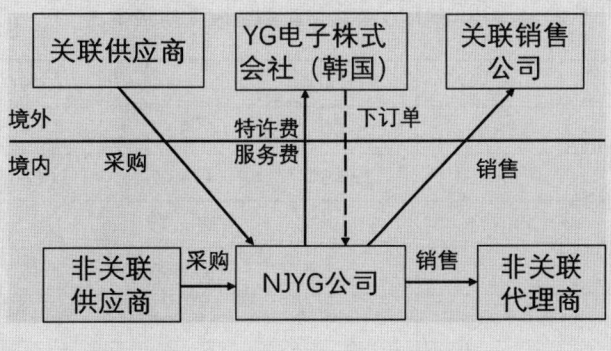

图9-2 NJYG公司关联交易图

（1）韩国 YG 电子拥有 NJYG 公司 45% 的股份。

（2）YG 电子（中国）有限公司（以下简称 YG 中国）拥有 NJYG 公司 25% 的股份。

（3）NJYG 公司产品生产有赖于韩国 YG 电子提供技术支持。

（4）NJYG 公司外销产品的订单主要来源于韩国 YG 电子，产品出口大部分销售给韩国在全球各地设立的销售公司，NJYG 公司内销的电视机产品主要销售给 YG 中国，内销的 LCD 主要销售给 YG 中国寻找的代理商。

（5）NJYG 公司生产的原材料部分从国内关联和国外关联企业购进。NJYG 公司历年关联交易情况，如表 9-2 所示。

表 9-2　20×3—20×7 年 NJYG 公司关联交易情况　　　　单位：万元

项目	20×3 年	20×4 年	20×5 年	20×6 年	20×7 年
材料采购	133 674	199 589	524 348	725 601	804 843
关联进口	94 998	117 559	229 533	257 318	347 879
关联进口比重	71%	59%	44%	35%	43%
关联内购	0	28 533	127 391	157 092	198 156
关联内购比重	0%	14%	24%	22%	25%
关联总采购	94 998	146 092	356 924	407 102	520 173
关联总比重	71%	73%	68%	57%	68%

NJYG 公司历年销售收入明细情况，如表 9-3 所示。

表 9-3　NJYG 公司历年销售收入明细情况　　　　单位：万元

项目	20×3 年	20×4 年	20×5 年	20×6 年	20×7 年
销售收入	161 462	237 762	558 943	791 992	805 567
出口	62 604	123 306	434 021	666 471	647 033
出口比重	38.77%	51.86%	77.65%	84.15%	80.32%
关联出口	61 632	120 527	413 058	646 741	635 565
关联出口比重	98%	98%	95%	97%	98%
非关联出口	972	2 778	20 963	19 730	11 468

(续表)

项目	20×3 年	20×4 年	20×5 年	20×6 年	20×7 年
非关联出口比重	2%	2%	5%	3%	2%
内销	98 858	114 456	124 922	125 521	158 534
内销比重	61.23%	48.14%	22.35%	15.85%	19.68%
关联内销	0.00	−597	19	7 810	30 192
关联内销比重	0.00%	−0.52%	0.01%	6.22%	19.04%
非关联内销	98 858	115 052	124 903	117 711	128 342
非关联内销比重	100%	100%	99.98%	94%	81%

NJYG 公司历年向境外关联企业支付的技术使用费和维修费情况，如表 9-4 所示。

表 9-4　NJYG 公司历年向境外关联企业支付的技术使用费和维修费　单位：元

项目	20×3 年	20×4 年	20×5 年	20×6 年	20×7 年
维修费	5 117 724	31 907 729	35 187 843	96 993 760	76 152 167
技术使用费	796 776	1 024 806	43 124 650	133 694 458	120 384 314
担保费	0	0	0	15 518.44	26 271

四、功能风险分析

1. 销售功能与风险

企业销售分为内销和外销。外销由韩国总部下每年的计划，由总部确定销售价格、下订单，销售货物直接开票给海外关联销售公司，外销价格执行再销售价格法。销售价格公式如下：

$$\text{销售价格} = \text{海外市场价格} - \text{海外关联销售企业的目标净利润（1\%）} - \text{海外关联销售企业的预算成本费用}$$

内销计划与 YG 中国一起制订，分不同产品采取不同政策。由此可见，在销售方面，外销部分受控韩国总部程度极深，YG 中国、海外销售公司共同承担销售功能风险。内销部分由 YG 中国、NJYG 公司共同承担相关功能与风险。

2. 采购功能与风险

在NJYG公司关联采购方面,关联原材料供应商主要为A、B、C等,采购计划由NJYG公司制订,采购价格由NJYG公司与供货商协商确定;采购的物流费用由NJYG公司承担。因此,NJYG公司负有主要采购功能,但在关联原料供应商的确定上,韩国总部和关联企业也发挥了相应的功能。

3. 生产功能与风险

NJYG公司的生产工艺流程是由韩国YG电子设计并制定,NJYG公司按订单进行生产,并对生产运转进行组织和监督,对存货进行管理。因此,NJYG公司负有生产功能与风险。

4. 研发功能与风险

NJYG公司生产产品主要依靠韩国YG电子提供的技术与设计,NJ公司主要进行本地化汉化、改进,在技术环节所起的作用较小,NJYG公司向韩国YG公司支付技术使用费。但是,在具体产品的生产过程中,由韩国总部提供每种产品的BOM表和技术标准,NJYG公司基本执行此标准,但要根据具体情况纠正错误,反馈给韩国总部。另外,20×7年NJYG公司17个部门共1 292人,其中制造部门690人,研究室127人,从人数上看,更佐证了NJYG公司具有部分研发功能。

5. 售后服务功能与风险

外销产品发生维修、索赔,由NJYG公司承担当地维修费,具体模式为由海外维修机构进行维修,NJYG公司支付维修发生的直接费用,再按一定比例分摊海外维修中心的间接费用。内销产品发生维修、索赔,由NJYG公司承担当地维修费,具体模式为:由设在中国的集团内维修中心进行维修,NJYG公司支付维修发生的直接费用,再按一定比例分摊国内维修中心的间接费用。

综上所述，NJYG 公司承担较为齐全的生产功能与风险；销售中，出口销售部分受控程度较深，内销具有一定自主权；采购方面有一定关联比重，但 NJYG 公司具有一定自主权；研发方面主要从事本地化改造工作，核心技术并未掌握，具有小部分研发功能；售后服务方面承担内外销产品的维修服务，承担完全的售后服务功能。

五、现场审计

根据现场审计结果和功能风险分析，税务机关发现 NJYG 公司存在以下转让定价事实。

1. 产品外销受控，利用关联购销转移利润

内外销毛利率相差很大，见表9-5。20×3—20×7 年企业销售收入逐年增长，外销比重也逐年增大，从 20×3 年的 38.77% 增长到 20×7 年的 80.32%。NJYG 公司的外销主要是销售给韩国 YG 电子在全球的销售公司，企业外销没有定价权；内销一部分销售给 YG 中国，基本按照市场原则，与中国投资公司协商定价，另一部分销售给 YG 中国推荐的非关联的代理商。

从表9-5可以看出，NJYG 公司 20×3—20×7 年内外销毛利率相差近 10 个百分点，同时，NJYG 公司的出口比重在逐年增加，整体毛利逐年下降，利用外销价格进行利润转移的问题明显。

表9-5 历年内外销毛利率情况

年度	内销毛利率	外销毛利率	外销比重
20×3	17.49%	8.56%	38.77%
20×4	15.71%	13.90%	52.09%
20×5	11.16%	5.03%	77.65%
20×6	12.20%	5.25%	83.79%
20×7	15.33%	4.87%	80.32%

2. 产品销售、原料采购价格有人为操纵现象

NJYG公司于20×0年度进入"两免三减半"获利年度，20×0年和20×3年为免税期，20×4—20×6年减半，而NJYG公司的总利润率从20×4年开始陡然下降。从20×4年的2.73%下降到20×5年的0.93%，以后20×6年和20×7年一直不超过1%。NJYG公司关联购销，特别是关联销售比重较大。税务机关认为该公司在购销方面有利用转让定价，在企业进入减半征税期转移利润的操作空间。通过对企业主要产品CRT显示器、LCD显示器在20×3—20×7年平均单价的比较，税务机关发现其有利用税收优惠期进行价格操纵的现象，即进入减半期后，同种产品销售价格降低。

3. 维修费、技术使用费等境外费用支付不合理，利用境外支付转移利润

针对企业费用种类繁多、数额较大的问题，税务机关利用审计分析的方法，对三项费用结构、比重进行了分析。

通过分析，税务机关发现NJYG公司5年间销售费用占销售收入的比重在三项费用中一直远远高于管理费用和财务费用如表9-6所示，且占三项费用总额的70%~80%；销售费用中与关联方发生的费用较多，管理费用中没有与关联方发生的费用，财务费用中只有很少的金额，制造费用中与关联方发生的费用只有一笔技术使用费。因此，税务机关着重对销售费用进行了分析。

表9-6　20×3—20×7年三项费用占收入比重　　　　　单位：万元

项目	20×3	比重	20×4	比重	20×5	比重	20×6	比重	20×7	比重
销售收入	161 462	—	237 762	—	558 943	—	791 991	—	805 567	—
管理费用	3 790	2.35%	6 314	2.66%	4 688	0.83%	4 899	0.62%	6 748	0.84%
销售费用	15 587	9.65%	21 305	8.96%	27 094	4.85%	33 844	4.27%	37 903	4.71%
财务费用	683	0.42%	-158	-0.07%	-734	0.13%	1 053	1.33%	5 705	0.71%

其中，促销费、返利费、广告费、售后服务费（维修费）占主要部分，如表9-7所示。

表 9-7 销售费用结构分析   单位：元

项 目	20×6年 账载金额	构成比	20×7年 账载金额	构成比
工资	2 801 191	0.83%	2 989 018	0.79%
福利费	90 336	0.03%	81 486	0.02%
折旧费	1 055 620	0.31%	427 626	0.11%
运输费	22 630 225	6.69%	96 592 473	25.48%
广告费	79 630 210	23.53%	3 419 523	9.16%
促销费	77 617 138	22.93%	80 929 095	21.35%
返利			55 819 035	14.73%
售后服务费（维修费）	146 880 567	43.40%	58 794 887	15.51%
其他	7 732 363	2.29%	48 676 825	12.84%
合计	338 437 654	100%	379 029 972	100.00%

税收机关通过审计发现，促销费、返利费主要是NJYG公司支付给各地代理商，各地代理商是YG中国为NJYG公司寻找的，基本专营其产品，属于非关联企业。广告费主要是NJYG公司各地进行产品宣传发生的费用，属于支付给非关联方的费用。因此，税收机关把重点放在了维修费上。

维修分为国内维修和国外维修。国内维修是公司委托国内的维修中心，三包期内发生的维修由NJYG公司支付直接费用，并负担维修中心的间接费用；三包期外NJYG公司不负担维修直接费用，但负担维修中心发生的间接费用。具体为：

直接费用，按实际发生的直接人工费和材料费、运费支付。

间接费用：

$$\text{国内分摊维修费率} = \frac{\text{当期NJYG公司销售额}}{\text{集团在国内销售额}} \times 70\% + 30\% \times \frac{\text{当期NJYG公司维修件数}}{\text{当期集团在中国维修件数}}$$

国外维修模式为：集团在全球的海外维修法人，专门负责集团内产品的维修。NJYG 公司根据海外维修中心的结算单支付维修费。计算方法为：直接费用，按实际发生的直接人工费和材料费、运费支付，同时分摊维修中心当期发生的各种费用。

$$\text{分摊维修费率} = \frac{\text{当期全球品牌销售额}}{\text{该地区品牌销售额}} \times 70\% + 30\% \times \frac{\text{当期品牌维修件数}}{\text{海外维修中心维修件数}}$$

通过分析，税务机关认为这种费用分摊方式不合理。因为海外维修负责维修所有集团内企业生产的产品，这些产品包括彩电、冰箱、小家电等，产品在性能、单价和维修上都不具有相似性，因此按照维修件数的比例，给予 70% 的权重，权重过大，导致 NJYG 公司分摊的维修费过多，不合理。并且，对于外销和内销维修费分别采用不同分摊公式，NJYG 公司并没有做出合理解释。

特许权使用费。NJYG 公司按全部销售收入的 1.2% 计提并支付特许权使用费，包括技术许可费、技术提成费等。而对外销售 95% 以上都是销售给集团的海外销售公司，外销价格由总部制定，因此按全部销售额（外销加内销）计提特许权使用费明显不合理，存在利用对外支付费用转移利润的可能。

六、约谈

税务机关根据发现的疑点陆续和 NJYG 公司开展了正式约谈。

（1）指出了 NJYG 公司提供资料的不足之处，并指出了 NJYG 公司关联申报不实的问题，要求 NJYG 公司积极配合。

（2）提出总体时间框架，要求 NJYG 公司认真提供证明资料和数据。

（3）对 NJYG 公司 20×3—20×7 年调查期关联交易数据确认。

（4）对 NJYG 公司承担的销售、采购、研发、售后服务等功能及风险进行了分析、定位，与企业取得共识。

七、选择转让定价方法

（1）可比非受控价格法。运用该方法对有形/无形资产以及功能的可比性要求很高，必须考虑选用的交易与关联企业之间交易具有在购销过程、购销环节、购销货物、购销环境等方面的可比性。由于国内、外销售的交易条件不相似，税务机关很难找到可靠的公开信息分析外部可比非受控价格。

（2）再销售价格法。该方法适用于再销售者（分销商）未对商品（产品）进行实质性增值加工的情况。NJYG公司在生产过程中对产品进行了实质性增值加工，因此，再销售价格法不适用于NJYG公司。

（3）成本加成法。该方法适用于对产品进行生产和装配然后销售至关联企业的情况。成本加成法以生产商的销售成本加上可比非关联生产商应得的合理毛利的基准来判断转让价格是否符合独立交易原则，更着重于功能的可比性而非产品的相似性，适用于销售半成品或提供服务类的交易。但在本案中使用成本加成率（毛利/生产成本），难以获取充分详细信息确定NJYG公司与其可比公司对于生产成本、销售费用、管理费用、营业费用的划分方法是否一致，因此该方法不适用。

（4）利润分割法。该方法通常适用于当多项交易之间存在紧密关联、不能对各交易单独进行评估的情况，通常运用于交易双方都拥有极具价值的无形资产的情况。而NJYG公司并不拥有极具价值的无形资产，因此，该方法不适用。

（5）交易净利润法。适用于对被控制实体的营业利润进行分析，在功能可比性方面的要求较其他方法低。选用净利率与价格相比受交易差异的影响要小，适合对NJYG公司的关联交易的经济分析，且有可比数据可供使用。

八、调整方案的研究

（1）采用公开 BVD 数据库。

（2）可比指标采用息税前完全成本加成率，采用 BVD 数据库中全球详细模板中数据。公式如下：

$$\text{息税前完全成本加成率} = \text{息税前利润} \div \left[\text{销售成本} + \text{其他业务收支} + \text{折旧、摊销和损耗合计} \right] \times 100\%$$

（3）区域选择为远东及中亚，剔除日本、韩国、新加坡，以经营地为准。

（4）行业代码：3651，357×，367×。

（5）总销售额为 6 250 万美元到 625 000 万美元，考虑到企业 5 年平均销售收入的 1/10 至 10 倍。

（6）5 年累计息税前利润大于 0。

（7）5 年加权平均研发费用占总销售额比例小于 3%。

（8）独立性标准为"A""A+""A−"。

（9）数据完整，调查期至少有 3 年数据。

（10）5 年加权平均销售管理费用占总销售额比例小于 12%。

按照确定的 10 条标准制定调整方案。

九、调整

（1）调整的法律依据：《税收征管法》第三十六条及其实施细则第五十一条至第五十六条规定；《特别纳税调查调整及相互协商程序管理办法》（国家税务总局公告 2017 年第 6 号）。

（2）调整方法：采用交易净利润法对 NJYG 公司进行综合调整。

依照上述 10 个标准进行初选，剔除功能风险、行业、产品、产业链明显不可比的企业，核对可比企业的年报，兼顾企业提出的合理建议，最终确定 9 家企业作为本案的可比企业组；关于可比性优化问题（如资本密度）NJYG 公司未提出，国家税务总局规定原则上亦不做调整，故本方案未做考虑。

NJYG 公司外销部分息税前完全成本加成率计算如表 9-8 所示。

（1）由于企业 20×3—20×7 年关联外销占外销比例达到 95% 以上，根据重要性原则，把企业外销收入全部视为关联收入。

（2）出口销售成本按实际发生数归集。

（3）销售费用、管理费用、其他业务收入和其他业务支出项目能够直接区分内外销的直接归集，不能区分的按照内外销收入比例分配归集如表 9-8 所示。

表 9-8　NJYG 公司外销部分息税前完全成本加成率　　　　　单位：元

项目	20×3 年	20×4 年	20×5 年	20×6 年	20×7 年
出口销售收入	626 039 094	1 233 060 003	4 340 210 693	6 664 710 228	6 470 332 609
出口销售成本	572 344 997	1 061 389 347	4 076 597 213	6 347 023 593	6 189 783 554
毛利	53 694 097	171 670 656	263 613 480	317 686 635	280 549 055
销售费用	12 255 992	4 112 542	104 357 400	156 898 429	137 221 654
管理费用	14 699 936	32 726 997	36 397 296	41 594 834	54 201 778
其他业务利润	288 860	933 175	−1 124 572	−1 879 944	−1 915 381
息税前利润	27 027 029	98 753 292	121 734 212	117 313 428	87 210 242
完全成本	599 300 925	1 135 239 886	4 217 351 909	6 545 516 856	6 381 206 986
息税前完全成本加成率	4.51%	8.70%	2.89%	1.79%	1.37%

可比企业及相关数据如表 9-9 所示。

表 9-9　利用四分位区间中位值计算应纳所得税额　　　　　单位：万元

项目	20×7 年	20×6 年	20×5 年	20×4 年	20×3 年	合计
A 公司	2.78%	3.18%	1.33%	−4.20%	−21.85%	
B 公司	−1.90%	0.59%	4.29%	5.61%	6.03%	

项目	20×7年	20×6年	20×5年	20×4年	20×3年	合计
C公司	3.29%	3.30%	3.60%	3.95%	4.32%	
D公司	3.45%	3.31%	3.30%	4.35%	4.27%	
E公司	5.65%	4.84%	3.93%	5.94%	4.25%	
F公司	3.71%	4.24%	5.61%	9.05%	2.89%	
G公司	4.15%	4.37%	7.21%	7.89%	7.64%	
H公司	12.83%	15.48%	6.34%	5.21%	0.00%	
I公司	8.53%	9.87%	10.58%	10.18%	3.26%	
下四分位数	3.29%	3.30%	3.60%	4.35%	2.89%	
中位数	3.71%	4.24%	4.29%	5.61%	4.25%	
NJYG公司数据	1.37%	1.79%	2.89%	8.70%	4.51%	
完全成本	638 120	654 551	421 735	113 523	59 930	
调增应纳税所得	14 937	15 994	5 910	0	0	36 842
适用税率	25%	25%	25%	25%	15%	
调增应纳所得税额	3 734	3 998	1 477	0	0	9 210

案例总结：本案例中，从发现NJYG公司避税疑点到确认使用何种转让定价方法进行调整，是由NJYG公司生产经营特点和自身功能风险决定的。首先，NJYG公司自身是一个生产销售型企业，本身没有重大的无形资产，适合采用交易净利润法；其次，NJYG公司的功能风险相对简单且能够取得较为可靠的财务数据，因此以NJYG公司作为被测试企业较为恰当；最后，选择可比公司是选择外部上市公司的数据进行比较，因为通过功能风险分析后，对NJYG公司的定性为近似于全功能制造商的功能风险定位。以上的各种分析角度最终都和可比公司和转让定价方法的选择具有紧密联系。

第三节 自测练习

一、单选题

1. 成本加成法以关联交易发生的合理成本加上（　　）作为关联交易的公平成交价格。

    A. 与关联交易相同或者类似业务活动所产生的毛利金额

    B. 关联方购进商品再销售给非关联方所产生的毛利金额

    C. 可比非关联交易毛利后的金额

    D. 可比非关联交易息税前利润的金额

    【参考答案】　C

2. 某调查组拟运用再销售价格法开展转让定价调查，该方法适用于业务类型是（　　）。

    A. 所有类型企业的有形资产使用权或者所有权的转让和受让

    B. 再销售者仅对商品进行了改变外形和结构的加工

    C. 再销售过程中产品性能发生重大改变

    D. 单纯的购销业务

    【参考答案】　D

3. 全球公式分配法有时被建议作为一种替代独立交易原则的方法，用以确定各税收辖区之间适当的利润分配水平。运用全球公式分配法有三个基本要素，分别是确定被征税的实体、（　　）、建立用于将全球利润分配给这些纳税实体的公式。

    A. 准确描述功能、风险

    B. 进行可比性分析

    C. 准确地确定集团母公司利润

D. 准确地确定全球利润

【参考答案】 D

4. 税收协定中的特许权使用费不包括( )。

   A. 使用文学、艺术或科学著作的版权支付的款项

   B. 使用专利支付的款项

   C. 为有关工业、商业、科学经验的信息支付的款项

   D. 为获取技术的所有权支付的款项

【参考答案】 D

5. 税务机关采用四分位法分析评估企业利润水平时，原则上应当按照( )进行调整。

   A. 上四分位值

   B. 平均值

   C. 下四分位值

   D. 中位值

【参考答案】 D

6. 税务机关根据税收法律、行政法规的规定，对企业做出特别纳税调整的，应当对补征的税款，自税款所属年度的次年( )起至补缴税款之日止的期间，按日加收利息。

   A. 1月1日

   B. 4月1日

   C. 6月1日

   D. 11月1日

【参考答案】 C

二、多选题

1. 交易净利润法以可比非关联交易的利润指标确定关联交易的利润。利

润指标包括( )等。

A. 息税前利润率

B. 完全成本加成率

C. 资产收益率

D. 贝里比率

E. 主营业务利润率

【参考答案】 ABCD

2. 企业应对在计算总所得额时已统一归集并扣除的共同费用，按境外每一国（地区）别数额占企业全部数额的下列一种比例或几种比例的综合比例，在每一国别的境外所得中对应调整扣除，计算来自每一国别的应纳税所得额。这些比例包括( )。

A. 资产比例

B. 收入比例

C. 员工工资支出比例

D. 对外投资比例

【参考答案】 ABC

3. 企业与其关联方转让或者受让无形资产使用权而收取或者支付的特许权使用费，应当根据( )情形适时调整，未适时调整的，税务机关可以实施特别纳税调整。

A. 无形资产价值发生根本性变化

B. 按照营业常规，非关联方之间的可比交易应当存在特许权使用费调整机制

C. 在无形资产使用过程中，企业及其关联方执行的功能、承担的风险或者使用的资产发生变化

D. 企业及其关联方对无形资产进行后续开发、价值提升、维护、保

护、应用和推广做出贡献而未得到合理补偿

【参考答案】 ABCD

4. 企业与其他企业、组织或者个人之间，一方通过（　　）或（　　）能够控制另一方的相关活动并因此享有回报的，双方构成关联关系，应当就其与关联方之间的业务往来进行关联申报。

A. 合同

B. 高级管理人员

C. 其他形式

D. 无形资产

【参考答案】 AC

三、判断题

1. 再销售价格法可以适用于所有类型的关联交易。（　　）

【参考答案】 ×

2. 如果收到的情报请求存在不当之处或不利于被请求方有效搜集情报，被请求方主管当局应在收到请求后 90 日内通知请求方主管当局对请求进行补充或澄清。（　　）

【参考答案】 ×

3. 企业自行调整补税的，税务机关不应再对该企业自行调整补税所对应的相关年度实施特别纳税调查调整。（　　）

【参考答案】 ×

4. 企业为境外关联方从事来料加工或者进料加工等单一生产业务，或者从事分销、合约研发业务，某些年度出现亏损的情况是合理的。

（　　）

【参考答案】 ×

第十章
高新制造行业反避税实战

本章介绍跨国高新技术企业实施全球转让定价安排的代表性案例，案例从转让定价实战出发，讲解跨国集团母公司层面对集团整体税收安排的考虑要点。从跨国企业视角来看，其全球转让定价报告的责任由母公司总部和各所在国子公司分别履行，不同层级的公司需要关注的集团转让定价内容差异很大，跨国集团内越高层级的公司转让定价安排越复杂。以本章案例中的苹果公司为例，处于集团母公司地位的美国苹果公司总部实施的转让定价安排包括预约定价、税收居民身份错配、成本分摊、受控外国企业管理、税收协定运用、特许权使用费支付等类型；处于美国以外的子公司一般仅拥有其中个别项目转让定价工具，且子公司对应的功能风险较少。本章的转让定价案例是以公开研究资料为基础整理编写的，案例中的跨国企业转让定价安排存在潜在税收风险，仅供研究学习使用。

第一节 高新制造业特点及转让定价模式

20世纪70年代，美国首次提出高新技术这个概念。1983年美国《韦氏新国际词典增补词（第三版）》中收录的"高新技术（High Technology）"名词，是指在生产过程中采用先进的工具设备和一流的科学技术。我国将高新技术的概念引进过来，一般来说，高新技术企业是高新技术发展的产物，是指持续研究国家指定的高新技术重点领域，形成一系列我国特有的核心技术成果，以此开展经营活动的企业。高新技术是动态发展变化的，由于地域和时间的改变其含义也有不同。OECD于2001年通过对一批典型成员的相关数据分析，确定了高新技术产业的新范围，具体为电气机械、计算机办公自动化、航空航天、医药、电子通信、科学仪器、非电气机械、化学以及军事装备九个行业。现阶段，依据经济、科技、社会发展趋势，我国界定的高新技术范围是新医药与生物工程技术、新材料技术、航空航天技术、电子信息技术、高技术服务业、环境工程与资源技术、现代农业技术、新能源及节能技术以及改造传统产业的高新技术。①

本书探讨的高新技术制造业，是以高新技术为基础进行生产加工活动的先进制造业，其具体行业标准可以参考我国提出的"中国制造2025"产业发展规划。通过该计划中国将大力发展先进制造业，促进生产性服务业等新产业、新业态的成长，推动产业迈向中高端。"中国制造2025"提出的十大重点领域都是高新技术和战略性产业，包括新一代信息技术产业、高档数控机床和机器人、航空航天装备、海洋工程装备及高技术船舶、先进轨道交通装备、节能与新能源汽车、电力装备、农业装备、新材料、生物医药及高性能医疗器械。

一、高新制造企业的特点

高新制造企业以高新技术为依托，投入大量资金用来生产先进产品或者

---

① 参见：蒋知含. 高新技术企业税收筹划研究——以BGJS股份有限公司为例[D]. 沈阳：沈阳工业大学，2015.

提供高端服务，将知识和技术紧密联系在一起。与传统企业相比，"高"和"新"是高新技术的行业特性，具体特征表现为以下几点[①]。

（一）高投入

高新制造企业以技术为核心，产品技术含量高、更新换代速度快，在性能、精密度上对机器设备的要求也较高，企业不得不在研发设备上投入大量的资金来维持研发工作。同时，科研人员的工资也比较高，企业人力成本支出较大。从开发到试验，企业投入了大量的研发费用，同时存在技术研发失败的风险。新技术研发成功推广上市，与在市场上占有相当份额的老旧技术相比，消费者从知晓到接受新技术需要一定时间。在增加新产品的市场份额、实现规模化生产的过程中，企业也需要投入相当多的广告费、推广费、人工费等大量资金。

（二）高风险

高新制造企业的发展是一个动态过程，技术创新与应用存在较强的不确定性，具有无法预料的成败风险。首先，鉴于学科知识综合度高、产品技术复杂的因素，一旦企业技术研发失败就无法转换成产品，不能获得收益；其次，市场前景难以预测，开发出的新产品在市场认可、客户需求、行业竞争上存在着较强的不确定性，风险较大；再次，即使在市场上获得了一定的认可，倘若不能及时变现，就会面临着被新技术取代的风险，这种情况下原有的技术优势不复存在，企业也会因此失去市场，遭受巨大的损失；最后，研发初期耗资巨大、研发周期过长且资金回笼过慢，投入与产出不匹配会导致企业资金链断裂，面临财务上的紧缺风险，影响企业的正常运行。

（三）高收益

高新技术产品附加了很高的技术价值，不同于传统企业的盈利模式，一

[①] 参见：李姝静．通信技术行业高新技术企业税收筹划研究——以 L 公司为例[D]．合肥：安徽财经大学，2020．

旦某项技术研发成功，产品符合市场需求，能够被广大消费者接纳，就能迅速在市场占据优势地位，保持较高的市场份额，甚至还能取得垄断地位，为企业带来超额利润。同时，高新制造企业在技术方面的探索进步，填补了国内特定技术领域的空缺，打破了国外技术垄断，在国际市场上获得了一席之地。企业在技术研发上的成功，不但能为自己带来丰厚的利润，更能为国家经济做贡献。

（四）人才技术密集

高新制造企业的核心是研发高科技产品或服务，对技术创新具有较高的要求，科技型专业人才成为了高新技术企业人力资源的中流砥柱，是企业长远发展的关键。高新制造企业的认定标准中有一条规定是研发人员占职工总数的比例不得低于10%，明显高于一般企业。这些研发人员普遍学历较高，因此在专业领域的理论研究方面往往有其独到之处。经过长期的开发研究，理论与实践的结合，为企业创造出科技含量高的产品，必然会对企业利润做出巨大的贡献。

（五）高创新性

创新是高新制造企业的一项基本要求，在认定高新制造企业时，企业需要符合技术创新和产品创新的要求。如果企业产品没有创意，就会面临被淘汰的风险。企业在发展过程中，产品更新迭代快，在技术、产品和管理等方面需要不断地开辟新道路。技术上的创新是发展的动力源泉，企业不断加大研发投入力度，技术的创新推动了新产品的上市；与此同时，企业不断优化组织结构、创新管理方法，为企业长远发展奠定基础。

二、高新制造企业转让定价模式

高新制造企业由于存在以上经营特点，在转让定价模式上也有较为特殊的模式。首先，无形资产转让定价安排模式复杂，转让定价难度很大。高新制造企业最大的特点是利用高技术、高创新资源投入生产制造过程，该特点导致高新制造企业往往拥有高价值技术类无形资产。全球化的生产制造布局，很可能导致高新制造企业在全球不同国家（或地区）配置生产资源和研发资源。这些不同地区的关联企业之间为了享受集团内部的共享技术资源降低生产成本，就需要对无形资产交易制定必要的转让定价原则。与其他行业类型企业不同的是，高新制造企业的无形资产种类可能很多，关联交易价值很高，这导致在具体转让定价方法下的利润率指标有可能会大大高于普通行业。

其次，高新制造企业的生产制造职能趋于简单化，功能风险定位与利润水平的矛盾较为突出。由于功能风险更简单的企业获得的利润回报更低，跨国企业集团可能倾向于对市场国的生产制造企业赋予较简单的功能风险定位。这种安排如果发生在高新制造行业企业中，则有可能出现比较严重的功能风险定位与利润水平的错配。高新制造企业本身具备较高的生产技术水平，如果在集团产业链中被赋予的职能定位过低，就会导致企业实际中所创造的价值与企业最终所得到的回报和利润水平不匹配。例如，我国境内的外商独资企业在集团内被赋予主要承担研发、生产以及境内销售的职能，但如果集团将其定位为合约加工商，长期在价值链中将被赋予较低的利润水平。特别是如果该企业被认定为高新制造企业，享受企业所得税税率优惠和研发加计扣除等优惠，那么有可能会被税务机关质疑其合约加工商的利润定位，产生较高的转让定价税务风险。为避免出现以上问题，该集团采取的转让定价模式是进一步拆分该外商投资企业。例如，把原来集中在一个企业中的生产加工、研发、销售职能拆分为三个独立企业，分别履行单一生产功能，境内研发中心职能和境内销售职能。这样的转让定价模式虽然有可能降低企业功能风险定位与利润水平不匹配的矛盾，降低转让定价税负，但是也有可能增加企业管理成本，对于利润水平不高的企业来说，并不能解决问题。

最后，高新制造企业母公司需要建立合理的收取各子公司特许权使用费的转让定价模式。对于"走出去"的高新制造企业母公司来说，在市场国设立子公司，从事生产经营活动，母公司许可境外子公司使用集团提供的生产技术等专利进行生产。如果母公司不对授权子公司使用无形资产收取特许权使用费，很可能会因为违反独立交易原则，收到母公司所在国税务机关的反避税调查。可见，对于特许权使用费来说，不仅向境外支付特许权使用费会受到严格监管，在"走出去"模式下，税务机关也会对母公司是否获得高新技术企业的无形资产合理权益非常关注。这就需要母公司制定一套面向不同子公司对象的收取特许权使用费的转让定价标准。该标准既要符合转让定价理论和所在国的法律法规，又要具有较强的可操作性，这对于跨国高新技术企业来说是比较具有挑战性的。

第二节　苹果公司全球转让定价安排案例

在介绍高新制造企业的转让定价特点后，本节通过一个典型的转让定价案例向读者介绍此类跨国企业的具体转让定价安排和实施策略。美国苹果公司母公司的转让定价安排案例，是近年反避税领域非常具有代表性的案例，尽管该案例目前的重要细节安排已经发生改变不再适用，但是该转让定价的整体安排架构的逻辑依然是成立的，并且依然是很多美国跨国企业效仿的对象。

美国苹果公司（Apple Inc.）创立于1976年，是一家高科技公司，公开上市交易的历史已经超过了40年。该公司创立之初主要研发和销售个人电脑，后来业务扩展到诸如iPhone、iPad等个人消费类产品以及App Store等在线服务，形成了完整的从硬件到软件的全产业链的跨国高新制造企业。该公司在世界高科技企业中一直是开发设计和创新的引领者,也赚取了价值链中最高端的利润,是世界市值最高的企业之一。在国际税收转让定价领域,苹果公司早期积极地对全球纳税安排进行布局,其全球税负一直较低,经常被当作纳税筹划的代表性公司来加以研究。在税收布局方面,苹果公司在刚刚成立不久,就展开了对整个公司转让定价安排,并形成了一个复杂完整的体系。美国参议院曾对苹果公司展开了一场纳税调查,在调查报告中曾提到,苹果公司综合计算的全球平均税负率低于22%,远低于美国联邦35%的综合税率,其原因在于苹果公司在这期间利用美国和其他相关国家的税收制度,特别是一些中低税率国家的海外招商税收优惠制度漏洞,规避了本应负担的巨额海外收入税务支出。根据公开资料显示,苹果公司历年约65%的收入来源于美国以外的海外市场。以2016年为例,苹果公司在美国市场的收入约占全部收入的35%,在美国的纳税额占全球总纳税额的86%;海外收入约占总收入的65%,但是海外纳税额约占全球总纳税额的14%。也就是说,苹果公司在海外获得巨额收入与其在海外缴纳的税款非常不匹配。苹果公司能做到这样的税收筹划结果和其精心布局的产业链密不可分。图10-1是苹果公司的产业链示意图。①

在美国参议院的报告中,对苹果公司的避税指控主要包括苹果公司利用国际上各国税收体制不同造成的不同征税模式下的错位以及设立在境外公司所构成的避税架构规避了大量本应缴纳的税款。其避税模式具体包括以下几个方面:①苹果公司几乎所有的海外业务都由设立在爱尔兰的苹果运营国际(简称AOI)子公司经办,但这家爱尔兰公司几乎没有本地员工。②苹果公司通过和爱尔兰政府协商,给予苹果公司在爱尔兰子公司2%的特别优惠税率。

---

① 参见:李俊明,梁贝. 价值链下的苹果利润转移税案的分析和思考[J]. 广州城市职业学院学报,2018(1):42-44+50;李竞. 苹果公司纳税筹划研究[D]. 北京:北京邮电大学,2018.

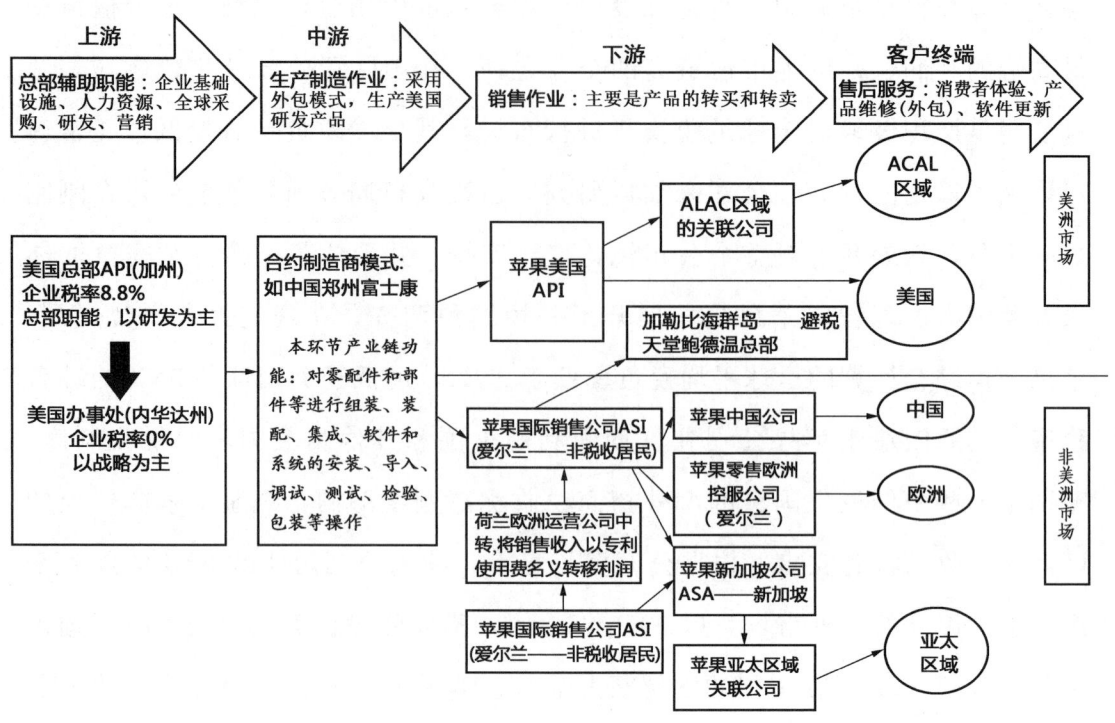

图 10-1 苹果公司价值链布局

据调查，2010—2011 年 AOI 公司负责苹果公司海外业务，公司的销售收入为 380 亿美元，而苹果公司在爱尔兰实际的缴税额仅为 2 100 万美元，实际税率仅为 0.68%。③2010—2011 年，苹果公司 30% 的全球净利润归集于 AOI 公司，而 AOI 公司的税负很低，原因是苹果公司利用了美国和爱尔兰两国的税收管辖规定。美国税法规定，公司按照注册地所在地原则纳税；爱尔兰税法规定，公司按照实际管理机构所在地纳税。苹果公司把 AOI 公司设立在爱尔兰，但把 AOI 公司的实际管理机构设立在美国。AOI 公司实际上是空壳公司，属于爱尔兰非居民公司，其对外支付特许权使用费不属于所得税上来源于爱尔兰的所得，不缴纳预提税。这就在事实上造成了 AOI 公司在美国和爱尔兰双重不征税的待遇。④苹果公司把在美国本土的利润转移给爱尔兰的 AOI 公司不仅用上述办法逃避了本应在美国本土负有的来自境外利润的纳税义务，而且利用转让定价,把在美国的利润转移到爱尔兰。苹果公司总部与设立在爱尔兰的苹果销售公司(简称 ASI 公司)签订成本分摊协议,按照销售收入分摊研发成本。ASI 公司归集了苹果公司大量海外收入,按照成本分摊协议,需要支付特许权使用费分摊无形资产研发费用。

苹果公司为达到总体转让定价安排目标,设计了复杂的跨国关联公司和关联交易安排,如图 10-2 所示。

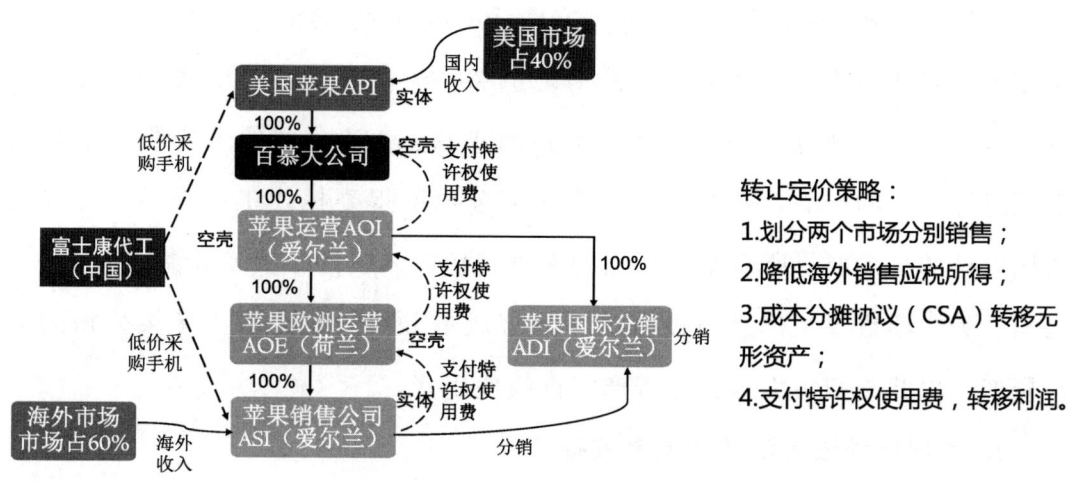

图 10-2 苹果公司转让定价安排

苹果公司以上转让定价安排,具体实施情况比较复杂,详细分析可以分为以下几个方面。

1. 设计集团整体股权架构和职能

(1)苹果母公司(Apple Inc,API)。该公司是苹果公司全球总部,也是主要的研发和管理机构,是苹果公司的所有知识产权唯一法律意义上的所有者。这样安排符合美国跨国企业的同行做法,美国本土有着比较成熟的知识产权保护体系。API 公司在苹果全球收入中只占有一部分,仅包括美国本土的销售收入,大约占全球销售收入的 40%,这是一种特殊转让定价安排。

(2)苹果国际运营公司(Apple Operation Internationale,AOI)。该公司

是苹果公司在爱尔兰设立的第一层爱尔兰公司。该公司只是一家信箱公司，在爱尔兰没有固定办公场所，人员仅有几个董事会成员，该公司董事会大部分在美国召开，其管理机构设立在美国。

(3) 苹果欧洲运营公司（Apple Operation Europe，AOE）。该公司是苹果公司设立在爱尔兰的第二层子公司，人员规模非常小，实际作用是帮助苹果公司进行资产运作。

(4) 苹果国际销售公司（Apple Sales Interaction，ASI）。该公司负责苹果全球美国以外销售环节的公司，注册地虽然在爱尔兰，但董事会等管理机构在美国，因此大部分业务在爱尔兰并没有纳税。ASI 公司的主要职能是收回美国海外代工的产品，例如从中国富士康公司取得委托代工的产品，分销给美国以外的机构取得所有苹果产品的海外销售收入。除了负责销售工作，ASI 公司的另一项重要工作是通过与 API 签订成本分摊协议来取得苹果公司的无形资产，以此来归集大量无形资产特许权使用费。

2. 美国以外收入的关联交易安排

在整体关联交易层面，API 公司和 ASI 公司分别归集美国和美国以外的苹果产品销售收入，这里重点介绍美国以外销售收入的转让定价安排。ASI 公司从富士康公司等海外代工企业收回代工产品，拥有产品的所有权，通过海外销售体系，把美国以外收入归集到 ASI 公司名下。与大量收入对应的是 ASI 公司对外支付的大额特许权使用费等成本费用，这些成本费用能够降低 ASI 公司的应税所得。ASI 公司将大量特许权使用费支付给设立在荷兰的 AOE 公司，在该环节爱尔兰不征收预提税，因为根据爱尔兰法律规定不对欧盟成员国企业征收预提税，该利润可以无税负转移到 AOE 公司。接下来 AOE 公司再以特许权使用费的形式向 AOI 公司支付特许权使用费，荷兰对 AOE 公司支付特许权使用费不征税。

下一步，AOI 公司向百慕大公司支付特许权使用费，利用 AOI 的错配造成无税负,且把海外利润转入百慕大公司。该步骤是苹果避税模式的核心,百慕大不是欧盟国家,爱尔兰AOI公司向其支付特许权使用费之所以能够避免缴纳预提所得税,是因为之前对爱尔兰AOI公司身份错配双重不征税的设计。由于AOI公司的实际管理机构不在爱尔兰,因此该公司属于爱尔兰的非居民企业,爱尔兰不对非居民企业征收预提所得税。因此,评估公司可以无税负把利润转移到避税地。通过以上操作,苹果公司美国以外收入的税负降到2%。

3. 苹果公司价值链安排

(1)上游价值链:美国总部的研发。美国苹果公司总部(API)处于价值链的上游,拥有苹果公司的各项专利技术,具有较强的竞争优势和较高的毛利率,是产品和企业价值的创造者。美国苹果公司通过对价值链中知识产权的分割与转让定价工具的精心安排,使其满足国际通用规则的形式要件。美国苹果公司总部拥有苹果公司的知识产权分割为法律权利和经济权利,总部是法律权利的唯一拥有者。进一步,苹果公司把经济权利分为从美国获得经济利益和从美国以外地区获得经济利益两个部分。美国苹果公司仅获得其在美国市场上销售产品的利润,而爱尔兰苹果国际销售公司(ASI)拥有销往美国以外市场的经济利益。根据2014年美国苹果公司和ASI公司签订的成本协议规则,双方共担和共享了研发活动的风险与收益,API公司和ASI公司对研发费的分摊是依据销售收入额4:6的比例进行的。通过人为市场的划分和建立分摊规则,企业的利润就被转移到低税区。只要位于价值链中游的利润没有流回美国本土,而是将此投资于公司的扩大再生产或转移,就可避免美国联邦政府35%的企业所得税。

(2)中下游价值链:合约生产与低税率地的销售。苹果公司产业链的中下游,由来自中国等国家和地区的合约制造商与搭建在爱尔兰的避税地销售模式构成。美国苹果公司将产品非核心、非竞争力部分或低附加值的部分进行外包处理，如利用具有成本优势的中国代工工厂生产产品。价值链中游的生产环节采取委托加工的方式进行生产，具体用成本加成模式进行补偿。作为苹果公司价值链的低端生产制造环节的中国制造商，在苹果公司产业链上只承担了提供廉价的劳动力资源、消耗着节能环保资源的角色，实际上也没有分享到苹果公司产品所带来的经济价值，获得只有费用的补偿和微薄的成本加成利润。苹果公司通过设置合同契约，将产品的成本在某一环节进行固化，并将自己不擅长的生产进行外包，而自己专注于研发、营销领域。价值链的布局需与自身的竞争优势和战略相结合，无论是差异化战略、成本领先战略还是集中化战略，不同战略的实施和商业模式的搭配会产生不同的效果。本案例中的苹果公司则侧重差异化战略的实施，并巧妙地利用了富士康公司的成本领先战略降低自身产品的成本。销售营销环节属于价值链中具有较高价值的一端，但是为了降低公司整体税负，需要把实现销售营销价值的产业链放置在低税率地区。美国苹果公司通过设立"Double Irish With a Dutch Sandwich（双重爱尔兰及荷兰夹心三明治）"的税制结构，并利用鲍德温总部这个避税地，转移爱尔兰公司实现的销售额来逃避美国高额的税收。美国的税收法典规定，依据公司注册设立的地点来确定居民纳税人身份；而爱尔兰的税法规定，公司管理和控制的实际所在地在爱尔兰即成为爱尔兰的税收居民，而不论这家公司是否注册在爱尔兰。在以上苹果公司关联交易图中，苹果国际分销公司（ADI）和苹果国际销售公司（ASI）是注册在爱尔兰的公司，但是公司的实际经营和管理控制所在地都不在爱尔兰。苹果公司利用两位美国苹果公司的员工和一名居住在爱尔兰的苹果国际分销公司的员工组成的3名自然人董事会，通过共享服务中心进行管理，并避免董事会在美国加州召开董事会会议等组织架构设置，利用美国与爱尔兰对居民纳税人的自我否定规则，而实现了"双重不纳税"的目的。通过中下游制造商和分销的安排，美国苹果公司实现了产业链的利润转移从而达到了避税目的。

（3）消费端：利用数字经济避税。据 2018 年 1 月 5 日 Sensor Tower 发布的报告，苹果 App Store 在 2017 年营收 385 亿美元，超过脸书公司（Facebook）2017 年的整体营收（270 亿美元），较 2016 年增长 34.7%。苹果公司近期也宣布，iOS 开发者 2017 年所获收益达到 265 亿美元，这一数字超过 Google Play 全年营收（201 亿美元）30%。终端客户使用苹果公司建设了 App Store 下载大量的付费或免费应用程序，使客户拥有良好的客户体验和享受。App Store 应用商场是开发者与苹果共同分享收益，苹果公司获得了除手机销售以外的增收途径。日常生活中对于货物实物和现实的体验服务都会有明确征收流转税和关税的条款，而下载软件收益等特定数字商品或无形服务却游离在部分销售国的税收条款之外。苹果公司利用强大的科技优势，用数字化的产品和互联网平台获得终端国客户的巨额经济利益。

4. 规避美国国内受控外国企业管理

受控外国企业规则（CFC），是指这样一种境外的公司，其所在地在境外，但其实际管理机构在境内，居民国有权对留存在海外的利润征税。该制度是一种反避税措施，为防范企业将利润留存在海外低税率地逃避缴纳居民国税收。正如苹果公司在爱尔兰设立的 AOI、ASI 这类公司，其实际管理机构在美国，理论上其利润需要在美国缴税。但美国对 CFC 制度预留了例外规定。美国税法规定，税务部门在判定美国一个境外公司或者在美国本土的各种所有制企业是否在纳税地位上存在独立性存在很大困难，为了方便向境外公司或者分支机构、合伙企业征税，美国财政部引入"打钩规则"，该规则允许美国企业自己指定一个与其关联的境外公司或者境内机构作为一个独立的纳税实体来履行相关的纳税义务，也可以指定其关联机构不作为实体对待，从而不进行纳税。"打钩规则"实质上为美国的跨国企业规避 CFC 规则提供了便利。

5. 与爱尔兰政府达成预约定价安排

根据爱尔兰的税法规定，如果在爱尔兰的公司的所得被视为来源于爱尔兰，仍然会被要求在爱尔兰纳税。爱尔兰的税率大概在12.5%，但是根据调查显示，苹果公司在爱尔兰的实际税负在1%到2%之间。苹果公司正是利用预约定价机制实现了这种合法的低税负，这也是有关国际税收制度中的一个漏洞，该企业与政府达成的税收协定被欧盟称为非法国家援助行为。

苹果公司在爱尔兰设立子公司后与爱尔兰政府达成协议。由于苹果公司在爱尔兰投资，每年带来的销售、就业、产业聚集效应等经济利益远超给予苹果公司的税收优惠，因此爱尔兰政府同意与苹果公司达成预约定价协议。该协议是一项单边预约定价协议，协议规定爱尔兰税务部门对AOI和ASI两家公司征收所得税时按照两家公司的实际运营成本的8%~20%计算应税所得税，而不是按照企业经营利润作为计税依据。由于这两家公司人员很少，也没有实际的生产和销售行为，实际成本很小。通过预约定价协议，苹果公司以一种合法的方式在爱尔兰缴纳低税负，起了对整个"爱尔兰—荷兰三明治"税收结构的合法性保证作用。

6. 苹果公司转让定价安排的影响

在苹果避税案例发生后，对国际税法格局影响较大的实际上是欧盟的反政府补贴调查。欧盟认为苹果公司和爱尔兰政府的相关协议扰乱了欧盟区的自由竞争，属于非法国家援助行为，破坏了市场的平衡，可以责令该国政府对其纠正。通过调查后，欧盟委员会责令爱尔兰对苹果公司要求补税，补税金额为80亿美元。

经过该事件，爱尔兰政府宣布，自2015年1月1日起，新成立的公司只要公司注册地在爱尔兰将都被视为爱尔兰税务居民，必须向爱尔兰税务部门纳税。对于2015年之前已有的公司规定了过渡期，即最迟到2020年执行新的税收居民判定规则。该调整也是BEPS行动计划推动的结果。

第三节　境内外资子公司典型避税案例

本节以一个某外资高新技术企业的反避税案例，向读者说明高技术制造企业转让定价疑点的发现和分析过程。在跨国集团转让定价安排中，外资企业作为跨国集团在我国的子公司，其转让定价安排仅是跨国集团的一个局部安排，通过该案例读者可以将其与苹果母公司转让定价安排的思路进行比较，发现两者之间的差异。

> 【案例10-1】　美国M集团是一个跨国企业，总部设立在美国。M集团在中国设立全资子公司M中国投资公司，M中国投资公司下属全资生产企业A子公司，该公司从事高新技术制造活动。M集团的关联交易流程是，M集团美国总部在海外接受客户订单，通过内部程序将指令下达给A公司进行生产，A公司生产完成后把产品直接销售给美国总部M公司。美国M公司取得产品后，销售给海外客户，并分别结算收入。在该业务链上，境内A公司表现出一些异常的财务指标，被境内税务机关发起反避税调查。
>
> 一、异常指标
>
> （1）A公司连年亏损，但其收入每年都是增长的，从成立时的0.25亿元几年之内增长到1.25亿元，但利润每年都是负数。
>
> （2）关联交易的占比很大，A公司所生产的产品85%以上销售给了境外关联方。
>
> （3）A公司长亏不倒，生产规模却不断扩大，甚至亏损已经超过账面资本，达到资不抵债的程度。
>
> 对A公司功能风险进行分析后，税务机关发现A公司仅是集团内负责生

产的有限功能生产企业。按照我国转让定价文件规定，这类企业不承担或较少承担营销功能，85%的产品都销给境外关联方，所以功能风险中的营销功能非常低，并且A公司没有研发功能。因此，A公司是有限功能的生产商。A公司采用的转让定价方法是完全成本加成率制定关联产品的销售利润，反向确定销售价格。但是，经过税务机关检查，A公司的完全成本是指标准成本，而不是实际的生产成本，经过分析标准成本与实际生产成本相差约35%。由于转让定价的基数相差很大，计算出的产品交易价格可能是不公允的。

二、税务机关对其进行转让定价调查

（1）确认A公司的功能风险定位，明确其属于有限功能的生产商。对于这类定位的企业，转让定价方法按照交易净利润法进行调整。采用交易净利润法调整的理由是该方法适用于没有重大无形资产的企业，而A公司恰好没有重大无形资产，也没有营销性无形资产，比较适合交易净利润法。

（2）转让定价调整的难点是在商用数据库中寻找可比企业，这需要排除很多具有研发功能和营销功能的企业。排除通常是按照研发费用占比和销售费用占比进行排除，超过某个比例的企业将被排除。

（3）可比企业筛选剩下10户左右，计算可比企业的四分位区间利润率，通过该方法进行调整后得到最佳调整方案。

该外资企业的避税原理和母公司境外整体转让定价方法比较，在逻辑上相对简单，但对我们仍有启示。

三、启示

（1）A公司避税模式和方法不难发现，困难的地方在于怎么确定进行功能风险分析，确定可比企业类型和排除营销功能、研发功能不可比的企业，这个过程需要反复调研谈判。

（2）A公司在国内的转让定价安排只是集团整体筹划的一部分，服从于集团国际化产业链分布，仅看境内外资企业的转让定价安排还不能完全确定A公司的功能风险和转让定价调整方案，还需要结合境外母公司层面的整体安排进行对比。这也是调查过程中比较困难的。

（3）外资企业在国内的转让定价方法有限，发现避税线索比较容易。通过本书之前介绍的寻找财务指标疑点的方法，能够发现部分疑点。

（4）反避税转让定价调查的整体的一个过程，可以归纳为了解转让定价基本原理和法规要求，了解外资企业子公司常见的转让定价安排方法，再到了解母公司层面的转让定价安排方向。这不仅是反避税转让定价工作的思路，也是从事相关实务工作的总体思路。

第四节 自测练习

一、单选题

1. 申请人应向主管其所得税的县税务局申请开具《税收居民证明》。中国居民企业的境内、境外分支机构应由其（　　）向总机构主管税务机关申请。

    A. 境内分支机构
    B. 境外分支机构
    C. 境外办事处
    D. 中国总机构

    【参考答案】 D

2. 实行查账征收的居民企业和（　　）非居民企业向税务机关报送年度企

业所得税纳税申报表时，应当就其与关联方之间的业务往来进行关联申报，附送《中华人民共和国企业年度关联业务往来报告表》。

A. 在中国境内设立机构、场所的

B. 在中国境内设立机构、场所并实行核定征收的

C. 在中国境内设立机构、场所并据实申报缴纳企业所得税的

D. 在中国境内未设立机构、场所但有来源于中国境内所得的

【参考答案】 C

3. 适用于母子公司经营方式的税收抵免方法是（   ）。

A. 逆向抵免法

B. 追溯抵免法

C. 直接抵免法

D. 间接抵免法

【参考答案】 D

4. 税收协定中"受益所有人"规则不能适用的条款是（   ）。

A. 股息

B. 利息

C. 特许权使用费

D. 财产收益

【参考答案】 D

5. 为缔约国双方居民的个人，应先按照（   ）规则判定其居民身份。

A. 国籍

B. 重要利益中心

C. 习惯性居处

D. 永久性住所

【参考答案】 D

6. 居民企业 A 直接持有甲国 B 企业 60%的股份，甲国 B 企业持有乙国 C 企业 20%股份，我国居民企业 A 直接持有乙国 C 企业 10%的股份，则针对居民企业 A 而言，以下说法正确的是（　　）。

   A. B 企业符合间接抵免持股条件但 C 企业不符合间接抵免持股条件

   B. B 企业不符合间接抵免持股条件但 C 企业符合间接抵免持股条件

   C. B、C 企业均符合间接抵免持股条件

   D. B、C 企业均不符合间接抵免持股条件

【参考答案】　A

7. 企业取得的境外所得已直接缴纳和间接负担的税额为人民币以外货币的，凡企业以人民币以外其他货币作为记账本位币的，应统一按（　　）的人民币汇率中间价进行换算。

   A. 实现境外所得对应我国纳税年度最后一日

   B. 合同约定的境外所得付款之日

   C. 实际收到境外所得款项或取得索取款项凭据的当天

   D. 会计上确认收入当日

【参考答案】　A

8. 企业收到某一纳税年度的境外所得已纳税凭证时，凡是迟于（　　）汇算清缴终止日的，可以对该所得境外税额抵免追溯计算。

   A. 次年 6 月 30 日

   B. 次年 5 月 31 日

   C. 次年 3 月 31 日

   D. 当年 5 月 31 日

【参考答案】　B

二、多选题

1. 投资者以分得利润进行的直接投资，暂不征收预提所得税，其中直接

投资具体是指（　　）。

A. 新增或转增中国境内居民企业实收资本或者资本公积

B. 在中国境内投资新建居民企业

C. 从非关联方收购中国境内居民企业股权

D. 财政部、国家税务总局规定的其他方式

【参考答案】　ABCD

2. A公司为集成电路设计企业，芯片设计完成后，由于没有专有检验设备，因此委托美国B公司进行芯片设计成果检验。双方签订技术检验合同，A公司提供参数标准，B公司按要求在美国进行芯片检验。B公司在检验过程中使用了某些专门知识或技术，但并不许可使用这些技术，则（　　）。

A. A公司无源泉扣缴义务

B. A公司有源泉扣缴义务

C. B公司收取的检验费用属于境外劳务收入

D. B公司收取的检验费用属于特许权使用费

【参考答案】　AC

三、判断题

1. 扣缴义务人支付或者到期应支付的款项以人民币以外的货币支付或计价的，按照付汇当日人民币汇率中间价折合成人民币，计算非居民企业应纳税所得额。　　　　　　　　　　　　　　　　　　　　　　　（　　）

【参考答案】　×

2. 《财政部　税务总局　国家发展改革委　商务部关于扩大境外投资者以分配利润直接投资暂不征收预提所得税政策适用范围的通知》（财税〔2018〕102号）规定，已享受暂不征收预提所得税政策的境外投资

人，经税务部门后续管理核实不符合规定条件的，除属于利润分配企业责任外，视为境外投资者未按照规定申报缴纳企业所得税，依法追究延迟纳税责任，税款延迟缴纳期限自发现之日起计算。（　　）

【参考答案】　×

3. 被实施特别纳税调查调整，在收到《特别纳税调查调整通知书》后有异议的，可以先暂缓执行，及时依法申请行政复议。（　　）

【参考答案】　×

第十一章

消费品行业反避税实战

本章介绍跨国企业集团中与消费品行业相关的转让定价理论和案例分析。本章分别从跨国集团母公司层面和跨国集团在华子公司层面分别介绍不同层级定位的跨国企业的转让定价安排情况，在母公司层面介绍的是星巴克公司全球转让定价安排案例，在子公司层面介绍快速消费品行业外资企业 B 公司相关转让定价案例。

第一节 消费品行业特点及转让定价模式

本章讨论的消费品行业，主要是与居民日常生活相关的消费品行业，主要包括个人日用化学品行业、家庭护理用品行业、食品饮料行业、家电行业、服装行业、奢侈品行业等子行业。大部分消费品具有使用寿命较短、消费速度较快及消费者需要不断重复购买的特点，是与汽车、住房等耐用消费品区别较大的行业类型。消费品行业的特点可以概括为消费频率高、使用时限短、拥有广泛的消费群体、对于消费的便利性要求很高。

一、消费品行业特点

我国人口众多，消费品行业市场容量巨大，但是各类消费品品种多、流通速度快、单位价值低、利润薄，市场竞争非常激烈。在这种激烈的竞争环境下，我国消费品行业具有以下特点。

（一）市场潜力巨大

随着经济迅速发展，我国人均收入水平不断提高，城市化规模不断扩大。我国作为世界人口大国，消费行业需求基数很大，成为世界消费大国。未来可以预计，随着我国人均 GDP 增加和人民群众对美好生活的向往，我国消费品行业的市场规模仍将继续扩大。

（二）消费品行业营销制胜

消费品行业同质性较强，消费者选择面广，导致消费品行业竞争非常激烈。为了扩大消费规模，企业主要通过各种广告营销手段向消费者推广本品牌产品，并且依赖于广泛的销售渠道才能维持消费者重复购买。这些市场特点使得消费品行业的销售业绩非常依赖企业的营销能力，为此企业不惜花费大量资源投入营销渠道建设，不断推出具有创新、时尚的营销活动，以此来吸引消费者购买。

（三）品牌建设是行业发展关键

由于消费品市场竞争激烈，产品同质化高，因此品牌建设是企业占领市场的有效手段之一。消费品行业必须建立具有识别度的品牌，让消费者建立信任感，培养消费习惯，这样才能尽可能提高消费者的重复购买频率。品牌建设往往需要本地公司根据消费者习惯进行大量有针对性的推广营销，长期积累才能形成有吸引力的品牌效应。

（四）产品更新速度快

消费品行业产品快速更新，是为了进一步挖掘已有消费者的新消费能力和扩展新的消费者。根据消费品行业销售规律，在已有成熟品牌销售市场趋于饱和的情况下，品牌销售收入的增量主要来自对已有产品的不断改进和创新，不断将产品高端化、挖掘消费者新需求和适应不断改变的生活方式的创新成为成熟消费品类持续成长的重要条件。在这种市场规律下，消费品行业必须不断加快产品的更新速度才能扩大市场份额。

（五）消费品营销渠道复杂

营销渠道可以是消费品行业的生命线。消费品行业多采用多级中间商分销模式。鉴于快速消费品购买者数量众多，分布广泛，消费品行业企业很难采用传统工业品一对一的渠道销售模式，通常都会采用中间商分销模式。营销层级越多的渠道对产品的分销能力也越强，但对渠道的管理难度也会大大增加。目前营销渠道在一、二线城市常见大卖场、超市、便利店、专营店等现代渠道迅速发展，在全社会消费品零售总额中所占的比重快速提升。

二、消费品行业转让定价模式

消费品行业的以上特点决定了其采用的转让定价模式具有行业特点。

（1）消费品行业的核心营销职能难以转移或取代。营销职能包括品牌建设、广告推广、促销活动、渠道建设、渠道管理等，营销职能很大程度上决定着消费品企业的销售业绩。由于本土消费品行业竞争激烈的原因，这些重要的营销活动通常需要由跨国公司设立在市场国的企业去具体实施完成，不太可能外包或委托他人进行。因此，这部分营销活动在转让定价领域，被认为是属于基础性营销职能，是归属于市场国子公司所有的利润。

（2）消费品行业品牌建设需要会导致大量集团内劳务交易的产生。消费品行业需要进行的长期品牌规划和频繁的活动策划，都需要安排大量的集团内劳务关联交易转让定价策略。集团内劳务在纳税判定上比特许权使用费更加困难，伴随的税收风险也更多。这需要集团层面制定统一的集团内劳务转让定价安排规划，对劳务关联交易的定价方法做出规范，例如利润计算指标、利润加成率、利润加成基数等，以符合 OECD 转让定价指南对于集团内劳务的 6 项测试要求。

（3）消费品行业的无形资产价值来源，主要是营销品牌带来的无形资产。与高新技术行业相比，消费品行业的无形资产价值可能相对较小，其类型主要是营销型无形资产，例如商标、品牌、配方等。这类无形资产与技术类无形资产相比，其创造的利润归属对象更加明确，市场国所占比重较高。这对消费品行业来说，带来的不利影响是缺少足够的转让定价工具。因此，从已有案例来看，消费品行业通过有形货物交易、无形资产、集团内劳务进行转让定价工具的安排占比比较平均。这种转让定价模式是传统转让定价领域常见的模式。

第二节　星巴克公司全球转让定价安排案例

一、星巴克公司全球转让定价案例

美国星巴克公司全球转让定价案例需要从整体上把握三个主要看点，以此为线索了解以星巴克公司为代表的快速消费品行业跨国企业的转让定价安排要点。

第一，需要了解利润归集地的设计思路。在本案例中星巴克公司与苹果公司的设计方案是非常不同的。星巴克公司用来归集利润的中间层公司，是一个合伙企业，其注册地在英国，而苹果公司归集海外利润的中间层公司是注册在百慕大的避税地公司。尽管这两个公司都有可能是空壳公司，但其在税收效果上是不同的，在税收安全和合法性上也是有区别的。

第二，需要了解星巴克集团公司转让定价安排，是怎样实现利润转移的。美国星巴克公司利润转移工具与苹果公司相同，主要利用无形资产进行利润转移。但是星巴克公司在利润转移细节上，一是向虚体的合伙企业进行利润转移，二是向避税地公司进行利润转移，在转移过程中尽量不发生或少发生转移税负。在利用特许权使用费进行税负转移方面，两个公司实现低税负转移的方法不同。

第三，星巴克公司与生产经营所在地荷兰税务机关签订预约定价协议，这与苹果公司类似，但需要进一步了解这两种预约定价安排的差异在什么地方，对星巴克公司起的作用有哪些。

【案例11-1】 美国星巴克公司整体的股权架构及其功能安排是，最上层是美国星巴克总部，美国星巴克总部以下的股权结构可以称为美国以外的股权结构，这部分结构与美国境内的体系相对独立。美国星巴克总部直接控股一个荷兰中间层有限合伙企业CV，该有限合伙企业控制英国的另一个有限合伙企业Alki，这家英国的有限合伙企业起的功能风险作用是持有无形资产，并据此收取特权使用费。英国有限合伙企业Alki控股荷兰星巴克总部，该企业属于实体经营企业，起了美国以外星巴克集团的组织架构核心作用，同时也收取管理费和特许权使用费。荷兰星巴克总部下属两个重要的子公司：一个是瑞士星巴克公司，该公司所起的作用是收购全球生咖啡豆；另一个重要子公司是荷兰的星巴克制造公司，瑞士星巴克公司把生咖啡豆销售给荷兰星巴克制造公司，该公司是一个生产企业，主要功能把生咖啡豆烘焙加工成可以磨成咖啡的熟咖啡豆，再销售给店面。

一、星巴克公司全球关联交易安排

接下来结合图11-1，对星巴克公司的整体转让定价安排情况进行说明。

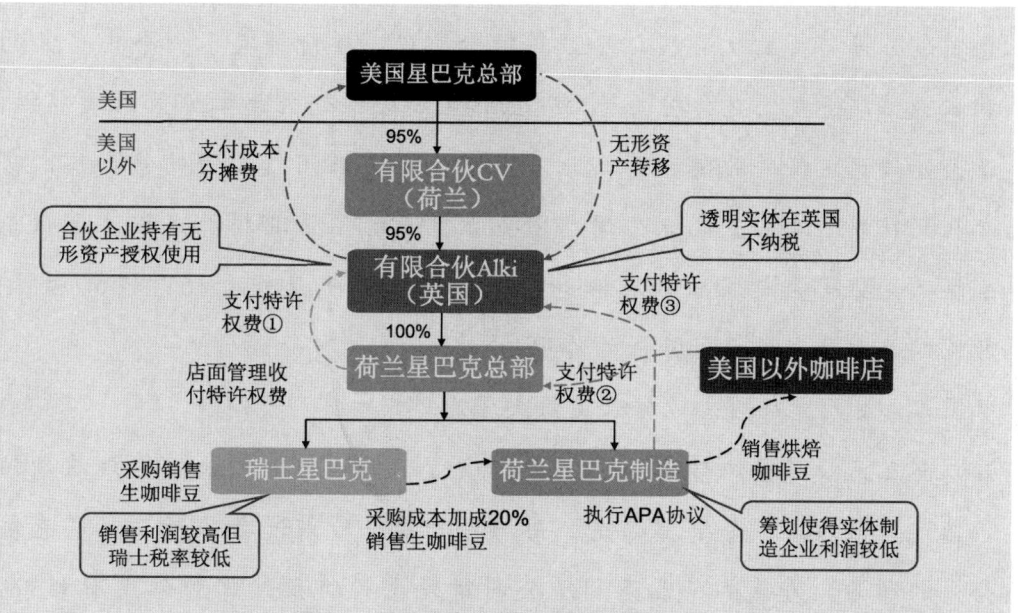

图 11-1　星巴克整体关联交易安排

从图 11-1 可以看出，星巴克公司整体关联交易情况比较复杂。首先，该关联交易设计最重要的节点是英国的有限合伙企业 Alki，该公司被规划收取特权使用费，因此需要通过某种方式拥有无形资产。Alki 公司具体拥有无形资产的方式是通过签订成本分摊协议来实现拥有美国以外星巴克公司相关无形资产所有权的目的。通过成本分摊协议，英国有限合伙企业 Alki 向美国星巴克总部支付成本分摊部分费用，并取得对应的无形资产的所有权和经济权利。据此，英国 Alki 公司可以向其下层被授权公司进行无形资产授权。其中，荷兰星巴克总部向 Alki 公司支付特许权，且荷兰星巴克制造公司也向英国 Alki 公司支付特许权。在支付特许权的过程中，荷兰星巴克总部和荷兰星巴克制造公司的税前成本费用得以增加，其税前利润下降，达到了利润转移的目的。

从业务流程来看，首先瑞士星巴克公司从咖啡豆原产地采购生咖啡豆，再销售给另外的荷兰星巴克制造公司进行咖啡豆生产加工。由于荷兰星巴克制造公司从事实体生产，功能风险复杂，出于锁定利润的需要，荷兰星巴克制造公司与荷兰政府签订了预约定价协议，提前锁定了一个比较低的利润水平。瑞士星巴克公司向荷兰星巴克制造公司销售生咖啡豆的内部定价，是整体转让定价的关键环节，此处星巴克公司采用较高的销售价格，将内部利润转移给瑞士星巴克公司，即生咖啡豆的销售利润很大程度上归属瑞士星巴克公司，起了分散利润的作用。由于瑞士是一个税率较低的国家，所以起了转让定价税负降低的作用。

二、星巴克公司全球转让定价安排思路

星巴克公司整体转让定价安排的核心环节是与荷兰政府签订的预约定价协议，该协议锁定了星巴克公司海外功能风险最复杂的荷兰星巴克制造公司的利润，为荷兰星巴克制造公司对外支付特权使用费创造有利条件。该预约定价协定可以避免荷兰政府对星巴克制造公司发起反避税调查，规避低利润转让定价安排的风险。荷兰星巴克制造公司的利润来源于向美国以外的咖啡店销售已经烘焙的熟咖啡豆，这些咖啡豆销售可以获取较高利润，相当于把众多门店的利润转移到荷兰星巴克制造公司名下。海外利润归集过来以后，荷兰星巴克制造公司作为利润归集地并不是最终目的，需要进一步分散利润，把利润进一步向其他层级转移。

具体利润转移的工具是特许权使用费，其中部分利润通过支付特许权使用费直接支付给英国合伙企业Alki，另一部分支付给荷兰星巴克总部，支付后荷兰星巴克制造公司利润降低。根据预约定价协议，荷兰星巴克制造公司的利润可以降低到大约低于5%的水平。在支付特许权使用费的预提税方面，根据英国与荷兰的税收协定，特许权使用费这一企业的营业所得不需要在荷兰纳税。

荷兰政府同意签订预约定价安排的动机是，荷兰星巴克制造公司愿意把除美国以外的全球其他地方咖啡豆销售的利润中心放到荷兰，尽管利润率不高但是利润总额大，出于招商引资的需要可以大大增加荷兰政府的税收,还能带动周边产业。这对于荷兰政府来说有巨大收益。围绕咖啡豆销售的利润,还有一部分被瑞士星巴克公司获取,瑞士当地税率较低,能够起利润归集、降低税负的作用。

以上星巴克公司利润归集到英国合伙企业 Alki 后的税负情况,也是整体转让定价安排的重点。根据英国税法规定,合伙企业是一个税收透明体,合伙企业本身不需要在英国缴税,而是由合伙企业的合伙人在其所在国家(或地区)进行缴税。英国 Alki 合伙企业的合伙人是荷兰合伙企业,这在荷兰仍然是税收虚体,荷兰合伙企业 CV 的合伙人是美国星巴克总部,因此英国合伙企业可以实际穿透到美国。美国税法 CFC 受控外国企业规则规定,如果满足打钩规则,美国海外受控企业的利润即使不分配,美国企业也不会征税。通过利用打钩规则,美国星巴克总部将荷兰星巴克总部和荷兰星巴克制造公司认定为无实体,即在美国税法中被视为不存在,因而 Alki 公司收取的特许权使用费被认定为内部收入,在美国并不产生纳税义务,也就不需要缴纳美国的企业所得税。这就相当于把利润免税堆积在了英国合伙企业中。

荷兰星巴克总部作为美国海外的运营中心,一方面通过向英国合伙企业支付特许权使用费取得无形资产,另一方面进一步向全球海外市场授权使用星巴克品牌,收取特许权使用费归集利润。但该特许权使用费收入又可以向英国 Alki 公司支付的特许权费用减小税基,最终剩下较少利润在荷兰纳税。

通过以上分析,星巴克公司转让定价税收安排的避税模式要点在于:

(1)瑞士星巴克公司利用低税率优势,把部分利润通过成本加成,转移至瑞士,税负8.5%,利润率高于同类销售企业。

(2)荷兰星巴克制造公司按照简单生产加工企业配置较低利润,荷兰对向境外支付特许权使用费不征税,利用与荷兰政府签订预约定价 APA 协议,锁定较低利润5%。

(3) 荷兰星巴克总部属于集团利润初步归集地，大量利润转移至英国合伙企业 Alki，利用荷兰不征特许权使用费预提税，向境外支付降低自身利润水平。

(4) 英国 Alki 合伙企业通过成本分摊协议，持有集团品牌、咖啡烘焙技术等无形资产，并收取下属企业的特许权使用费，向美国星巴克支付成本分摊费用。合伙企业在英国是税收透明体，无纳税义务，由合伙人在美国纳税。

(5) 美国星巴克总部按照美国税法中的受控外国企业打钩规则，对境外的荷兰、英国合伙企业等视为无实体，即在美国税法中是不存在的。根据该规则，利润留存在英国合伙企业是其内部收入，在美国无纳税义务。

最终在避税效果上，根据以上分析推测，星巴克公司海外业务的应税利润大约集中在瑞士星巴克公司、荷兰星巴克制造公司、荷兰星巴克总部，其总体利润水平不超过 5%，其他未征税利润归集中间层公司留存。

三、欧盟对星巴克公司的税收调查①

截至 2015 年 10 月 21 日，经过长达两年的时间，欧盟对星巴克公司的税务调查终于有了结论。欧盟委员会责令星巴克公司向荷兰当局补缴 2 000 万至 3 000 万欧元税款，具体补缴金额将由荷兰当局依据欧盟委员会在判决中认可的转让定价方法确定。欧盟认为星巴克公司的转让定价安排主要存在以下避税问题。

（一）支付过高的采购费

欧盟对星巴克公司进行税务调查之后认为荷兰星巴克制造公司购买瑞士星巴克公司的生咖啡豆支付的费用远远超过正常水平。荷兰星巴克制造公

---

① 参考：王杨. 跨国企业国际避税问题研究——以星巴克避税案为例[D]. 长春：吉林财经大学，2017.

司支出的采购价款是原材料正常成本加成20%,荷兰星巴克公司认为这20%是对瑞士星巴克公司承担的采购功能的补偿。从同时期同行业数据分析,类似瑞士星巴克公司的咖啡豆采购企业的合理利润率一般是4.9%到13.1%,荷兰星巴克制造公司支付的采购费用明显与正常利润水平相违背,其通过支付较高的采购费用把利润转移到了瑞士这个税负相对较轻的国家。

(二) 支付不合理的特许权使用费

欧盟税务调查得出的另外一个结论就是荷兰星巴克制造公司向英国Alki合伙企业支付了不合理的特许权使用费,星巴克公司解释该笔特许权使用费是为了从英国Alki合伙企业购买咖啡豆烘焙技术。欧盟认为荷兰星巴克公司从英国Alki合伙企业购买的与其说是专利技术不如说是一种配方说明,该配方仅仅说明了在烘焙咖啡豆时应该采用的温度,并没有提供其他具有实质性的专利技术信息。通过该配方说明,瑞士星巴克制造公司把在瑞士产生的利润通过特许权使用费的方式转移到英国Alki合伙企业。欧盟表示没有任何一家公司会心甘情愿地为这样的信息支付特许权使用费。除此以外,欧盟认为即使该配方说明可以作为专利技术收取特许权使用费,那么应该按什么标准来收取也成为问题争议的焦点。

OECD转让定价指南认为,应该以产量或者销售额来作为标准收取特许权使用费,以收入、利润作为标准在极特殊的情况下也是允许的。但欧盟认为英国Alki合伙企业收取的特许权使用费并没有以瑞士星巴克公司制造的产量、销售额甚至利润作为标准而是在瑞士星巴克制造公司保留了5%的常规利润的情况下将剩余利润全都用来支付特许权使用费。虽然荷兰星巴克制造公司是严格按照预约定价安排执行的,也得到了荷兰政府的默许,但是这种预约定价安排违反了独立交易原则,造成了荷兰星巴克制造公司在荷兰少缴2 000万欧元到3 000万欧元的税款。

（三）不合理的成本分摊协议安排

成本分摊协议是参与的双方对无形资产的开发和使用签订的一项协议，协议中约定参与双方按照一定比例共享开发无形资产的成果，也共同负担开发成本。设立成本分摊协议这项制度是因为在无形资产的开发初期不确定是否能够取得成功。如果无形资产的研发没有取得成功，那么一方将不能在计算税款的时候扣除对方所负担的研发成本。但是现在跨国企业签订成本分摊协议的目的已经和最初的初衷背道而驰，跨国企业往往出于避税的目的而签订成本分摊协议，利用和税务机关之间的信息不对称来实施自己的避税行为。

（四）企业功能风险定位存在偏差

欧盟认为荷兰和星巴克制造公司签订的预约定价安排是违背常理的，因为在该项协议中荷兰星巴克制造公司的企业类型被定义为来料加工型并且使用交易净利润法来计算应纳税额，即以9%～12%的利润率乘以成本来计算应税所得。生产型企业和来料加工型企业的主要区别在于材料采购方面，一般来说生产型企业采购的原材料属于企业所有，而来料加工企业加工所用的原材料大部分由委托方供给，企业并不拥有原材料的所有权，仅仅根据合同约定收取加工费。荷兰星巴克制造公司声称自己为来料加工型企业的另一个重要的原因就是其所有采购、销售合同都是由荷兰星巴克总部代为签订的，相较于其他正常的企业，其在采购、销售方面不用承受任何的风险和损失，因而定义自己为来料加工企业是合理的。但是，欧盟委员会的税务调查报告认为，瑞士星巴克制造公司在从事无风险的来料加工业务的同时还计提了存货跌价准备，这就表明其承担了相应的存货风险，因而在用交易净利润法计算税额的时候咖啡豆的采购成本、存货的跌价风险以及其他费用都应该算作为企业的成本并作为基数来计算应纳税额。荷兰星巴克制造公司以来料加工型企业的功能风险作为计算缴纳税款的基础，使得税基过窄，少缴纳了大量税款。

四、星巴克公司转让定价案例启示

在本案例中,星巴克公司作为母公司,安排了一系列环环相扣的转让定价措施,总结起来主要包括:

(1) 成本分摊协议,主要作用是使无形资产从美国转移至中间层且不构成应税转让,使得中间层具备收取和支付特许权使用费的合法性。

(2) 支付大额特许权费,主要作用是利润转移至中间层不征税国家囤积。

(3) 支付过高的采购费,主要作用是使利润转移到瑞士低税率地。

(4) 功能风险定位偏差,主要作用是使实体制造企业利润保持较低利润水平,规避所在国税收。

(5) 搭配特殊组织形式和预约定价安排,主要作用是使中间层不征税、支付特许权无预提税负,以及锁定实体企业低利润水平。

二、快速消费品行业转让定价特点总结

以下站在行业转让定价安排的角度分析快速消费品行业的转让定价特点,特别是与高新技术制造行业比较存在哪些值得关注的地方。

(1) 两个行业相同的地方都是利用无形资产作为利润转移的主要工具,包括使用成本分摊协议、支付特许权使用费到中间层低税率地的思路。一是利用成本分摊协议在母公司所在国以外设立无形资产所有权人;二是利用各种形式把特许权费归集至避税地。

(2) 对于生产功能的配置两者是不相同的。对于高新技术制造企业来说,生产加工功能是一个底层利润水平最低的功能,高新技术企业生产职能甚至可以放弃,全部使用代工制造。例如,苹果公司使用富士康公司代工生产,保留研发、设计、营销等高附加值的利润水平。对比快速消费品行业,整体利润没有高新制造行业高,即使利润水平较低的生产制造环节利润,一般快速消费品行业

也会使其掌握在自己手中。例如,星巴克公司中的咖啡豆烘焙制造过程由内部企业专门负责。该生产过程比高新技术产品生产简单很多,集团内部企业负责既可以成为利润贡献点,也是一种重要的转让定价工具,例如成为预约定价安排的重要载体。

(3) 快速消费品行业转让定价在利润归集地设置上与高新技术制造企业存在较大差异。导致这种差异出现的原因是高新技术制造企业利润转移的规模比快速消费品行业大很多,大规模利润转移会产生很多问题,因此这两个行业的利润转移路径是不同的。苹果公司的利润转移是通过复杂的"三明治结构"转移到中间层公司,星巴克公司利用中间层合伙企业进行利润转移归集。"三明治结构"低税负利润转移的原理是税收居民身份错配、预约定价安排和CFC受控外国企业规则漏洞。中间层合伙企业利润转移的原理相对简单,主要是利用税收透明体征税规则和CFC受控外国企业规则漏洞。从实际效果角度看,当利润规模很大时采用合伙企业模式归集利润,非常容易产生BEPS行动计划中重点关注的利润不当堆积税收风险。

(4) 在签订预约定价安排的难度方面,二者存在差异。对于快速消费品行业来说,由于其利润率相对较低,生产功能相对简单,利用无形资产支付特许权使用费转移利润的规模较小,利润归集企业实体化程度较高,相对来说签订预约定价安排的难度小于高新制造企业以中间层无实质经营企业签订预约定价安排的难度。

第三节 境内消费品公司转让定价规划案例

本节以一个虚拟的我国境内外资消费品行业子公司为例,从跨国企业子公司视角介绍相关转让定价安排考虑的可比分析因素,从企业角度看规划相关转让定价安排需要考虑的事项。在子公司层面,快速消费品行业公司的转让定价策略相对较为简单,通常没有母公司复杂的多种转让定价安排。这一方面是由外资子公司本身的功能风险较为简单的特点决定的,另一方面是受我国税制本身所限,缺少使用其他转让定价利润转移工具的条件。

一般来说,外资子公司主要采用支付特权使用费作为主要的转让定价工具,其核心要求是寻找相对公允的行业利润水平作为特许权使用费率制定的参考因素。而这种合理利润水平的寻找方法不是一件简单的工作,需要进行反复的功能风险调研和相关税负、利润水平的测算。

【案例 11-2】 某快消品行业跨国企业 B 集团总部设立在 S 国,其股权架构是由 S 国的母公司在中国境内设立 B 中国投资公司(以下简称 B 公司),作为 B 集团在中国境内的最上层持股公司。B 公司在中国境内多个省市设立了若干子公司,分别作为当地的生产企业负债采购、生产等职能。各地子公司生产的产品统一销售给 B 公司,再对外销售。B 公司的销售对象主要是中国境内消费市场的客户。除了以上货物销售关联交易,中国境内生产子公司还要向 B 公司支付特许权使用费,具体内容是 B 集团快消产品的品牌、生产技术等特许权使用费,还包括一些集团内劳务关联支付交易。

后续,B 公司还需要向境外 B 集团母公司支付同样的品牌、生产技术特权使用费。在这里 B 公司支付特许权使用费的依据是获得境外母公司的特许权许可授权,而不是通过成本分摊协议取得收取特许权使用费的依据。因此,B 公司向境外利润转移的手段比较单一。参照同类情况,B 公司转让定价的思路一般是把 B 公司及其下属各境内子公司视为整体,以整体利润率高低作为转让定价指标设置的标准。假设境内各公司中,只有 B 公司与境外发生关联交易,那么在实际工作中主要以 B 公司为利润测算对象,寻找可比企业制定转让定价利润标准,并且该过程需要体现消费品行业的经营特点。

一、转让定价安排的可比性分析

为确定 B 公司在快速消费品行业的合理利润,可以参考同行业其他消费品公司公开披露的财务报告,例如联合利华、马氏、强生、卡夫、雀巢、花王等公司。本节通过其中一些公开上市公司在 20×2 年到 20×5 年的实际经营财务数据,分别得出可比公司的年度息税前利润率,如表 11-1 所示。

表 11-1 消费品行业可比公司利润率

项目	20×2 年	20×3 年	20×4 年	20×5 年	平均值
U 公司	14.1%	16.7%	14.5%	15.1%	15.10%
M 公司	16.0%	15.6%	19.2%	18.8%	17.40%
J 公司	17.2%	13.3%	14.5%	15.3%	15.08%
K 公司	11.2%	12.3%	14.3%	14.7%	13.13%
N 公司	14.4%	13.4%	15.1%	14.1%	14.25%
KA 公司	15.0%	16.4%	17.1%	16.2%	16.18%
上四分位	16.30%	16.48%	17.63%	16.85%	16.48%
中位值	14.70%	14.50%	14.80%	15.20%	15.09%
下四分位	13.38%	13.05%	14.45%	14.55%	13.97%

以上可比企业利润数据来源于公开财务信息。可比企业利润是包括品牌、技术、营销、无形资产等功能风险在内的全球平均利润。这些利润水平代表的功能风险理论上要比 B 集团在中国境内子公司 B 公司的功能风险更加复杂,可比企业应获得的利润回报至少不会低于 B 公司在中国区的整体利润。因此,若以这些企业历年平均利润水平的四分位区间和中位值衡量 B 公司的利润水平,理论上至少不会低估 B 公司的利润水平。

从实际数据来看,按照可比公司平均利润的中位值 15.09% 和上下四分位区间 13.97% 到 16.48%,这是一个不低的利润区间水平。如果以星巴克公司利润水平来看,其中瑞士星巴克公司的利润水平为 8.5%,低于以上消费品集团全球平均利润水平。而瑞士星巴克公司的功能风险比较简单,主要采购和销售生咖啡豆,不具备复杂的品牌、技术和营销功能,因此其利润水平低于全功能消费品公司的利润水平。

二、B公司转让定价策略选择

当B公司制定与境外关联方关联交易的转让定价利润水平时,假设以平均利润水平中位值15.09%为合理利润水平,根据以上分析存在两种转让定价策略。

方案一:执行统一利润标准。把B公司与其下属的4个工厂分别各自执行15.09%利润率水平并保持在合理利润区间内。当每个主体都达到平均利润率水平区间,则跨国企业在华企业整体利润也可以控制在该利润区间内。该方案的优点是目标明确,可以在实际中通过关联购销和支付特许权使用费达到调节各自利润水平的目的;该方案的不足是利润水平不灵活,难以反映市场变化。

方案二:仅关注B公司转让定价利润水平。该方案以B公司为转让定价利润执行对象,以中位值15.09%利润率水平及其区间制定B公司的年度利润指标,而对其下属4个工厂按照市场变化执行灵活的利润率水平。该方案的理论基础认为,生产子公司只执行采购和生产职能,没有复杂的营销和研发功能,是有限风险功能的生产商。因此,理论上其合理利润水平低于全功能生产15.09%的利润水平。并且由于在关联交易安排下,下属工厂仅发生境内关联交易,没有利润转移至境外的避税风险。按照第二种方案计算下来,B公司及其下属子公司的整体利润水平可能会低于中位值15.09%,总体来说,其转让定价安排的难度更大,潜在税收风险更大。

三、案例启示

该消费品行业中国境内子公司的转让定价规划案例,主要有以下4点启示:

(1)消费品行业企业在中国子公司的转让定价安排思路相对于母公司来说是比较简单的,其所能够选取的转让定价工具也比较单一,主要是特权使用费和劳务服务费对外支付。而我国税法对特许权使用费的规定是比较严格的,通常存在较大的不确定性和潜在税收风险。

（2）寻找可比企业的过程是具有较大难度的工作，需要花费大量的时间和精力进行功能风险分析和筛选可比企业，其中主要是考虑无形资产使用情况。

（3）中国境内企业成员要采取何种利润水平作为目标进行规划，其中的可选择方案较多，是选择区间方案还是中位值方案，不同成员怎样适用不同的利润水平，这些情况都需要根据企业实际情况和功能风险状况进行安排，这些情况决定了特许权使用费的支付水平。

（4）消费品领域的跨国企业，通常存在较大的无形资产，包括品牌和较高价值的营销性无形资产，这些都是衡量该企业利润水平的重要因素。但是，目前还没有比较成熟的定量衡量方法，导致以上转让定价规划主观性较强，可能存在较大的潜在税收风险。

第十二章
医药行业反避税实战

本章介绍反避税转让定价领域常见的与医药行业相关的转让定价理论和案例分析。本章内容有两个部分：一是从整体上介绍医药行业的特点及其市场模式，医药企业的行业特点决定该行业转让定价具有特殊性，医药行业是受法律法规严格监管的行业，其市场准入、市场监管具有与其他行业不同的要求；二是以近年来我国国内公开的医药企业反避税调查案例为例，为读者介绍该行业转让定价模式。由于医药行业高度集中，且行业信息敏感，目前公开研究资料中很少有关于医药行业的转让定价研究案例。这种现状是读者学习该行业转让定价业务的难点。

第一节 医药行业特点及转让定价模式

医药行业是与大众健康息息相关的行业，该行业主要依赖科技研发和营销推广两个方面，作为企业发展的驱动力。读者需要了解的是，医药行业是国家监管最严格的行业之一，也是我国与国际先进水平差距较大的行业，该行业市场主要由欧美跨国医药企业占主导地位,并且市场集中度很高,大部分原创药市场份额被少数大型跨国企业控制,例如,美国强生、美国辉瑞、瑞士罗氏、瑞士诺华、英国葛兰素史克、法国赛诺菲、德国拜耳、英国阿斯利康、美国雅培、美国默克等欧美跨国企业。这些跨国企业在全球多个国家设立分支机构,其医药产品在各国市场销售,企业销售收入和利润水平都较高。

一、医药行业特点

医药行业具有高投入、高技术、高风险、高度集中的特点,少数发达国家和跨国制药企业垄断了大部分医药市场。据有关市场分析,世界前100家医药企业供应了80%的药品,前25家控制着50%的医药市场。[①]

在当前医药产业的国际分工过程中,发达国家主要以研制新药为主,依靠资金、技术、人才和市场优势以及政府的鼓励政策,占据着市场分工的高端位置。以中国、印度为代表的发展中国家则主要以生产仿制药、原料药、中间体等产品为主,处于产业链中低端位置。此外,跨国制药企业在通过兼并、重组提高市场垄断程度之后,纷纷将资金投向更加注重以新技术开发为主要特征的高端业务的发展,并逐步将技术含量处于低端的业务向发展中国家转移。在全球经济一体化和跨国企业经营调整的背景下,很多跨国医药企业出于环境保护和生产成本等因素的考虑,将原料药和中间体的生产基地设在发展中国家,把新药研发等关键流程放在本国。

医药行业具有高投入、高风险特点。尤其是在新药研发方面,医药企业高投入尤为明显。据相关统计,研发一种新药平均耗资2.5亿美元至10亿美元。新药的生产工序复杂,研制期长,通常从新药研发到投入临床,需要10年左右的时间。大型医药企业为提升自身产品的市场竞争力,十分重视新

---

① 参见:马庆芳. 利用外资提高我国医药行业国际竞争力研究[D]. 太原:山西财经大学,2011.

药研发环节，不惜花费巨资研制新药。然而，新药研发的失败风险也很大，一旦其在临床试验阶段或上市后被证实药效提升有限或存在严重副作用，此类药物将被药品监督管理机构淘汰或取消，给企业带来巨大损失。同时，随着药品市场的不断更新和制药技术的不断升级，药物上市不久后，可能很快就会有更新的一批药物在药效、功能、价格方面更具优势，取代原先研发出的产品。

医药行业具有高回报特点。医药企业高投入、高技术性的特点决定了新药研发具备高附加值，如果研发成功并上市，后续受新药专利保护，收益巨大。

医药行业面临严格监管。医药企业具有高技术、高投入、高风险特征，以及国家对医药企业严格管控，导致医药行业门槛很高，只有少数企业才能具备相应的资质从事新药的研发与制造。同时，这些大型医药企业还会通过兼并其他中小企业来扩大自身规模，确保其在竞争中取得优势和获取垄断利润。因此，从世界范围来看，医药行业是集中程度最高的行业之一。[①] 经过多年的激烈竞争，国际医药市场已形成美国、日本、欧洲三足鼎立的局面，全世界大部分新药生产来自这些国家。中国市场成为跨国企业的重要利润来源，多年以来中国市场销售额居全球医药市场的前列。

以上关于医药行业的特点，有助于帮助我们了解这个行业的规律，进一步从转让定价的角度来看，可以总结出以下行业特点，帮助读者进行行业价值链分析和功能风险分析。

（1）从事创新药研发的跨国医药企业，通常属于创新驱动、研发驱动型公司，主要产品是原创药品。这种产品研发成功后会使得该企业处于行业的上游，获得非常大的行业话语权，对行业下游企业产生支配作用。下游制药企

---

① 参见：马文杰. 医药企业的税收筹划研究——以 F 企业为例[D]. 合肥：安徽财经大学，2021.

业，除了原料药生产，在我国较多的是从事仿制药生产的企业。我国当前还没有原创药企业进入世界前列，这是我国当前与欧美医药产业差距较大的行业。

（2）跨国企业研发新药，由于可以对治疗疾病产生积极效果，因此从价值驱动角度来看可以带来巨大回报，新药的投资周期很长，利润回报的周期也较长，利润水平较高。

（3）跨国医药企业的创新药具有垄断性，因此定价较高，具有市场垄断性。从患者角度来看，新药即使价格高昂，具有垄断性，其需求也具有刚性，对价格一般不敏感，这也是产生高利润的原因之一。

（4）医药行业的产业链通常比较清晰，产业链相对较短，但产业链生产难度更大。这是由药品生产的高标准、高技术特性决定的。企业通常不依赖规模获得利润，而是依赖知识创新和研发获得利润。

（5）跨国的医药企业通常把总部放在母公司所在国，通常不会把重要的研发功能放在国外市场，而是把生产功能、简单包装、销售功能、市场开发功能放在市场国。这些功能不是医药企业的主要价值来源。

（6）我国的医疗环境、医药政策比较严格。在我国，医药行业是受到高度价格管制的行业，需要通过国家的审批才能够在市场上销售，并且只能按照审批的价格销售，相对来说价格比较固定。在这种情况下，医药跨国企业的转让定价工具应用较其他行业少，较少使用像苹果公司这类复杂的转让定价安排，但也有自身特点。

二、跨国医药行业转让定价模式

医药行业产业链不长，具体如下：

（1）上游是研发环节。研发环节包括从药物发现到合成化合物，研发合成工艺，再到研发制剂，每一个都需要很长的过程，通常要经过三个阶段的流程进行开发。

（2）中间是生产环节。新药通过三期临床试验后，可以取得药品监管部门的审批投入生产和上市。生产环节包括化合物合成、原料药采购、生产加工等。该环节相对来说比较简单，很多药品使用搅拌罐的生产方式，把多种原料药进行搅拌混合，再生产出片剂或针剂等，一次生产的产量非常大。生产的环节虽然也有很高的安全标准，但是与苹果公司等高科技公司的产品生产相比产业链短得多，生产组织过程也简单得多。

（3）销售环节。药品生产后需要通过特定的物流销售环节分销，其中的标准比普通商品复杂，药品运输过程监管也非常严格，在我国只有具备特定资质的医药商业企业才能销售和运输药品。通常这一环节由市场专业商业公司负责，属于独立第三方企业，药品销售环节严格实行"两票制"，最多只能有一个中间经销商，这也导致医药销售环节的关联交易较少，较大程度上限制了转让定价的作用。

通过以上对医药行业在价值链上的特点的分析，我们可以总结出医药行业在具体转让定价安排上可能的一些特点，具体如下：①医药跨国企业向市场国，例如中国，直接销售高价药品或销售待分装的原料药，采用直接货物关联交易安排获取高额利润，这是当前主要的转让定价方法。这是与其他行业转让定价特点不同的地方，原因在于原创药具有垄断性，难以寻找市场同类可比销售利润，因此降低了跨国医药企业转让定价的难度，直接采用设定销售价格的方式进行转让定价。②跨国企业在国内市场的子公司向境外支付特许权使用费，是一种辅助的转让定价方法，但也是一种重要的转让定价工具。由于跨国医药公司的销售额非常高，因此以销售额为基础计提的特许权使用费总额也非常大。③医药行业跨国关联交易寻找可比企业非常困难，因为存在垄断性的无形资产，导致难以进行合理利润评估。④从总体上来说，医药行业的特点和市场环境的变化，导致跨国医药企业在转让定价上的安排相对处于有利地位，虽然转让定价的工具较少，但是转让定价的空间较大。

第二节　葛兰素史克公司避税案例

当前我国医药行业公开披露的反避税案例较少，缺少公开研究资料，本节案例以公开披露的葛兰素史克公司涉税案为例①，从中了解部分跨国医药企业在中国进行转让定价安排的做法，并从中获取对医药行业反避税工作的有益启发。

【案例12-1】　葛兰素史克公司（Glaxo Smith Kline）是全球最大的以研究开发为基础的制药企业之一，在新药开发技术方面居世界领先地位。葛兰素史克公司的总部设在英国，以美国为业务营运中心。葛兰素史克公司在世界数十个国家拥有多个生产基地，产品远销全球市场，在全球拥有众多掌握专业技能的员工。

葛兰素史克公司在20世纪80年代进入中国，积极投资把新的商业模式、先进的制药技术、优质的产品、现代化的管理理念和市场营销技巧引入了中国。2000年12月，葛兰素威康公司和史克必成公司完成全球性合并，葛兰素史克公司一跃位居世界制药公司的前列。2001年年初，葛兰素史克（中国）投资有限公司完成合并，并成为中国规模最大的跨国制药企业之一，投资总额超过5亿美元，在中国拥有7 000多名本土员工，1个全球全功能的研发中心及6家生产基地。公司总部位于上海，其他业务总部分设在上北京、天津和香港等地。葛兰素史克中国研发中心是跨国制药企业在华最大的全功能研发中心之一，领导着公司在全球神经科学治疗领域内的研发项目，同时其开发团队不断加快将公司全球创新性药物引入中国。

---

① 参见：《成本15.7元的药怎样卖到207元》载《钱江晚报》2014年5月15日版.

葛兰素史克公司的中国业务由处方药、疫苗和消费保健品三大业务领域组成，为患者提供几十种治疗和预防药物，治疗领域涵盖肝炎、哮喘和慢性阻塞性肺病、肿瘤、抑郁和焦虑、抗生素、解热镇痛、胃肠道、皮肤病心血管和艾滋病等。

一、转让定价安排特点

葛兰素史克公司的转让定价方法根据公开报道，主要使用终端销售价格倒算法作为转让定价政策，这与其他案例使用的交易净利润法、寻找可比企业利润的方法相比，操作简单直接，反映出垄断医疗行业企业的市场优势地位，拥有绝对的定价自主权。在这种转让定价方法下，企业不是用确定交易的利润的方式间接倒推销售价格，而是按照终端销售价格去倒推境内外关联交易的中间价格。具体安排分为以下步骤：

第一步，公司根据中国国内市场调研制定一个销售价格，该价格的主要定价原则是覆盖研发成本，保留市场利润。该调研价格的制定参考了其他同类药品的市场价格，最终葛兰素史克中国公司以该调研价格为基础，制定出了终端销售价格，把这个价格报给境外总部的转让定价中心。

第二步，葛兰素史克总部转让定价服务中心，负责制定各个国家的内部转移价格。具体过程包括总部转让定价服务中心考虑生产成本、销售成本、研发成本、利润甚至垄断利润等因素，制定出终端销售价格；然后，根据中国市场的终端销售价格倒算出每个流程到终端医院前的成本费用，根据推算出的每个环节成本费用推算出药品报关进口价格。该进口价格和终端销售价格之间存在很大差异，使得药品销售中间环节的利润空间非常大。

总结下来，该跨国企业在终端医院的药品销售价格等于生产成本、销售成本、管理成本、境内外公司利润和其他支出成本之和，进一步以此倒算出口岸价，并向国家发展改革委申请单独定价。

二、关联交易情况

在具体关联交易方面,参考以下关联交易流程图(图12-1)。最上层葛兰素史克英国总部,接到葛兰素史克中国公司发送的需求订单后,向中间层境外原料药生产公司下达生产任务。中间层境外原料药生产公司把原料药销售给境外产品生产公司,再进行原料药分装等工作。最后把分装好的产品销售给中国境内子公司,中国境内公司拿到进口药品后,把包装换成中文标签,销售给终端医院。

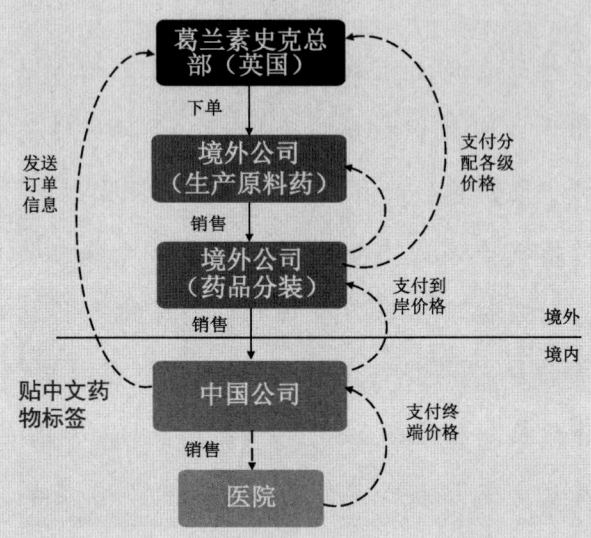

图12-1 葛兰素史克关联交易安排

假如,终端医院的销售价格是100元,那么该销售收入支付给葛兰素史克中国公司,中国公司按照之前计算的到岸价格(假设为90元),支付给境外药品分装企业。境外分装企业再将90元分别支付给葛兰素史克英国总部和中间原料药生产公司。以上这些支付标准都是事先倒算出的内部定价体系。

三、避税疑点

根据公开报道,《每日经济新闻》记者从公安部获悉,长久以来,葛兰素史克公司在中国销售的药品大多冠以海外原研药名义,在药品进口前通过转移定价的方式,提高药品报关价格,在将巨额利润预提在境外的基础上,设定高额销售成本用于支撑"贿赂"资金。由此,葛兰素史克公司药品在中国的价格远高于其他国家。通过"贿赂"销售,葛兰素史克公司的主营业务收入实现了逐年攀升,从 2009 年的 39 亿余元增长至 2012 年的 69 亿余元①。

从以上报道可以看到相关跨国企业主要存在以下避税疑点:

(1) 终端销售价格偏高。葛兰素史克公司同种类型的原创药在中国境内终端销售的价格远远高于在日本或在中国香港的终端销售价格。该公司利用了国家发展改革委给予的单独定价政策,可以自主制定较高的终端销售价格。

(2) 终端销售价格高于同类其他产品。该公司终端销售价格不仅高于其他国家的定价,也远高于其他跨国企业的同类药品在国内终端销售的价格。由于终端销售价格本身是按照各环节成本和利润倒算出来的,在转让定价方面使用的是直接价格定价方法,没有参照可比企业利润。

(3) 直接通过货物交易价格实现利润转移。该公司通过终端价格定价倒算进口报关价格,可以直接操纵利润在境内与境外公司之间发生转移,从报道来看其没有像其他跨国企业通过特许权使用费、劳务费等复杂的关联交易方式实现利润转移,而是充分利用了市场垄断地位公司的优势。

四、案例启示

通过以上有代表性的跨国医药企业转让定价安排案件,我们可以得到以下启示:

---

① 王雅洁. 葛兰素史克在华贿赂资金起底:以外资原研药之名 借转移定价抬高报关价[N/OL]. 每日经济新闻,[2014-05-15]. http://www.nbd.com.cn/articles/2014-05-15/834022.html.

（1）外资跨国医药企业，在我国境内，药品销售价格受多种行政管制限制，包括价格和中间环节都有严格规定，因此跨国医药企业的转让定价安排工具种类较少，主要通过高进高出和支付特许权使用费等工具。但这些工具对于具有垄断市场地位的企业来说已经足够满足转让定价的需要了。

（2）跨国医药企业转让定价的利润空间很大，特别是对于原创药销售的企业来说，由于缺乏市场可比产品和政策优惠，合理定价范围很大，远高于其他行业。

（3）在医药行业反避税调查方法中，直接对比同种药品在不同市场的销售价格的方法比较常见，因为药品属于特殊商品，多数国家都对其实施价格管制，相对容易查找到其他市场销售价格。对于药品这种特殊商品，使用利润可比的方法时由于医药企业存在独特的无形资产价值反而可能更加复杂。

第十三章

互联网行业反避税实战

本章介绍互联网行业实施转让定价安排的情况。互联网是新兴行业,是盈利模式较为独特和利润率较高的行业。当前国际上有影响力的互联网企业主要来自美国和中国。从在全球范围来看,美国互联网跨国集团的影响力更大,其中如脸书、亚马逊、微软等公司通过全球布局,获得远超传统行业的利润,同时在转让定价税收安排上也非常具有代表性。跨国互联网企业通过网络在各国开展业务,不需要像传统行业在各地设立子公司、常设机构等营业场所就能够通过网络获得营业收入,这对当前各国税收征管来说是一大挑战。本章从转让定价角度介绍当前互联网跨国企业经营中的税收安排及其税收风险。

本章内容分为两个部分:一是介绍互联网行业的盈利模式和经营特点;二是介绍美国跨国互联网公司典型避税案例。由于我国互联网行业缺乏公开的反避税案例,因此本书以美国互联网行业公司为例,通过美国互联网跨国企业全球转让定价安排来观察该行业的代表性模式。

第一节　互联网行业经营模式及转让定价特点

互联网行业具有特殊的盈利模式和经营特点。首先，互联网行业分类复杂，覆盖从硬件到软件的众多领域。互联网行业属于电子信息产业，该产业的硬件基础是集成电路和半导体制造，这部分属于实体制造行业。该领域内主要由英特尔、三星、高通、海士力、海思、台积电等主要公司组成。该行业的特点是技术水平要求高，市场份额相对较小。在集成电路半导体之上的是互联网内的基础性系统供应生产商，如华为、中兴等企业生产的互联网基础运行设备，包括5G网络、4G网络、手机等，该行业的市场规模比集成电路半导体行业大，我国目前在该细分行业内占有优势。再往上是电信运营服务行业，即网络和通信的运营服务商，如我国的三大运营商移动、联通、电信属于该行业，该行业的市场规模与电信设备系统提供商相当。

互联网行业是建立在以上产业基础上的互联网增值服务，其中有代表性的企业包括腾讯、阿里、脸书、字节等公司，这些互联网企业提供各种类型的应用服务，市场规模远大于以上其他细分行业。本节讨论的互联网行业转让定价主要集中在互联网增值服务行业中的企业，这些企业是当前数字经济的主要代表性企业。互联网增值服务行业企业在经营模式上具有以下特点。①

1. 盈利模式独特

互联网公司的客户是盈利的基础，只有拥有大量的客户才能通过各种方式把客户流量进行变现盈利。由于互联网公司的边际成本几乎为零，因此互联网公司盈利的关键在于具备规模效应，即拥有较大客户群是互联网公司的

---

① 参见：梁晖. 互联网行业上市公司投资价值分析——以腾讯控股为例[D]. 南昌：江西财经大学，2021.

核心竞争力。互联网公司将融资获取的资金主要用于研发和获得新客户方面，以此来创造更好的产品吸引更多的用户。互联网行业具有"强者恒强，弱者恒弱"的行业特点，当一个公司拥有的用户数超过其他竞争对手达到一定规模的时候，在网络效应的作用下，其他公司的同质产品竞争力会荡然无存，并且建立一个巨大的"护城河"使其他公司无法再进入该领域。

2. 价值创造与传统行业差异很大

传统公司一般以生产活动为中心，公司的资金来源主要分配在生产制造上，通过生产出来的产品来获得销售收入，进而为公司创造更大的价值。互联网公司以网络平台获取用户，然后为其提供无形服务，以此获取客户消费或流量，并将其转换为收入。最常见的变现方式为投入广告、购买虚拟物品、充值会员等模式，会形成独特的服务对象与盈利对象不一致现象。

3. 价值评价标准独特

评估互联网公司价值高低的因素，主要取决于两个方面：一是公司客户的获取，二是公司用户的变现能力。互联网行业公司商业模式中的核心是客户，客户体量是公司真正的核心资产。不同互联网公司价值变化的原因，本质上是公司客户获取能力和用户变现能力的差异。

4. 轻资产经营

互联网公司的资产主要是轻资产，无形资产占比高，不依靠土地、设备等重资产生产要素，互联网公司资产价值体现在用户数和无形资产上。相对于传统生产企业，互联网公司不依赖固定资产和存货，这体现出互联网行业独特的发展规律。

5. 风险高且投入大

互联网公司在创立初期需要大量资金投入，因此所有的互联网公司在初创期的经营风险相对于传统公司高很多。另外，互联网公司的产品研发难度很大，也需要大量资金支撑。

6. 获客成本高，但产品边际成本低

当前互联网公司红利逐渐消失，客户高增长的时代逐渐远去，互联网产品市场趋于饱和，因此互联网公司获取新客户的成本在不断增加。互联网公司产品提供方式独特，通过网络等无形资产服务客户，导致产品边际成本极低，客户越多边际成本越低甚至趋向于零。

7. 关键财务指标与传统行业不同

传统公司的核心是生产，其财务指标多涉及营业收入或成本等，可以比较好地利用财务指标进行分析或评估。互联网公司的特点是资产负债表中净资产相对较低，无形资产占总资产的比重大，主要费用支出为研发费用，净利润波动大等特点。

在现实的互联网行业发展情况中有一些值得关注的现象对行业内企业的转让定价安排具有影响。当前美国和中国是互联网行业的领导者，全世界市值排名前十的互联网企业主要由中美两国企业构成。但是从全球市场规模上看，美国互联网企业占据主导地位，中国互联网企业主要以本国市场为主。美国互联网企业由于自身特殊原因，几乎很少进入中国市场，而由于当前中国互联网行业企业全球化发展程度有限，大部分企业在境外经营仍处于投入阶段，盈利较少。这些情况导致发生在我国的互联网企业公开的反避税案例几乎没有。因此本章主要以介绍美国互联网企业现有公开避税研究案例为主。美国有代表性的互联网大企业的转让定价安排通常有以下特点：

（1）无形资产是转让定价和利润转移最重要的工具。美国互联网企业一般通过签订成本分摊协议，把无形资产转移到境外某个中间层持有，再设计特许权使用费支付方案进行利润转移。

（2）成本分摊协议是互联网跨国企业无形资产转移的重要工具。成本分摊协议是非常复杂的一种无形资产价值安排，具有合法低成本转移无形资产的作用。这部分内容本书后续章节将详细介绍。目前已知的美国互联网跨国企业基本都在使用成本分摊协议,可见这个转让定价工具的重要作用。

(3) 规避税收管辖。跨国企业利用中间层实体公司堆积大量利润,并且需要保证中间层公司的低税负特性,这就需要使用税收管辖错配方案,例如,常设机构、居民身份等,规避缴纳利润堆积地的税收义务。

(4) 美国互联网企业还在利用 CFC 受控外国企业规则规避母公司所在国税收。复杂的 CFC 规则是美国税法的一大特点。该规则一方面规定了对跨国集团境外利润征税方案,另一方面又预留出征税例外规定。这就导致美国跨国企业留存在境外的利润,存在可以规避被美国政府征税的可能性。

第二节 国际互联网公司避税案例

本节以美国两个有代表性的互联网公司的避税安排为例,为读者介绍美国主流互联网公司国际避税架构的特点和运作模式。这两个美国互联网公司分别是 G 公司和优步公司。通过查询公开资料,我们可以发现这两家互联网公司的避税架构具有相似之处,本节以 G 公司的转让定价安排为主,参照优步公司对照介绍,主要了解互联网公司无形资产转让定价安排的特点和对降低集团整体税负的作用。

一、G 公司避税案例

(一) G 公司基本情况

美国 G 公司于 1998 年在美国加利福尼亚州注册成立,经多年发展已成为全球最大的搜索引擎高科技公司。G 公司通过运行多种不同的应用软件程序提供互联网增值服务,包括搜索、词典、地图、电子邮箱、云计算、广告、学术资源检索和安卓操作系统等。该公司最主要收入和利润来源是互联网广告服务。当前，G公司已成为全球互联网搜索巨头，是全球最大的广告平台之一。2021年G公司全年总营业收入为2 576.37亿美元，同比增长41.15%，运营利润高达787亿美元，与2020年的412亿美元相比猛增91%。其中，2021年G公司全年广告收入为2 095亿美元，首次突破2 000亿美元，同比增长42.59%，广告业务收入占到G公司全年总营业收入的81.31%。该公司2021年广告收入超过当年中国互联网广告的总收入人民币11 608亿元。①

G公司在线广告产品包括搜索广告、视频广告、展示广告、购物广告、发现广告与智能广告六大类。此外，还包括广告增值收入。G公司的业务模式是通过提供互联网搜索等服务，为客户提供服务的同时提供搜索内容广告，用户点击搜索结果后会弹出广告服务，这些广告服务由众多广告主支付费用。这些在线广告无需在世界各地设立分支机构，仅需用户通过互联网就能远程访问，因此G公司的广告服务收入模式超越了传统的税收地域管辖边界，可以通过远程网络取得来源于世界各国的收入。

用经济学的术语来说，G公司提供的互联网广告服务，在获取客户服务方面的边际成本基本为零，且不依赖于其他分销渠道即可直接提供广告服务。在这种情况下，市场国如果要分享G公司的广告收入或广告服务利润是非常困难的，因为各国目前的所得税法体系是建立在传统商业模式之上的，面对互联网这种新经济新业态，难以适用原有的常设机构征税模式，很难做到把G公司取得的广告收入归属于当地常设机构。也正是由于这种情况，市场国贡献了G公司大量用户和广告价值，但是无法对G公司的利润征税，为此英法等国家单独开征"数字税"等针对数字经济企业的单边征税措施。

（二）G公司避税疑点

通过分析G公司公开披露的财务状况，可以发现，G公司在美国市场取

---

① 数据来源：《2021中国互联网广告数据报告》。

得利润的税负与 G 公司集团海外市场取得利润的税负存在显著差异。2009 年至 2017 年，G 公司在美国市场获得的利润总额略低于在美国以外市场的利润，但 G 公司在美国以外市场的平均税负约为 6%，远低于在美国市场取得利润的税负水平。

G 公司怎么样做到境外的税负远远低于美国境内的税负呢？这是通过一系列转让定价安排实现的。荷兰公布的监管文件显示，2016 年 G 公司将 159 亿欧元约合 1 242 亿人民币的收入，转移到一家百慕大群岛壳公司，成功避税数 10 亿美元。G 公司主要通过被业内称为"双爱尔兰"和"荷兰三明治"的两种方法避税。G 公司先在爱尔兰设立了一家公司，负责接收除美国本土市场外的所有地区销售收入；而为了享受更低的税率，该公司又在百慕大设置另一个运营总部。虽然在爱尔兰注册，但总部在国外，属于爱尔兰非居民公司，可以享受爱尔兰法律所规定的"外国企业无需向爱尔兰缴税"的政策。接下来，G 公司通过在荷兰成立的另一家子公司，来完成这几家公司的资金交易，进一步规避所得税。根据荷兰的税法，这三家公司都在欧盟范围内，免收企业所得税。据估算，通过这样的方式，仅在 2016 年，G 公司就节省了约 24 亿美元税款。对此，G 公司新闻发言人在声明中表示，"G 公司在全球运营的各个国家严格遵守税法，所有应交税费都已支付"。

（三）G 公司关联交易

根据以上 G 公司避税疑点，我们可以发现 G 公司安排了一套复杂的跨境股权架构和一系列复杂的关联交易安排，如图 13-1 所示。

（1）在股权架构方面，美国本土 G 公司总部在爱尔兰设立第一层中间层控股公司，名为爱尔兰控股。该公司虽然设立在爱尔兰但是其实际管理机构在百慕大避税地。由于爱尔兰的税收居民身份当年以实际管理地为标准确定，因此爱尔兰控股属于爱尔兰税法中的非居民企业，不需要在爱尔兰缴纳所得税，这属于税收居民身份错配安排。

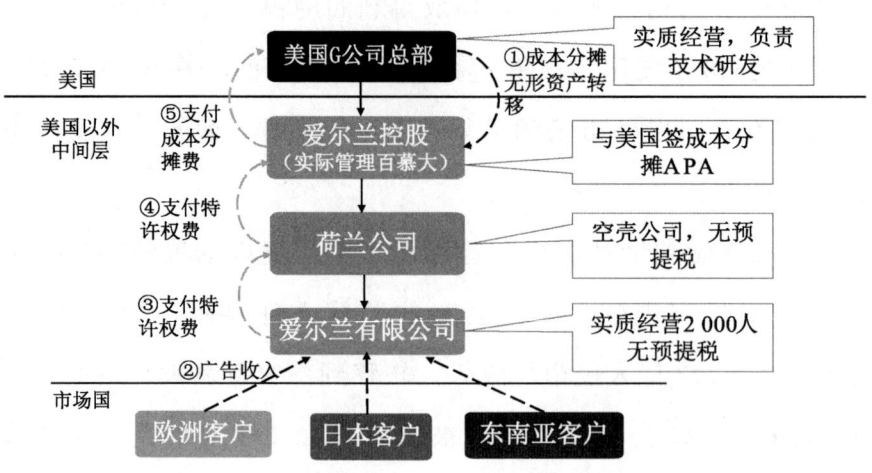

图 13-1　G 公司"双爱尔兰—荷兰"关联交易安排

（2）爱尔兰控股下设一个荷兰公司，该公司属于低税负公司。荷兰公司下设另一个爱尔兰有限公司，该公司的功能是归集全球除美国以外地方的广告收入。该爱尔兰有限公司负责美国以外的这些网络运营，是一个具有 2 000 名左右人员的实际运营团队，在爱尔兰当地规模较大。在实际运作中，G 公司通过爱尔兰有限公司对外支付特许权使用费，降低该公司的应税利润。由于爱尔兰法律规定向欧盟公司支付特许权使用费免征预提税，因此该步骤不承担税负。

（3）大量利润转移到荷兰公司后，由于该公司是一个空壳公司，因此再次通过支付特许权使用费，把利润支付给爱尔兰控股公司。该步骤是合理的，不需要支付预提税。接下来爱尔兰控股公司又把收到的特许权使用费支付给百慕大公司。

爱尔兰控股公司凭借成本分摊协议收取特许权使用费。具体做法是，G 公司总部与爱尔兰控股签订成本分摊协议，定期向美国总部支付成本分摊费用，并获取相应的无形资产使用权。获得无形资产使用权后，爱尔兰控股向下层公司授权，包括技术、品牌等无形资产使用权，以此向下层公司收取特许权使用费。接下来需要确保美国总部签订的成本分摊协议被美国税务局认可，G 公司采取的措施是与美国税务局签订成本分摊的预约定价协议。通过官方预约定价行为，确保向美国总部支付的特许权使用费标准恰到好处，不会被美国税务机关发起转让定价调查。通过该预约定价协议，G 公司就可以合法地把大量利润留存在爱尔兰控股公司，而该公司在爱尔兰也能够合法不缴纳所得税。以上避税结构被称为"双爱尔兰—荷兰"避税模式，通过该方法 G 公司成功地把利润留在中间层，并且使得美国以外的企业所得税税负平均为 6%，远低于美国国内的税负水平。

（四）应对措施

对于以 G 公司为代表的部分互联网企业的避税安排，BEPS 行动计划提出了有针对性的应对措施，主要包括三个可能方面。

（1）反有害税收竞争。爱尔兰政府依靠低税率和特殊的税收规则，使爱尔兰借助低税率优惠成为国际高科技企业的聚集地。欧盟认为这种税制对其他国家构成了不公平的税收竞争。BEPS 行动计划中的反有害税收竞争计划就是为了应对这里以国家政府身份做出的税源争夺行为。

（2）打击混合错配。在本案例中，G 公司设立在爱尔兰的控股公司虽然注册在爱尔兰但是实际管理机构在百慕大，利用爱尔兰特殊的税收居民规定实现了避税安排。这属于典型的税收居民身份错配行为。目前爱尔兰政府已经迫于压力放弃了以实际管理地来认定税收居民企业的法律，代之以注册地认定标准。这体现了国际税改打击混合错配行动计划的成果。

（3）防止规避构成常设机构。在 G 公司案例中，由于 G 公司没有在市场国设立分支机构，导致无法按照现有标准认定常设机构，各国在法理上没有征税依据。这表明在数字经济条件下，现有税收征管理论需要创新，这引发了后续 OECD "双支柱"税收改革。

二、优步公司避税案例

（一）优步公司基本情况

美国优步公司（Uber）是一家交通网络公司，总部位于美国加利福尼亚州旧金山。优步科技有限公司于 2010 年 7 月在美国特拉华州注册成立，优步公司旗下共享打车服务软件优步 App，以手机端移动应用链接乘客和司机，提供打车及实时共乘的服务。优步公司运用数字技术提供共享打车服务，利用打车服务平台集合了众多的司机和乘客，让乘客享受随时随地一键打车服务，调动城市内部的私家车资源，解决了传统出租车行业乘客与司机位置信息传递障碍而导致的乘客打车需求无法得到满足的信息不对称。优步公司通过开发和运营专业打车软件服务 App 之外，随着共享打车平台的司机数量和乘客消费群的扩大，利用其市场影响力和平台的数据基础，拓展了众多的额外数字经济相关业务，比如广告收入、外卖服务、其他出行服务等。优步公司 2019 年企业年报显示，该公司业务范围涵盖全球几十个国家/地区，主要分布在美国、加拿大、拉丁美洲、欧洲、中东、非洲和亚洲（不含东南亚和中国地区），旗下设有五大经营范围，包括共享打车、餐饮外卖、货运、其他投资以及先进技术小组和其他技术计划。

优步公司是数字经济下具有代表性的共享经济模式，依赖用户参与和平台进行价值创造。该公司盈利模式是优步公司利用平台将个人司机与乘客链接起来，消除司机与乘客之间的信息不对称，节约司机的接客成本、提升接单效率，同时以低于传统出租车打车市场的价格提供打车服务，吸引了大量的用户，利用平台监管制度与系统营造了良好的交易平台来促成交易，从中收取 20% 的打车费用作为平台中介服务的佣金，构成公司的主要业务收入。

（二）组织架构和关联交易

优步公司的全球组织架构从美国总部向下包括多个层级，如图 13-2 所示。

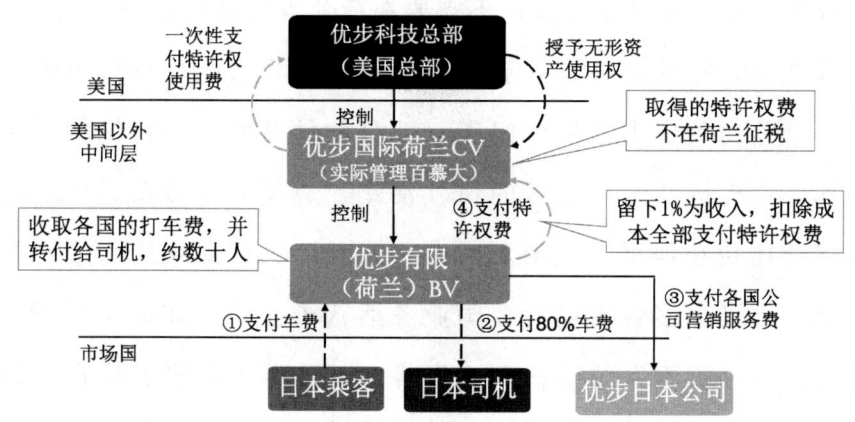

图 13-2　优步公司"双荷兰"关联交易安排

优步美国优步科技总部。该公司是一个经营实体，是优步品牌和无形资产的最终拥有方。该公司负责核心数字技术的研究与开发，例如，平台搭建、WeB应用程序、算法、App开发等，持有商标、算法等核心专利权，负责全球销售和技术人员人力资源的管理。①

优步美国总部下设优步国际荷兰CV合伙企业，该公司实际管理机构设立在百慕大，与G公司架构相似。优步美国总部与荷兰CV合伙企业签订成本分摊协议，将打车服务平台相关的IP所有权转移至优步荷兰CV合伙企业，并收取特许权使用费。

优步荷兰CV合伙企业，下设优步荷兰BV公司，荷兰BV公司向荷兰的CV合伙企业支付特权使用费，形成授权和支付关系。优步荷兰BV公司对接用户和司机，收取用户通过App支付的打车费，并根据算法支付给司机打车费用。大约80%的客户付费会支付给司机，剩下20%的费用部分支付给优步当地公司，作为营销费、运营费和客户维护费。最终优步荷兰BV公司留存大约1%的收入后，其他收入扣除相关费用全部以特许权使用费形式支付给优步

---

① 参见：艾翠云．数字经济下国际税收中价值创造原则面临的挑战及应对——以Uber公司跨国避税为例[D]．成都：西南财经大学，2021．

荷兰 CV 合伙企业。这个支付过程不需要在荷兰支付特许权使用费。

优步荷兰 BV 公司在功能风险上具有较丰富的功能，是集团内实际运营实体之一。该公司负责本地平台组态、部分软件开发、支付结算服务，是电子货币机构，以支持欧洲等地区的付款活动，通过向优步荷兰 CV 合伙企业支付特许权使用费获得平台无形资产（打车程序、派单系统、用户维护系统等）使用权，下设众多各市场所在国业务运营子公司。在人员配置上，该公司有几十个员工，负责系统维护和开发等。其他员工主要安排在各国家和地区的运营公司中，例如优步日本运营公司配置了较多维护人员、售后人员、客户服务人员等。

通过以上组织架构和关联交易分析，可以发现优步公司所谓的荷兰 CV 合伙企业和荷兰 BV 公司的双荷兰转让定价模式与 G 公司相比，属于资产偏重的公司，拥有较多本地运营员工。所以，从利润水平上看，优步公司所获取利润的模式无法和 G 公司模式相比，效率远低于 G 公司的盈利模式。

（三）优步公司转让定价安排特点

优步公司在实行中间层利润堆积的目标方面，没有采用爱尔兰加荷兰的模式，而是采用双荷兰模式，主要是因为优步公司的海外利润有限，打车总收入的 80% 需要支付给司机，留下 20% 的收入还需要支付全球各地的运营公司成本，因此可以转移给荷兰中间层公司的收入非常有限。采用双荷兰结构可以减少组织成本，使实体管理公司荷兰 BV 公司留存少量利润在当地缴税，大部分利润转移至荷兰 CV 合伙企业。这样也可以避免与荷兰政府签订荷兰 BV 公司预约定价的成本。另外，荷兰 CV 合伙企业利用税收居民身份错配避免在荷兰缴税，把利润支付给百慕大公司实现利润归集并少缴税款。

在转让定价价值链贡献方面，优步美国公司通过研发提供了大量的无形资产、研发人员人力资本这两种价值创造要素，对于优步公司全球经济业务的价值创造贡献较大。

优步荷兰 BV 公司拥有平台运营人力资本和少量的无形资产，提供了部分无形资产和部分较为核心的价值创造要素，位于价值链的中偏下游的位置，有一定的价值创造贡献。

优步境外运营子公司主要提供了大量市场的运营推广人员人力资本和市场影响力要素，以及市场国作为地域优势要素的提供方。市场国的地域优势与用户参与要素，是公司商业模式的核心组成部分，贯穿优步公司价值创造全过程，对优步公司的全球价值创造也起了一定的贡献作用。

荷兰 CV 合伙企业仅通过经济协议安排取得了无形资产使用权，并只配备了少量的工作人员，实质上基本没有参与价值创造要素的提供。仅通过协议安排持有无形资产经济收益权，靠近价值链中部并且没有提供实质性的价值创造要素，对于价值创造贡献发挥的作用很小。

最终，在主要价值创造地美国、外国子公司市场国境内，优步美国母公司和优步运营公司扣除高额的特许权使用费后获得的利润极低，导致其负担的公司所得税实际税负率远低于当地公司所得税税负率。最终转让定价的结果是，优步美国母公司长期亏损，荷兰 BV 公司实际税负仅为 1%～3%，荷兰 CV 合伙企业贡献极少但获得大量利润，且无需缴纳税金。

第十四章

受控外国企业反避税实战

本章介绍受控外国企业反避税理论及案例。美国跨国企业集团母公司有一项普遍采用的转让定价降低税负的安排,把全球经营架构按收入来源划分为美国境内的销售收入体系和美国以外的销售收入体系两大部分。通过复杂的境外中间层转让定价利润归集安排,可以做到美国以外取得的利润税负远远低于美国境内取得的利润税负。能够达到以上避税效果,除了搭建中间层架构、预约定价、成本分摊、居民身份错配等一系列安排,还需要能够规避美国受控外国企业规则,否则美国以外实现的利润仍然需要按照美国税法缴纳所得税,无法做到将大量利润囤积在低税地或避税地。受控外国企业规则本意是避免跨国企业将海外利润归集、留存在境外中间层,并且一直不做分配的反避税措施,为什么美国的受控外国企业规则会出现例外?我国也有类似的受控外国企业反避税规则,该规则的实质是什么?有什么具体规定?这是本章将向读者介绍的内容。

本章分为两个部分:一是介绍我国受控外国企业税收规定,以及中美两国相关受控外国企业税收规则的对比情况;二是以我国受控外国企业规则为例,介绍我国首例受控外国企业反避税案例,以及该案例的启示。

第一节　我国受控外国企业税制

受控外国企业（Controlled Foreign Corporation，CFC）是由居民企业直接或间接控制的境外独立法人实体。跨国企业通过受控外国公司，把本该属于居民国（母公司）的利润以不作分配或减少分配的方式滞留在海外，以此达到不缴税或少缴税的目的。

我国当前制定受控外国企业规则的主要法律依据是《企业所得税法》第四十五条："由居民企业，或者由居民企业和中国居民控制的设立在实际税负明显低于本法第四条第一款①规定税率水平的国家（地区）的企业，并非由于合理的经营需要而对利润不作分配或者减少分配的，上述利润中应归属于该居民企业的部分，应当计入该居民企业的当期收入。"

对于以上原则性规定，《企业所得税法实施条例》分别进行了解释。其中，《企业所得税法实施条例》第一百一十六条对我国税收居民的概念进行了解释："企业所得税法第四十五条所称中国居民，是指根据《中华人民共和国个人所得税法》的规定，就其从中国境内、境外取得的所得在中国缴纳个人所得税的个人。"

《企业所得税法实施条例》第一百一十七条对居民企业的控制做出解释，即企业所得税法第四十五条所称控制，包括：①居民企业或者中国居民直接或者间接单一持有外国企业10%以上有表决权股份，且由其共同持有该外国企业50%以上股份；②居民企业，或者居民企业和中国居民持股比例没有达到上述第①项规定的标准，但在股份、资金、经营、购销等方面对该外国企业构成实质控制。

---

①　《企业所得税法》第四条第一款规定,企业所得税的税率为25%。

《企业所得税法实施条例》第一百一十八条对实际税负明显低于《企业所得税法》的标准进行了明确："企业所得税法第四十五条所称实际税负明显低于企业所得税法第四条第一款规定税率水平，是指低于企业所得税法第四条第一款规定税率的50%。"①

以上规定理解起来有一定难度，其主要目的是对最终控制方是中国税收居民的"走出去"企业，如果在境外设立企业，则可能对其适用这项反避税规则。当境外设立的企业出于非合理经营需要在境外囤积了利润，且不向境内母公司分配利润或减少分配利润，对这部分应归属中国母公司的利润，应计入居民企业母公司的当前收入征税（我国居民企业取得非居民企业分配利润不享受免税），中国税务机关以上征税依据是《企业所得税法》第四十五条。

在具体判定中国居民企业是否应补缴税款方面，判断标准是《企业所得税法实施条例》相关第一百一十六条、第一百一十七条、第一百一十八条规定。具体来说，需要满足控制标准，税负明显偏低标准等具体规定。

受控外国企业还包括受我国税收居民个人控制的外国企业。2018年我国实施的新《个人所得税法》第八条第（二）款规定："居民个人控制的，或者居民个人和居民企业共同控制的设立在实际税负明显偏低的国家（地区）的企业，无合理经营需要，对应当归属于居民个人的利润不作分配或者减少分配。税务机关有权按照合理方法进行纳税调整。"这是我国《个人所得税法》第一次加入受控外国公司条款。

以上受控外国企业反避税规定是所得税法层面的原则性规定，在具体实施中还要依据《特别纳税调整实施办法（试行）》（国税发〔2009〕2号印发）第八章"受控外国企业管理"部分的详细规定进行。

《特别纳税调整实施办法（试行）》（国税发〔2009〕2号印发）首先对受控外国企业的概念和股权关系进行了详细规定。该办法指出，受控外国企业

---

① 即实际税负低于12.5%。

是指根据《企业所得税法》第四十五条的规定，由居民企业，或者由居民企业和居民个人（以下统称中国居民股东，包括中国居民企业股东和中国居民个人股东）控制的设立在实际税负低于《企业所得税法》第四条第一款规定税率水平50%的国家（地区），并非出于合理经营需要对利润不作分配或减少分配的外国企业。

所谓控制，是指在股份、资金、经营、购销等方面构成实质控制。其中，股份控制是指由中国居民股东在纳税年度任何一天单层直接或多层间接单一持有外国企业10%以上有表决权股份，且共同持有该外国企业50%以上股份。中国居民股东多层间接持有股份按各层持股比例相乘计算，中间层持有股份超过50%的，按100%计算。文件这里详细规定了多层控制时的控制标准计算问题。

《特别纳税调整实施办法（试行）》（国税发〔2009〕2号印发）第八十条规定了受控外国企业应税所得计算标准。当一个外国公司被适用受控外国企业规则时，对于未进行或者减少分配的利润，应计入居民股东的当期收入，视同该外国企业向境内股东分配利息。

$$\text{中国居民企业股东当期所得} = \text{视同股息分配额} \times \text{实际持股天数} \div \text{受控外国企业纳税年度天数} \times \text{股东持股比例}$$

(14-1)

中国居民股东多层间接持有股份的，股东持股比例按各层持股比例相乘计算。

该办法还规定了三种情况可以免予股息视同分配的情况。中国居民企业股东能够提供资料证明其控制的外国企业满足以下条件之一的，可免予将外国企业不做分配或减少分配的利润视同股息分配额，计入中国居民企业股东的当期所得：①设立在国家税务总局指定的非低税率国家（地区）；②主要取得积极经营活动所得；③年度利润总额低于500万元人民币。

中国受控外国企业规则的总体原则是对境外的受控企业取得消极所得，实行有条件征税。征税的项目是视同境内企业取得境外股息分配收入，适用25％企业所得税税率或20％个人所得税税率。我们可以认为中国的受控外国企业规则是一种受严格限制的反避税措施。

美国是全球首个制定受控外国企业税制的国家，1962年美国在《国内收入法典》F分部引入了受控外国企业税制。总体而言，美国的受控外国企业税制是在防范税基侵蚀与维护企业海外竞争力之间妥协的产物，虽然在一定程度上能够起到打击延迟纳税和逃避税的效果，但为了维护企业海外竞争力，受控外国企业税制也为延迟纳税乃至逃避税留下了一定空间。[①]

在美国税法中，对受控外国企业的定义为，受控外国企业是指那些在避税地设立的由本国居民直接或间接控制的外国企业。凡有选举权股票的50%以上被美国股东掌握的外国公司，即受控外国企业。"美国股东"，在这里系指任何美国公民或具有美国居民身份的个人、合伙组织或法人实体，握有该外国公司有选举权股票的10%或10%以上者。这样一个美国股东，在他的应纳税所得额中，必须把该外国受控企业应分配给他的所得额包括在内，即使尚未分配也要计入。

美国的受控外国企业规则的复杂之处在于不仅存在复杂的征税规则，还有复杂的豁免规则和打钩排除规则。这两类只要满足其中之一，境外受控企业利润就可以避免被美国税务机关征税。美国受控外国企业所得豁免规则包括"同一国家所得排除（same country exclusion）"规则和生产制造例外（manufacturing exception）。具体而言，首先，适用受控外国企业规则的境外企业的收入应由两类型组成：与关联方有关的销售商品、提供服务的积极收入和股息、利息等消极收入。如果受控外国企业进行积极营业活动，取得来自

---

① 参见：陈镜先，孙奕. 受控外国公司税制的最新发展与经验借鉴[J]. 国际税收，2021(5)：49-56.

非关联方的收入部分不属于应税所得。其次,受控外国企业自己制造产品销售获得的所得不属于应税所得。在实际中,受控外国企业只要满足以下两个条件之一就可以获得受控外国企业规则豁免:一是对从关联方购进的原材料进行了实质性加工,改变了原材料的原有特性并形成新的最终产品;二是受控外国企业从关联方购买部件进行资产建造,这些部件属于初始原料且其包含了制造、生产和建造的过程。

此外,美国受控外国企业规则还可以通过打钩规则加以规避。美国受控外国企业规则允许纳税人可以选择境外实体的身份,包括选择为公司、合伙企业、无实体。比如美国公司在中国根据公司法投资设立一个有限责任公司,在美国税法下可以通过打钩规则选择将其视为无实体。结果是,在美国税法下,中国公司被视为美国公司的一个分支机构,两者属于同一个法人。美国颁布打钩规则的初衷是避免纳税实体认定的复杂问题,减轻纳税人的负担。如果说美国公司境外设立的子公司选择为无实体的身份,在美国税法中这些境外子公司相当于不存在,其取得的收入在美国税法中不会被征税。

美国当前受控外国企业税制规则,在本质上体现了美国跨国企业和立法机构的博弈结果,正是由于存在美国受控外国企业征税的豁免和打钩规则,美国跨国企业当前普遍采用的基本跨国避税模式是将本国和本国以外的体系一分为二。我们可以认为美国的受控外国企业规则本质上是一种不征税规则,也是一种妥协的政策,这与中国当前的受控外国企业反避税措施是两种不同性质的规则。

第二节 受控外国企业反避税案例

本节介绍我国首例受控外国企业反避税案例,通过这个案例了解该受控外国企业反避税案例的案源发现情况、税务机关的处理思路,以及税企争议处理等问题。

【案例 14-1】

一、案例基本情况①

我国境内 A 公司于 1999 年设立,是由 5 个自然人每人持股 20% 控制,注册地址在某省工业园,注册资本为 6 000 万元,主要从事化工产品销售。A 公司在香港设立全资子公司 B 公司,注册资本为 310 万美元,主要从事国际贸易、信息咨询、投资业务。香港 B 公司董事会成员胡某等 5 人均由 A 公司委派。香港 C 投资有限公司(以下简称香港 C 公司)是 B 公司在香港设立的全资子公司,该公司持有中国境内三家外商投资企业(D 化学有限公司、E 化学有限公司、F 有限公司)各 90% 的股份。

2011 年 7 月 26 日,香港 B 公司与荷兰某公司签订了股权转让协议,将香港 C 公司的全部股权转让给该荷兰公司。该荷兰公司实际取得中国境内三家外商投资企业(D 化学有限公司、E 化学有限公司、F 有限公司)90% 的股份。扣除相关股权成本,香港 B 公司最终取得股权转让收益 3 亿元。

为享受《企业所得税法》第二十六条规定的"符合条件的居民企业之间的股息、红利等权益性投资收益"免税待遇,香港 B 公司向税务机关提出居民企业身份认定申请,该申请上报国家税务总局后未予审批同意。后续,A 公司主管税务机关在掌握该公司股权结构的基础上,对香港 B 公司未及时向母公司 A 公司分配利润的问题展开了深入调查,认定其存在应当归属于母公司 A 公司的利润,B 公司一直未做分配。

二、案件处理依据及结果

香港 B 公司作为 A 公司在香港设立的全资子公司,与 A 公司构成关联

---

① 参见:郗杰,王海军,刘思文,王永庆. 利润应该归属谁?——国内首例运用受控外国企业反避税案的启示[J]. 国际税收,2015(6):77-78.

关系。根据《企业所得税法》第四十五条和《国家税务总局特别纳税调整实施办法（试行）》（国税发〔2009〕2号印发）第七十六条的规定，受控外国企业是指根据《企业所得税法》第四十五条的规定，由居民企业或者由居民企业和居民个人控制的设立在实际税负低于《企业所得税法》第四条第一款规定税率水平50%的国家（地区），并非出于合理经营需要对利润不作分配或减少分配的外国企业。因此，该省地方税务局将股权转让取得的所得视为受控外国企业进行所得税的处理，对其利润中应归属于A公司的部分，计入居民企业的当期收入，据以计算缴纳企业所得税。

根据A公司与香港B公司之间的关联关系及业务处理，税务机关认为存在如下事实：

（1）香港B公司实际上由中国居民企业A公司控制。

（2）香港B公司虽然设立在香港，香港的企业所得税是16%，但是香港对来源于香港以外的所得不征收所得税，其取得股权转让的税负实际为零。

（3）香港B公司的股权转让所得为消极所得，且非出于合理经营需要，对利润不做分配。

基于以上事实，税务机关认为香港B公司完全符合受控外国企业特别纳税调整事项管理的条件，归属其母公司——A公司的利润3亿元，需要进行特别纳税调整。截至2014年9月24日，A公司已申报税款8 452万元，其中申报境外利润三期共计2亿元，入库企业所得税5 177万元；对个人股东分配股息红利1.6亿元，入库个人所得税3 275万元。

三、案例分析

首先，该案例发现的契机是由香港B公司向境内税务机关申请成为境外注册中国税收居民所引发，以企业申请失败告终。根据《国家税务总局关于境外注册中资控股企业依据实际管理机构标准认定为居民企业有关问题的通知》(国税发〔2009〕82号)的标准,认定为中国居民企业的核心条件是满足第二条"境外中资企业同时符合以下条件的,根据企业所得税法第二条第二款和实施条例第四条的规定,应判定其为实际管理机构在中国境内的居民企业,并实施相应的税收管理,就其来源于中国境内、境外的所得征收企业所得税。(一)企业负责实施日常生产经营管理运作的高层管理人员及其高层管理部门履行职责的场所主要位于中国境内;(二)企业的财务决策(如借款、放款、融资、财务风险管理等)和人事决策(如任命、解聘和薪酬等)由位于中国境内的机构或人员决定,或需要得到位于中国境内的机构或人员批准;(三)企业的主要财产、会计账簿、公司印章、董事会和股东会议纪要档案等位于或存放于中国境内;(四)企业1/2(含1/2)以上有投票权的董事或高层管理人员经常居住于中国境内以及第三条的要求,对于实际管理机构的判断,应当遵循实质重于形式的原则。

由于香港B公司的董事会由A公司派驻香港人员组成,在香港有实际运作,因此很可能税务机关根据该情况,认为香港B公司不满足认定为境外注册中国居民企业的标准。

其次,要运用受控外国企业规定实施反避税措施,需要同时满足两个条件:一是构成关联关系,该条符合;二是香港B公司对其母公司不做利润分配的行为"并非出于合理经营需要",这是适用特别纳税调整的主观要件。在这里"其他不具有合理商业目的的安排"被作为兜底条款列入其中。"不具有合理商业目的"成为适用一般反避税规则的核心要件被各国广泛应用于一般反避税立法及实践,但该要件没有具体详细的定义。因此,税务机关根据实质重于形式的判断认为存在不具有合理商业目的的安排不分配利润的行为,是具有法律依据的。

四、税企争议

香港 B 公司转让股权的行为是否属于积极的经营活动，是双方争议的焦点。如果属于积极经营活动，则税务机关无法适用受控外国企业征税条款。该分析过程是比较困难的，需要分析香港 B 公司的功能风险进行判断。香港 B 公司认为其转让股权的行为是一种投资行为，属于积极经营活动。而税务机关认为，股权转让的所得在国际上通常被认为是消极所得，并且香港 B 公司除此以外没有其他所得。就本案例来看，如果香港 B 公司在香港有实际的投资团队，有投资案例，那么有可能被认定为一个投资公司，从这个角度来说属于取得积极的经营所得。但是该案例中香港 B 公司除该笔转让所得以外，没有其他投资行为，因此可以认为香港 B 公司很有可能是专门为持股而设立的公司，其股权转让行为只是一个受控的交易行为。

另一个争议点是，香港是否属于低税负地区。香港 B 公司认为香港的税负不低于 12.5%，存在工薪税、企业所得等；税务机关认为香港在该业务上属于低税负地区，因为香港对资本利得不征税。这也是对税收文件相关条款理解的深化，并不一定是总税负低于我国《企业所得税法》规定税负的 50%，如果是某个单项所得可以对照该具体所得的税负进行判断。香港是一个自由港，是亚太金融交易中心，金融业是香港的支柱行业之一。香港特区政府为了扶持金融业发展，规定了特殊的金融业税收政策，对于股权转让这种资本利得和香港以外的所得不征税。从该角度来看，香港属于低税负地区。

【案例 14-2】 香港子公司被认定为受控企业征税。

一、案例基本情况①

内地 A 公司 2006 年 9 月在香港设立了全资的子公司 B 公司，A 公司是我国内地居民企业，注册于某省某工业园区。自 2006 年成立至今，香港 B

---

① 参见：潘锦钰. 我国受控外国公司规则研究[D]. 昆明：云南财经大学，2019.

公司在每个纳税年度都处于亏损状态，从未缴纳过税款。香港B公司自20×4年公司开始盈利，20×5年全年实现净利润3 115.6万元，但利润从未对内地母公司A公司分配。根据我国《企业所得税法》及特别纳税调整实施办法的相应规定，如果消极所得留存在境外，并出于非合理商业目的，不对境内母公司分配利润，且境外公司所在地为低税率地区或避税地，则境外企业可能被认定为受控境外企业，其消极所得应视同分配给境内母公司，按照《企业所得税法》缴纳相应税款。据此中国税务机关认定其大额未分配利润存在避税嫌疑，并对A公司和B公司展开了特别纳税调整调查。

二、案件争议

围绕该案件是否符合我国受控境外企业特别纳税调整的适用条件，税企双方存在以下主要争议：

(一) 香港是否属于低税率地区

企业方面认为子公司B公司成立于香港地区，按照香港地区的公司利得税法，产生于香港的收入需要按照香港地区税法缴纳税款，税率为16.5%，因此高于我国内地企业所得税税率的50%（即12.5%），并未处于低税率地区，不应当被认为受控外国企业。

税务机关认为，B公司所取得的全部收入均不是来源于香港地区产生的实质性经营活动收入，并且所有收入均为股权转让收入，没有发生任何实质性商业活动。根据香港地区税法规定，资本利得无需缴纳香港公司利得税，其所得在香港税负为零，远远低于我国企业所得税率的50%。

(二) 所得性质认定

我国税务机关与A公司的第二个争议点是B公司股权转让所得的性质是否为消极所得。A公司举证《特别纳税调整实施办法（试行）》第八十四条的规定，如果企业的经营收入为积极经营活动所得，则企业不应被判断为受控外国企业，而B公司的所有收入来源均为积极的投资活动所得，应当被认定为积极所得，不符合受控外国公司条件。

税务机关认为，B公司20×3至20×5年度财务报表显示，B公司全部收入均来源于持有的股息分红和转让股权所得，并无任何实质性的生产经营活动，再比对香港公司利得税不对股息、红利及股权转让收入征税的规定可知，其收入应当被定性为消极所得。据此认定香港B公司的设立完全是出于规避我国纳税义务的目的。按照国际税收管理的惯例，类似的股息、红利和股权转让收入都属于基于非真实经营活动产生的所得，应当归属于消极所得。

（三）不分配利润的原因是否具有合理商业目的

A公司举证认为B公司分配利润是出于企业的长远计划考虑，其不分配利润是为了B公司将来的发展，这应当可以被认定为合理商业目的，出于该原因认定B公司相应安排不具有合理经营需要是不合理的。

税务机关通过调查后有如下两点意见：第一，B公司按照香港公司利得税等相关法规，不需要也并没有在当地就其收入缴纳税款，其实际税负为零。第二，B公司20×4年和20×5年两年的未分配利润在未汇回母公司的情况下，也没有用于正常的生产经营活动，故A公司所称出于长远计划的理由不充分。据此可以认定B公司不作利润分配并非出于"合理商业目的"，而是有着明显的避税意图，应当被判定为受控外国企业，对未分配利润进行特别纳税调整。

三、处理结果

税务机关结合详细的政策依据，最终处理意见是母公司A公司应视同收到香港B公司分配的境外利润，调增当年应纳税所得3 115.6万元，补缴企业所得税778.8万元。

第三节　自测练习

一、单选题

1. 非境内注册居民企业发生终止生产经营或者居民身份变化情形的，应当自停止生产经营之日或者国家税务总局取消其居民企业之日起（　　）日内，向其主管税务机关办理当期企业所得税汇算清缴。

    A. 10

    B. 20

    C. 30

    D. 60

    【参考答案】　D

2. 非居民企业 A 公司持有境外 B 公司（不属于境外注册中国居民企业）100%股权，B 公司持有境内 C 公司 100%股权和境外 D 公司 100%股权。现 A 公司将其持有的 B 公司 100%股权转让给 E 公司，股权转让价格为 3 000 万元，转让基准日 C 公司公允价值为 4 000 万元。假设因不具有合理商业目的被认定为直接转让境内 C 公司股权，则该股权转让收入为（　　）万元。

    A. 1 000

    B. 2 000

    C. 3 000

    D. 4 000

    【参考答案】　D

3. 居民企业在境外设立不具有独立纳税地位的分支机构取得的各项境外

所得，计入该居民企业应纳税所得额的时间是（　　）。

A. 做出纳税申报的当天

B. 做出利润分配决定的当天

C. 汇回中国境内的当天

D. 无论是否汇回中国境内，均应计入该企业所属纳税年度的境外应纳税所得额

【参考答案】 D

4. 某居民企业2022年境内所得200万元，境外分支机构亏损300万元，则该境外分支机构可以无期限向后结转弥补的亏损额为（　　）万元。

A. 100

B. 200

C. 300

D. 0

【参考答案】 B

二、多选题

1. 中资企业或其中国主要投资者向税务机关提出居民企业申请时，应同时向税务机关提供（　　）。

A. 企业法律身份证明文件

B. 企业集团组织结构说明及生产经营概况

C. 企业最近一个年度的公证会计师审计报告

D. 负责企业生产经营等事项的高层管理机构履行职责的场所的地址证明

E. 企业董事及高层管理人员在中国境内居住工作记录；企业重大事项的董事会决议及会议记录

F. 主管税务机关要求的其他资料

【参考答案】 ABCDEF

2. 中资企业同时符合（　　）条件的，应判定其为实际管理机构在中国境内的居民企业（非境内注册居民企业），并实施相应的税收管理，就其来源于中国境内、境外的所得征收企业所得税。

   A. 企业负责实施日常生产经营管理运作的高层管理人员及其高层管理部门履行职责的场所主要位于中国境内

   B. 企业的财务决策和人事决策由位于中国境内的机构或人员决定，或需要得到位于中国境内的机构或人员的批准

   C. 企业的主要财产、会计账簿、公司印章、董事会和股东会议纪要档案等位于或存放于中国境内

   D. 企业 1/2（含 1/2）以上有投票权的董事或高层管理人员经常居住于中国境内

【参考答案】 ABCD

3. 可抵免境外所得税税额，是指企业来源于中国境外的所得依照中国境外税收法律以及相关规定应当缴纳并已实际缴纳的企业所得税性质的税款，但不包括（　　）。

   A. 按照境外所得税法律及相关规定属于错缴或错征的境外所得税税款

   B. 按照税收协定规定不应征收的境外所得税税款

   C. 因少缴或迟缴境外所得税而追加的利息、滞纳金或罚款

   D. 境外所得税纳税人或者其利害关系人从境外征税主体得到实际返还或补偿的境外所得税税款

   E. 按照我国《企业所得税法》及其实施条例规定，已经免征我国企业所得税的境外所得负担的境外所得税税款

   F. 按照国务院财政、税务主管部门有关规定已经从企业境外应纳税所

得额中扣除的境外所得税税款

【参考答案】 ABCDEF

4. 国家税务总局认定终止非境内注册居民企业居民身份的,应当将相关认定结果同时书面告知(　　)的主管税务机关。

   A. 境内投资者

   B. 境内被投资者

   C. 境外投资者

   D. 境外被投资者

【参考答案】 AB

5. 居民企业股东能够提供资料证明其控制的外国企业满足以下条件之一的,可免于将外国企业不做分配或减少分配的利润视同股息分配额,计入中国居民企业股东的当期所得的有(　　)。

   A. 设立在国家税务总局指定的非低税率国家（地区）

   B. 设立在12.5%以下税负的国家（地区）

   C. 主要取得积极经营活动所得

   D. 年度利润总额低于500万元人民币

【参考答案】 ACD

三、判断题

1. 有关国家为了实现特定目标而规定不同形式和程度的税收优惠,并采取征收后由政府予以返还或补偿方式退还的已缴税额,对此,企业应从其境外所得可抵免税额中剔除该相应部分。（　　）

【参考答案】 √

2. 企业来源于境外的股息、红利等权益性投资收益所得,若实际收到所得的日期与境外被投资方做出利润分配决定的日期不在同一纳税年度

的，应按照实际收到的日期所在的纳税年度确认境外所得。（　　）

【参考答案】　×

3. 非居民企业为中国境内客户提供劳务取得的收入，其提供的服务同时发生在中国境内外的，应就其在境内外取得的所有劳务收入申报缴纳企业所得税。（　　）

【参考答案】　×

第十五章
无形资产成本分摊协议实战

本章介绍无形资产成本分摊协议在转让定价安排中发挥的作用,以及国外跨国企业运用成本分摊协议的避税案例。通过本书之前章节介绍,读者可以看到成本分摊协议在高无形资产价值的跨国企业整体转让定价安排中处于核心地位之一。因为跨国企业特别是依赖无形资产的高科技公司进行跨国利润转移的主要工具是支付特许权使用费,而成本分摊协议能够帮助跨国企业本土以外的被授权企业以较低的交易成本取得无形资产权益,用于对外进行无形资产许可授权,进而从不同市场国(或地区)收取特许权使用费。如果不使用成本分摊协议,那么跨国企业母公司就需要与境外无形资产节点之间参照市场价值进行无形资产交易,这对于企业集团来说会增加大量内部交易成本,并因此产生高额税负。美国跨国企业正是通过成本分摊协议,把无形资产从美国转移到境外,该转移每年都会发生非常大的交易量,使其以一种非常低成本的方式进行转移,是美国跨国企业必须搭建的税务安排,甚至这样的无形资产转移可能得到政府背书,可以签订成本分摊预约定价协议,把无形资产转让定价安排合法化。

成本分摊协议虽然在理论上与无形资产和劳务的关联交易都可能相关,

但在实务中，无形资产通常和成本分摊协议联系最紧密。本章第一节介绍成本分摊协议的税收原理，主要帮助大家了解成本分摊协议为什么能够起到转让定价降低税负的作用；第二节介绍成本分摊协议安排下的国际转让定价税务案例，分别以亚马逊公司和微软公司为例，介绍美国跨国企业怎么样运用成本分摊协议工具为整体集团创造价值的过程。

第一节　成本分摊协议税收原理

成本分摊协议通常是一种跨国企业对于无形资产的事前税收安排，它的最大作用是能够降低关联方之间无形资产转移带来的所得税、特许权使用费、流转税等较高的交易成本，简化无形资产交易支付方式，是一种适用于功能复杂的具有较多无形资产关联交易的跨国企业之间的转让定价工具。从这个角度来说，它具有较强的事前规划性，是具有进取性的转让定价工具。但是要想成功运用这一工具，有较大的技术难度。

根据 BEPS 理论的解释，成本分摊协议是一种特殊的合同安排，用来约定合同各参与方在共同开发、生产或受让无形资产或服务时各自应做出的贡献和需要承担的风险，并预期上述无形资产或服务会为各参与方创造收益。如果成本分摊协议未对各参与方的贡献和收益进行合理评估，将导致后续开展的经济活动发生利润转移，税务机关对此有进行后续管理和调整的权力。如果单看这一解释，只能了解成本分摊协议的特点和运作原理，并不能深入理解成本分摊协议带来的好处，这也是目前很多介绍成本分摊协议的文章所缺少的内容。

成本分摊协议能带给企业的利益是，在支付形式上使得跨国集团成员之间用共同负担成本的方式取代无形资产和劳务交易的方式，降低无形资产和劳务交叉授权使用带来的税务成本，并且简化多重复杂的关联企业之间交易的定价问题。以下通过一个案例来说明实施成本分摊协议前后对跨国集团内部交易各方损益造成的重大影响。

【案例15-1】 某高科技跨国集团内部实施成本分摊协议前无形资产的开发和交易情况，如图15-1所示。

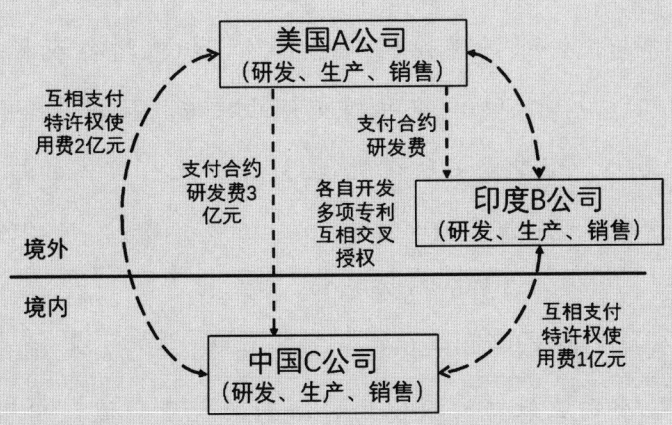

图15-1 实施成本分摊协议前关联交易情况

一、案例基本情况

该跨国集团在世界主要国家都设立了地区公司，每个地区公司都有比较完整的研发、生产和销售功能，同时承担相应的风险，属于功能风险比较全面的全职能生产商。不同的是，集团内各公司在不同国家市场的产品有所不同，因此各自研发的技术不完全相同，具有一定的差异性。但也会使用很多共同的技术，也有很多技术凭借一方的力量难以完成研发，因此集团各成员之间会签署委托研发的合同。为了避免重复投入，集团内成员约定，对于委托研发，由委托方按照完全成本加成9%支付研发费用；同时集团成员之间按照销售收入的5%向对方支付技术特许权使用费。中国C公司每年投入共同技术研发的费用是10亿元，美国公司是20亿元，印度公司为5亿元。

假设中国C公司是高新技术企业,其特许权使用费的支付情况是向美国公司支付2亿元、向印度公司支付1亿元;收取美国公司支付的3亿元合约研发收入。以下是中国C公司负担的各项税款计算。

(1)中国C公司支付特许权使用费代扣代缴的税费。中国C公司主要代扣代缴非居民企业增值税及其附加和企业所得税,并承担非居民应缴纳的各项税费,非居民企业所得税税率是10%,扣缴增值税税率6%,扣缴附加税费率10%。中国C公司全年所支付的特许权使用费合计需要缴纳增值税2 013.42万元,缴纳企业所得税3 355.7万元。具体计算过程如下:

应扣缴企业所得税 = 30 000 ÷ (1 − 10% − 6% × 10%) × 10%

= 3 355.7(万元)

应扣缴增值税 = 30 000 ÷ (1 − 10% − 6% × 10%) × 6% = 2 013.42(万元)

(2)中国C公司收取特许权使用费缴纳的税费。假设中国C公司取得的3亿元特许权使用费收入符合跨境免增值税政策。根据中美、中印之间的税收协定,中国C公司从美、印两国取得特许权使用费时被代扣代缴企业所得税,且这部分已在境外缴纳的企业所得税可以在我国企业所得税汇算清缴时申请进行企业所得税抵免,并假定抵免后不需要补缴企业所得税。

(3)中国C公司取得合约研发收入缴纳的税费。假设中国C公司取得的3亿元收入符合跨境免增值税政策,企业所得税按15%税率,大约需要缴纳1 300万元企业所得税。

根据以上税款计算,中国C公司大约需要在我国境内合计缴纳(或负担)增值税2 013.42万元,企业所得税4 655.7万元(3 355.7 + 1 300)。这部分税款本质上是内部关联交易产生的额外交易成本。

除此之外,中国C公司还可能面对收取合约研发费加成率和支付特许权使用费率是否符合独立交易原则的反避税调查风险。另外,目前集团内相互授权支付特许权使用费的模式需要针对众多项目进行计算评估,管理难度很大，成本很高。

二、成本分摊协议的税收收益

为了解决跨国集团内部在支付特许权使用费共享技术中存在的问题，该集团内的成员达成了一项成本分摊协议，并在税务机关进行了备案。在这项成本分摊协议中，跨国集团就共享技术设立了一个虚拟的成本池，按照目前的研发费用标准投入，成本分摊执行情况如图15-2所示。

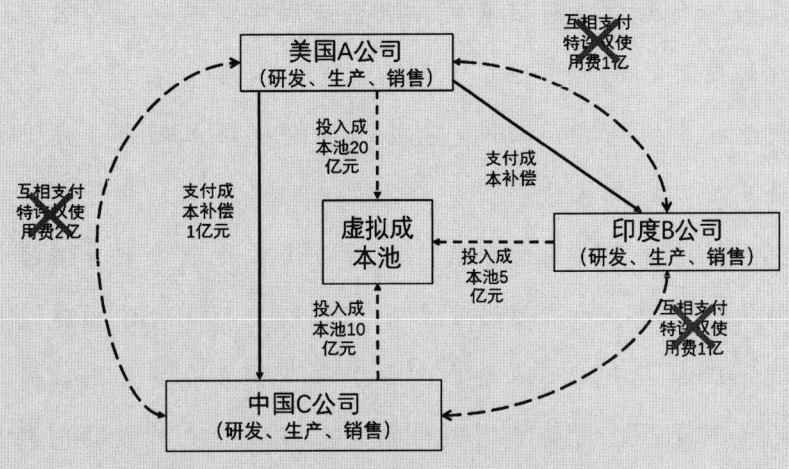

图15-2 成本分摊协议签订后关联交易情况

签署成本分摊协议后，根据《特别纳税调整实施办法（试行）》（国税发〔2009〕2号印发）第六十五条，"参与方使用成本分摊协议所开发或受让的无形资产不需另支付特许权使用费"。因此，签订成本分摊协议后，中国C公司就不需要再以支付特许权使用费的形式向其他各方支付特许权使用费，因此可以部分避免以上内部交易产生的2 013.42万元增值税和4 655.7万元企业所得税的交易成本。由于投入虚拟成本池的10亿元代表未来计划投入，暂不考虑这部分投入当前对损益造成的影响，仅考虑成本分摊协议取代特许权使用费和劳务费部分对损益造成的影响。中国C公司仅需要按照成本分摊协议收到的美国A公司支付的1亿元成本补偿费缴纳企业所得税，比成本分摊协议实施前收到3亿元成本补贴少缴纳大部分企业所得税。这部分节省的税款本质上是节约的交易费用，也是实施成本分摊协议后直接带来的收益。

在这里有必要解释签订成本分摊协议为什么可以起到减少税负的作用。如果集团内的关联企业之间需要使用对方的技术，根据独立交易原则，关联企业间相互使用资源，也应该比照非关联企业之间依据公允价值支付报酬。特别是当分别属于不同国家的关联企业发生交易时，各自主管税务机关都会关注这些交易是否侵蚀了本国的税基，是否发生了不利于本国的利润转移。对于技术的拥有国来说，税务机关会要求本国企业向使用技术一方国家的企业收取特许权使用费，作为成本的补偿和回报；对于技术使用国来说，税务机关会关注本国企业支付的特许权使用费计算依据是否超过了可比公允价值水平，如果超过了本国税务机关会认为该项特许权使用费支付存在避税疑点。由此可以看出，由于存在独立交易原则，跨国集团成员之间使用无形资产，需要采用支付模式来解决成本补偿的问题，并且由于双方税务机关的监管，这个支付价格既不会很高也不会很低，而是以一个比较平衡的支付水平进行。因此，对于收付特许权使用费的双方来说，需要在各自国内缴纳预提所得税和其他税费。

以中国为例，根据我国《企业所得税法》和增值税税收政策规定，中国境内企业对外支付特许权使用费时，需要向税务机关代扣代缴支付额10%的预提所得税，以及代扣代缴服务项目销售额6%的增值税。因此，以支付特许权使用费的模式作为使用技术的代价，直接导致的税收负担大约占支付金额的10%。尽管中国境内企业支付的特许权使用费可以在企业所得税前扣除，代扣代缴的增值税可以抵扣本企业的销项税，但是无论怎样处理或者由谁负担，这些支付的税费都会减少整个集团的税后利润。如果跨国集团内部存在大量相互交叉支付的特许权使用费，那么仅每年由于互相支付特许权使用费而导致的各类税收负担就可以高达一个非常大的金额。即使以中国的标准来看，这部分仅税收负担就在10%左右，如果加上其他管理成本，将会达到一个非常高的水平。

假如跨国集团能够通过成功实施成本分摊协议，把这些不产生实际价值的交易费用投入到真实的研发活动中去，不但可以减轻企业税负，还可以增强企业的研发实力，属于一举多得的重大举措，这对于集团整体来说都是极大的利好。

成本分摊协议除了可以减少高额的税收负担，还具有平衡税负的作用。在满足成本分摊协议必要条件的情况下，由于无形资产的成本分摊协议可能存在"加入支付"和"退出补偿"的情况，因此对无形资产采用成本分摊的途径比单纯以某种方式支付特许权使用费的模式要更加丰富，如果使用得当，可以起到有效的企业税负管理的作用。例如，成本分摊协议可以在存在税率差异的国家和地区间运用，只要符合税收政策精神和合理商业目的，存在经济实质的成本分摊协议完全可以进行规划调整。比如，如果研发活动发生在高税负的地区，比起支付特许权使用费，成本分摊协议将对企业更有利。因为特许权使用费被成本取代，此时企业完全可以筹划选择采用成本分摊协议。如果研发活动发生在低税负地区，企业可以根据特许权使用费的征税情况和是否可以税前扣除，合理选择是否采用成本分摊协议的形式进行研发。①

三、我国成本分摊协议的税收规定

（1）《特别纳税调整实施办法（试行）》（国税发〔2009〕2号印发）第七章。该实施办法规定了成本分摊协议应具备的主要条款和内容，属于实质性规定；根据《特别纳税调整实施办法（试行）》（国税发〔2009〕2号印

---

① Orset K. Cost contribution arrangement: an efficient tax-planning tool [D]. Bergen: Norwegian School of Economics, 2014.

发）第七十三条的规定，企业执行成本分摊协议除了备案管理方式，还可以申请以预约定价的方式执行成本分摊协议。

（2）2016年第42号公告第十六条。该公告描述了成本分摊协议作为同期资料的特殊文档备案时应有的主要报告内容。

（3）《国家税务总局关于规范成本分摊协议管理的公告》（国家税务总局公告2015年第45号）。该公告规定了成本分摊协议的管理方式，以事后备案管理为主。

四、成本分摊协议的参与方

成本分摊协议必须赋予参与方拥有成本分摊协议涉及的无形资产或服务的权益，并且参与方可以合理预期从成本分摊协议中获得的收益。如果某一方仅负责研发，但并不拥有研发成果的受益权，则该企业将被视为成本分摊协议的贡献方，而不是参与方。因此，作为成本分摊协议的外部供应商应基于独立交易原则就其提供的服务获得合理补偿。同样，如果一方不能以任何方式在其经营活动中利用成本分摊协议的成果，其也不应被视为成本分摊协议的参与方。开发型成本分摊协议的每个参与方都拥有开发完成的无形资产的权利，这些权利往往表现为在特定地域或特定领域应用该无形资产的各项单独权利，这些单独权利包括无形资产的法律所有权，参与各方也可以根据成本分摊协议，只有某个特定的参与方取得无形资产的法律所有权，其他各方才拥有使用该无形资产的权利。如果某一方对依据成本分摊协议开发的资产拥有使用权，则参与方就不需要为使用该资产支付特许权使用费或其他补偿，这是成本分摊协议给予参与各方都享有的权利，但是当参与方的预期收益和贡献不成比例时，参与方的贡献可能需要调整。

如果根据实际履行的功能，一方并未对成本分摊协议约定的风险进行评估、决策和控制，并且不具备控制风险的财务能力，则该当事方不应被视为成本分摊协议的参与方，不能分享开发成果。

五、成本分摊协议指导原则

根据税收政策文件规定，企业对成本分摊协议所涉及无形资产或劳务的受益权应有合理的、可计量的预期收益，且以合理商业假设和营业常规为基础。企业与其关联方签署成本分摊协议，有下列情形之一的，其自行分摊的成本不得税前扣除。

（1）不具有合理商业目的和经济实质。

（2）不符合独立交易原则。

（3）没有遵循成本与收益配比原则。

（4）未按本办法有关规定备案或准备、保存和提供有关成本分摊协议的同期资料。

（5）自签署成本分摊协议之日起经营期限少于20年。

根据以上税收政策文件，成本分摊协议必须符合独立交易原则。参与方做出的贡献必须与独立企业在可比情形下为了从成本贡献协议中取得的合理预期收益而愿意付出的成本一致。成本分摊协议的成本付出与通常情况下的集团内部资产转让或者服务的区别在于各参与方与期望获得的全部或部分补偿来自通过整合相关资源和技术所创造的预期共同收益按贡献比例分摊的部分，对于开发型成本分摊协议而言，参与方都同意共担无形资产开发的收益和风险。

六、成本分摊协议主要内容

根据税收政策文件规定，成本分摊协议主要包括以下内容：

（1）参与方的名称、所在国家（地区）、关联关系、在协议中的权利和义务。

（2）成本分摊协议所涉及的无形资产或劳务的内容、范围，协议涉及研发或劳务活动的具体承担者及其职责、任务。

(3) 协议期限。

(4) 参与方预期收益的计算方法和假设。

(5) 参与方初始投入和后续成本支付的金额、形式、价值确认的方法以及符合独立交易原则的说明。

(6) 参与方会计方法的运用及变更说明。

(7) 参与方加入或退出协议的程序及处理规定。

(8) 参与方之间补偿支付的条件及处理规定。

(9) 协议变更或终止的条件及处理规定。

(10) 非参与方使用协议成果的规定。

以上是我国税务机关对成本分摊协议的要求，其中第（2）（4）（7）（8）条属于重点条款，也是无形资产成本分摊协议的难点部分。对无形资产未来的预期收益的判断，存在较大的不确定性，特别是面对医药制造类的跨国企业的新药研发等高风险创新活动，其未来收益是非常难以预计的。而加入和退出安排则需要企业能够对其掌握的无形资产的公允价值做出判断。无形资产当前的公允价值判断与未来现金流有直接关联，说到底也是对无形资产未来预期收益的判断。根据以上分析，我们也可以认为，衡量参与方的未来预期收益是准备成本分摊协议的核心部分，需要能够让税务机关相信成本分摊协议的预期收益符合独立交易原则。为了确定成本分摊协议是否符合独立交易原则，即每个参与方的贡献占成本分摊协议总成本的比例与其享有的预期收益占总收益的比例一致，有必要评估各参与方对于成本分摊协议的价值贡献。

七、加入、退出与终止安排

根据税收政策文件规定，已经执行并形成一定资产的成本分摊协议，参与方发生变更或协议终止执行，应根据独立交易原则做如下处理：

(1) 加入支付，即新参与方为获得已有协议成果的受益权应做出合理的支付。

(2) 退出补偿，即原参与方退出协议安排，将已有协议成果的受益权转让给其他参与方应获得合理的补偿。

(3) 参与方变更后，应对各方受益和成本分摊情况做出相应调整。

(4) 协议终止时，各参与方应对已有协议成果做出合理分配。

企业不按独立交易原则对上述情况做出处理而减少其应纳税所得额的，税务机关有权做出调整。

八、成本分摊协议的税务处理

根据我国税收政策文件规定，对于符合独立交易原则的成本分摊协议，有关税务处理如下：

(1) 企业按照协议分摊的成本，应在协议规定的各年度税前扣除。

(2) 涉及补偿调整的，应在补偿调整的年度计入应纳税所得额。

(3) 涉及无形资产的成本分摊协议，加入支付、退出补偿或终止协议时对协议成果分配的，应按资产购置或处置的有关规定处理。

九、成本分摊协议文档报送要求

根据2016年第42号公告第十六条，企业报送的成本分摊协议特殊文档，应包括成本分摊协议文本和各参与方之间达成的实施成本分摊协议的其他协议。这里的其他协议主要包括共同开发无形资产的技术合作协议，提供劳务的协议等，用以支持成本分摊协议内容的材料。

关于报送时间，《国家税务总局关于规范成本分摊协议管理的公告》（国家税务总局公告2015年第45号）规定，企业应自与关联方签订（变更）成本分摊协议之日起30日内，向主管税务机关报送成本分摊协议副本，并在年度企业所得税纳税申报时附送《中华人民共和国企业年度关联业务往来报告表》，即应填报2016年第42号公告文件规定的《中华人民共和国企业年度关联业务往来报告表（2016年版）》中的G110000《成本分摊协议表》，并在执行年度的次年5月31日前报送给主管税务机关。

第二节 跨国企业成本分摊案例

本节以亚马逊公司和微软公司的成本分摊协议为例,为读者介绍跨国企业利用成本分摊协议安排取得税收利益的案例。这两个案例都是从美国母公司总部层面出发,观察公司整体的境外税收架构安排。

一、亚马逊公司成本分摊案例

> **【案例 15-2】** 亚马逊公司成本分摊案例。
>
> 一、案例基本情况[①]
>
> 美国亚马逊公司(Amazon)成立于 1994 年,是美国最大的网络电子商务公司,位于华盛顿州的西雅图,是互联网历史上最早开始经营电子商务的公司之一。亚马逊公司最初只经营网络书籍销售业务,后来逐渐扩展为多种互联网产品的服务商。亚马逊公司的主要业务经历过三次重大转变,最初亚马逊公司主营在线销售图书,被称为"地球上最大的书店";后来亚马逊公司逐渐转型为最大的综合网络零售商,在网络上销售数百万种商品,如图书、影视、音乐和游戏、数码产品、家居用品等;当前亚马逊公司已经发展成为一家互联网综合服务商,包括其云计算业务(AWS)取得巨大发展,收入占比越来越大,使亚马逊公司表现出更多的数字经济特征。当前云计算业务在亚马逊公司的营业收入中占比很高,2020 年亚马逊公司的 AWS 获得 135.3 亿美元营业收入,占亚马逊公司当年 229 亿美元合并营业收入的 59.1%。

---

① 参见:蔡昌,曹晓敏,蔡一炜. 数字企业国际避税与反避税研究——以亚马逊公司避税案为例[J]. 会计之友,2022(2):107-113.

亚马逊公司的盈利模式体现了典型的数字经济特征，使用数字化的知识和信息作为关键生产要素、以现代信息网络作为重要载体、以信息通信技术的有效使用作为效率提升和经济结构优化的重要推动力的一系列经济活动。数字经济区别于传统的实体经济，具有强数据依赖性、交易虚拟性、高流动性和技术变动性等性质和特点，依赖网络和大数据等基础设施完成业务的运营和交易，不再依赖传统的线下服务渠道。这为亚马逊公司这家跨国科技企业进行全球转让定价安排提供了极大的便利。

亚马逊公司每年获取巨额收入的同时，该公司一直保持着极低的实际税负率，亚马逊公司2009年到2018年的平均有效税率仅为3%，这一税负率远远低于世界各国的平均税率。

二、股权结构和关联交易

亚马逊公司股权结构如图15-3所示，最上层是亚马逊美国总部，总部控制着两个主要的境外中间层，分别是卢森堡控股合伙企业和卢森堡运营有限公司，这两个中间层都是设置在号称"欧洲避税地"的卢森堡。

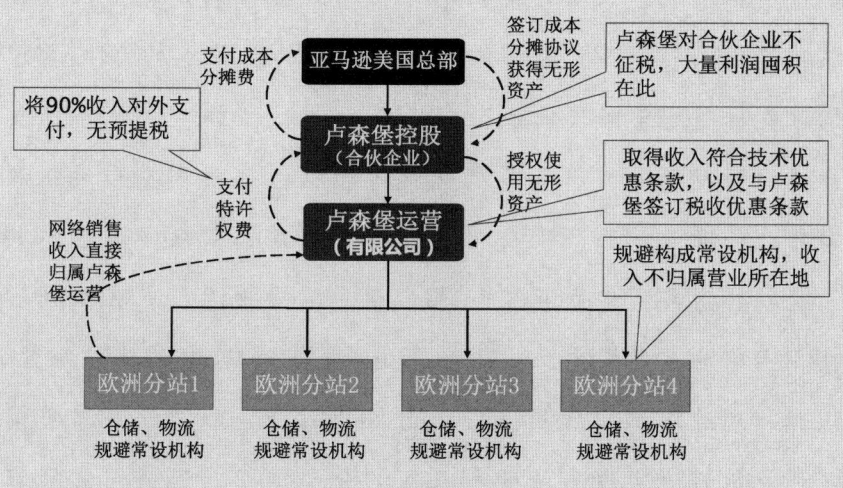

图15-3 亚马逊公司的股权结构和关联交易安排

建立卢森堡控股合伙企业的目的是利用合伙企业在卢森堡的特殊纳税身份，不属于纳税实体，本身不在卢森堡缴纳所得税，需要穿透到合伙人层面缴税，而美国对于海外利润可以选用受控外国企业中的打钩规则，合法地将利润留存在中间层卢森堡而不需要在美国缴纳所得税。卢森堡控股合伙企业获取利润的方式是取得其他层级经营主体支付的特权使用费。而卢森堡控股合伙企业取得特许权使用费的前提是取得无形资产收益权，并把这种权利对外授权。

卢森堡控股合伙企业获得无形资产权利的方式是通过成本分摊协议获得。亚马逊美国总部和卢森堡控股合伙企业签订无形资产成本分摊协议，卢森堡控股合伙企业对于执行成本分摊协议取得的部分无形资产权益支付了相应的成本分摊费用。成本分摊协议的核心是该成本分摊费用应该怎样确定、怎样执行。卢森堡控股合伙企业取得无形资产权利后，对外授权给卢森堡运营有限公司。卢森堡运营有限公司继续对外授权使用无形资产，并收取特许权使用费，再把收到的特许权使用费支付给卢森堡控股合伙企业。卢森堡对于支付或收取特许权使用费不予征税，减少了亚马逊公司的税负。通过这种方式，亚马逊美国以外的利润转移到卢森堡控股合伙企业堆积。该转移的无形资产收益比例非常高，大约为收入的90%都以特许权使用费的方式转移到中间合伙企业。

卢森堡运营有限公司以下各层所取得的收入也不用在当地缴税。为配合网络零售业务开展，亚马逊公司在欧洲等地建立了众多运营机构，例如在法国、德国、意大利建立物流配送站点。这些物流站点在欧洲的互联网管理法律，不需要在各国建立实体经营企业，可以只设置辅助经营的机构，同时各国客户通过网络把费用直接支付给卢森堡，欧洲没有零售消费的外汇管制，因此很好地实现了经营和收入的分离。亚马逊公司设置在欧洲各国的营业机构，主要起着仓储和物流配送的作用。根据欧洲多国的税法，这些配送站点属于辅助性、准备性场所，不在当地构成常设机构，无法按照税收协定常设机构条款征税。

该避税结构，很完美地利用了卢森堡中间层的特性和高科技互联网企业的经营特点，结合成本分摊协议，实现了亚马逊公司海外税负降低的目的。

三、亚马逊成本分摊协议争议

亚马逊公司成本费分摊协议的结构安排并不复杂，这说明美国亚马逊公司不是利用复杂的交易结构来避免税收义务，而是在构成无形资产成本分摊协议的各个重要因素上进行调节，实现税务目的。美国国内收入局认为，美国亚马逊公司在进行加入支付时，低估了三项无形资产的公允价值，其认为三项无形资产的公允价值应该是34.7亿美元。同时，美国国内收入局与美国亚马逊公司在成本费用的范围上也存在争议，焦点在于是否应该将与无形资产相关的所有成本作为成本分摊的依据，是否应该将股权激励相关的成本作为无形资产的开发成本进行成本分摊[①]。

亚马逊卢森堡控股合伙企业与美国总部签订成本分摊协议，将亚马逊美国公司拥有的与欧洲网站业务相关的重大无形资产以"加入支付（Buy-in Payment）"的交易形式转让给亚马逊卢森堡控股合伙企业。该重大无形资产包括：网站相关技术，包括软件和其他网站必要的技术、网站运营中心等；营销型无形资产，包括商标、商号、域名等；欧洲客户信息资源，包括欧洲客户名单和相关客户个人和购买信息等。根据成本分摊协议，亚马逊卢森堡控股合伙企业在加入支付交易达成之后的每年，向亚马逊美国公司支付年度分摊的无形资产成本分摊费用，该成本分摊费用以亚马逊卢森堡控股合伙企业从上述无形资产中获得的合理预期收益为分摊依据。亚马逊

---

① 参见：舒伟，余华颖，孙一顺．成本分摊协议何去何从——美国亚马逊案例之浅析[J]．国际税收，2018(2)：51-55．

公司通过逐项评估无形资产的公允市场价值，得出约2.5亿美元的总价，作为上述加入支付的交易定价。美国国内收入局认为，上述三项无形资产的评估价值应为36亿美元（后调整为约34.7亿美元），亚马逊公司低估了所转移的无形资产的价值，少获取了亚马逊卢森堡控股合伙企业应支付的无形资产成本分摊费用，从而少缴纳了美国的所得税。鉴于双方的主张在无形资产评估价值上产生了巨大差异，亚马逊公司将争议提交法院诉讼，主要瞄准的也正是上述加入支付的定价方式上。

本案例关于无形资产估值的争论焦点之一，是应该将三项无形资产进行整体估值还是应该分别评估无形资产价值，最后进行加总。美国国内收入局的主张是将三项无形资产整体进行估值，因为三项无形资产之间存在着商业联系，可能在整体上增加三项无形资产的价值。同时，与该三项无形资产有关的劳动力、持续经营价值、商誉和企业前景等都应该算作这三项无形资产的副产品，一并进行估值。单独估值会人为地低估资产的价值和无形资产转让时的所得，由此避免了巨额的税收。

美国法院则支持亚马逊公司的主张，认为三项无形资产应该分开估值。法院认为，三项无形资产如果是一个整体，应该难以分割且不能单独出售。但是本案中亚马逊公司可以做到单独估值、单独出售，不符合整体无形资产的特征。并且，没有明确的证据表明这三项无形资产存在着很强的联系。因此，不能将三项无形资产作为整体进行估值。

本案例关于无形资产估值的争论焦点之二，是无形资产的具体估值方法。美国国内收入局认为，应采用现金流量法估值。美国亚马逊公司认为应采用等价特许权使用费折现的方式估值。在该争议上，美国法院依旧支持了美国亚马逊公司的观点。法院提出无形资产的估值应该以交易时点为界，时点之后产生的现金流量不能纳入无形资产的估值范围。如果采用整体估值方法，就会将诸如发展前景等时点后影响因素加入到无形资产的价值中，人为高估资产价值。而且发展前景这类因素难以准确估计，很容易出现人为操纵估计结果的现象。因此，采用等价特许权使用费折现的方法更为准确和公平。①

四、欧盟的反避税调查②

由于亚马逊公司在欧洲存在利用避税地规避构成常设机构，利用无形资产转移利润，规避受控外国企业规则等避税疑点，欧盟对其进行了反避税调查。欧盟委员会认为亚马逊欧洲壳公司仅仅是一个"壳"，本身并不以任何方式积极参与管理、开发或使用知识产权，只是起了转移知识产权使用权的作用，即把知识产权转移给欧洲运营公司独家使用。因此，没有证据证明也不能够表明壳公司收到的知识产权费用是合理的。

欧盟委员会认为，卢森堡税务部门给予的税收裁定，间接准予了卢森堡经营公司每年支付给壳公司高额的特许权使用费，但是该费用超过了经营公司自身营业利润的90%，这使得亚马逊经营公司大多数利润被不当地转移至壳公司，最终导致在欧洲产生的大部分利润未缴税。卢森堡的税收裁定严重降低了亚马逊欧洲运营公司的应税利润，这不符合经济实质原则。所以，根据欧盟国家援助规则，在卢森堡税收裁决下的亚马逊公司税收待遇是非法的。

最后，欧盟认为亚马逊公司存在滥用"非常设机构"定义的行为，利用OECD范本中对常设机构的定义，亚马逊公司否认了其在欧洲的税收居民身份。不仅如此，亚马逊公司还将从英国、德国、法国等国境内获得的收入转移至卢森堡，进一步侵蚀了欧盟成员国的税基，加剧了各国之间的税收不公平，亚马逊公司因此受到欧盟各成员国的反制也是必然的。

---

① 参见：王姝婷. 我国无形资产成本分摊协议反避税问题研究[D]. 武汉：中南财经政法大学，2019.

② 参见：蔡昌，曹晓敏，蔡一炜. 数字企业国际避税与反避税研究——以亚马逊公司避税案为例[J]. 会计之友，2022(2)：107-113.

> 为维护欧洲各国的税收权益，多个欧洲国家开征针对国际互联网公司的数字税，但这些反避税措施目前仅停留在单个国家的行动上。未来长远解决这类避税问题还有赖于目前OECD"双支柱"国际税收改革。

二、微软公司成本分摊案例

【案例15-3】 微软公司成本分摊案例。

一、案例基本情况

美国微软公司（Microsoft）是一家美国跨国科技企业，于1975年成立，总部设立在华盛顿州雷德蒙德。微软公司以研发、制造、授权和提供广泛的电脑软件服务业务为主，畅销的产品为Windows操作系统和Office系列软件，是全球最大的电脑软件提供商。近年微软公司还进入电脑硬件市场推出Xbox、Surface等产品，还进军云计算业务。2021财年微软营收为1681亿美元，净利润为613亿美元，是美国营业收入和市值最高的公司之一。

二、股权架构和关联交易[①]

微软公司转让定价上的功能风险比较复杂，其是集研发、生产、销售于一体的大型互联网软件企业，其成本分摊协议成员多、定价依据复杂。微软公司复杂股权结构为双爱尔兰设置，搭配成本分摊等转让定价安排，建立起了全球股权架构和关联交易安排，如图15-4所示。

微软公司美国总部下设微软美国子公司和两个区域性中心：一是爱尔兰微软公司（RIO），其实际管理机构在百慕大；另一个区域性中心设立在亚太

---

① 参见：崔晓静，何朔."美国微软公司避税案"评析及启示[J]. 法学，2015(12)：92-102.

第十五章 无形资产成本分摊协议实战

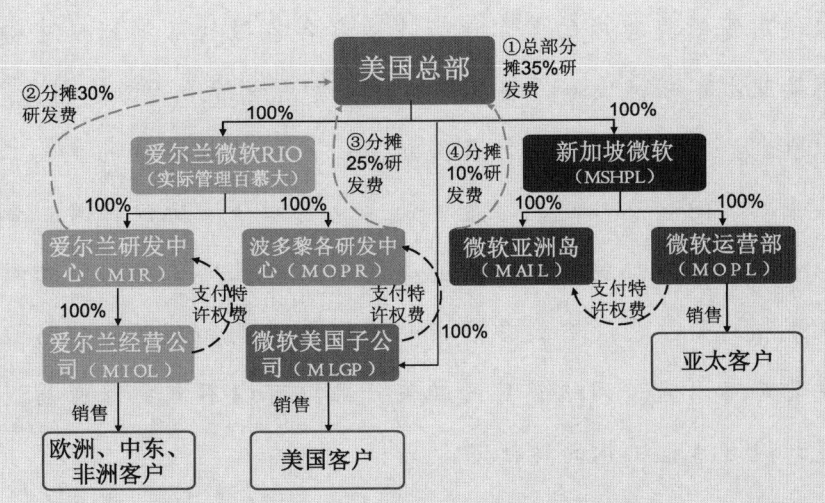

图 15-4 微软公司的股权结构和关联交易安排

地区的新加坡微软（MSHPL）。爱尔兰微软公司（RIO）下设爱尔兰研发中心（MIR）和波多黎各研发中心（MOPR）。爱尔兰研发中心下设的爱尔兰经营公司（MIOL）是实体经营公司，该公司把微软产品销售给欧洲、中东、非洲的客户，并以此取得收入。新加坡微软公司（MSHPL）下设微软亚洲岛（MAIL）和微软运营部（MOPL），负责集团在亚太地区的销售业务。

微软公司的关联交易主要是成本分摊协议及其特许权使用费支付。在成本分摊协议中，最上层微软公司美国总部承担集团总体研发费用的35%，剩下65%的研发费用分别由境外各个研发中心承担。爱尔兰研发中心承担30%研发费用，波多黎各研发中心承担25%研发费用，微软亚洲岛研发中心承担10%的成本分摊费用。

根据成本分摊协议，各个研发中心向美国总部支付无形资产研发分摊费用，并持有部分无形资产权益，再进一步向下层公司进行授权，以便收取特权使用费。微软公司各个区域的运营公司爱尔兰经营公司（MIOL）、微软美国子公司（MLGP）、微软运营部（MOPL）销售产品后，从收入中支付特许权使用费给其对应的爱尔兰、波多黎各、微软亚洲研发中心。各研发中心再按照成本分摊比例，将其中的分摊费用支付给美国总部。

可以看到，特权使用费支付是微软集团内部转让定价的主要工具，在各个区域中心之间和总部之间，主要是通过成本分摊协议作为纽带建立起来的无形资产收益分配关系。微软公司的以上转让定价安排，相对于苹果等公司来说相对简单，没有太多复杂的中间层结构和预约定价协议。微软销售的主要是可以通过网络销售的软件产品，可以不需要像亚马逊公司一样专门设计规避常设机构的转让定价安排。

三、避税疑点

通过以上成本分摊协议，微软公司将无形资产研发的成果转移到境外，同时将该无形资产产生的收益转移到美国境外。通过转让定价安排，微软公司实际上获得了巨额的无形资产免税。

由于成本分摊协议的每个参与方均被视为所研发无形资产的所有人，依此方法，微软公司将其所研发的无形资产转移到了美国境外，也因此将无形资产所产生的收益转移到了美国境外。比如，在爱尔兰和新加坡区域运营中心，子公司取得权利后，并不直接从事微软产品的生产和销售，而是将知识产权的经济权利转授给更低层级的关联受控外国公司，由其生产并销售微软产品给相应的分销商，再由分销商最终销售给客户。由于关联受控外国公司向子公司支付的特许权使用费不被视为美国《国内收入法典》F部分所得，故该部分利润得以避免在美国缴税。又如，在波多黎各区域运营中心，根据成本分摊协议，该中心取得了在美洲地区（包括美国在内）的销售微软产品的权利，但根据波多黎各区域运营中心与微软美国子公司之间的分销协议，微软美国微软子公司将其在美国销售额的47.27%转移到波多黎各区域运营中心，从而使该部分在美国国内销售产品取得的收入避免了在美国缴税。根据成本分摊协议，2011年波多黎各区域运营中心向美国微软公司支付了 19 亿美元的研发分摊费用，但其获得的微软美国子公司在美国销售微软产品的收入则有 63 亿美元，最终这部分利润只需以 1.02% 的税负在波多黎各缴税。

美国微软公司与新加坡和爱尔兰区域运营中心之间的转让定价协议。2011 年，根据各区域运营中心与美国微软公司签订的成本分摊协议，微软亚洲岛向美国微软公司支付了 12 亿美元，微软爱尔兰研发中心向美国微软公司支付了 28 亿美元，合计 40 亿美元的研发分摊费用。但这两个区域运营中心共从知识产权中获得了来自更低层级的关联受控外国公司的 120 亿美元的特许权使用费，这意味着美国微软公司实际上将 80 亿美元的利润转移到了海外低税率管辖区。

通过以上成本分摊协议安排，2011 年微软公司在全球有 699.43 亿美元的销售收入和 280.71 亿美元的税前利润，全球实际税率是 17.5%。而在其爱尔兰、新加坡和波多黎各的区域运营中心共获得约 154.07 亿美元的税前利润，约占全球税前利润的 55%，但平均实际税率仅为 3.16%。

四、案例分析

以上案例中，成本分摊协议和无形资产转让定价是微软公司的主要关联交易工具。通过一系列安排，微软公司美国总部负担了全部产品约 85% 的研发投入，但仅分摊 35% 支付的研发成本。微软集团海外子公司，由于分摊了 65% 的研发成本，因此获得了全部无形资产 60% 的海外收益，但实际上很多海外无形资产归集中心多是设立在低税率国家（或地区）的公司，仅负责出资分摊费用，基本没有研发功能。即便该成本分摊协议符合美国税法，也与 BEPS 行动计划倡导的利润在经济活动发生地和价值创造地征税的原则不匹配。

第三节　自测练习

单选题

1. 企业应自与关联方签订（变更）成本分摊协议之日起（　　）日内，向主管税务机关报送成本分摊协议副本，并在年度企业所得税纳税申报时，附送《中华人民共和国企业年度关联业务往来报告表》。

   A. 15

   B. 30

   C. 45

   D. 60

   【参考答案】　B

2. 企业与其关联方共同开发、受让无形资产，或者共同提供、接受劳务发生的成本，在计算应纳税所得额时应当按照（　　）原则进行分摊。

   A. 公平交易

   B. 独立交易

   C. 平均分配

   D. 价值创造

   【参考答案】　B

第十六章

反避税新业态理论与案例

所谓反避税新业态,是区别于传统经济形态下产生的反避税领域的提法。当前,我国传统反避税实务主要集中在对传统加工制造行业、机电行业、商贸行业等实体行业开展的反避税调查上。出现这种反避税格局主要是受我国经济发展阶段的影响。自我国改革开放引进外资开始,特别是加入世界贸易组织(WTO)以来,跨国企业纷纷来华设立企业,主要从事国际分工体系下的部分生产活动。跨国企业根据全球经营需要和我国资源、市场特点,主要把生产制造、区域营销分销、少量研发活动等功能配置在"引进来"的外资企业上。这导致我国反避税实务主要是围绕这类加工制造实体企业的跨国避税行为而开展。

随着高速经济增长阶段结束,我国经济发展进入中低速增长的新阶段,加上国内一大批自主品牌崛起,导致昔日风光无限的外资实体制造企业整体进入增速逐步下滑、利润区间收窄的发展阶段。同时,多年以来的反避税工作取得了长足进步,我国从改革开放时期学习国外先进反避理论的学生发展成为国际税收改革的重要参与方。我国对于国内功能风险相对简单的传统外资实体企业已经建立了比较完善的利润水平评估机制和制度化的转让定价文档报告制度。这些完善的反避税管理和调查措施，使得我国大部分传统外资实体企业转让定价税收遵从程度越来越高，简单粗放且有害的利润转移安排越来越难以实施。

以上综合因素，导致未来我国反避税实务逐步由传统反避税向反避税新业态转变。当前关于反避税新业态还没有统一定义，作者认为反避税新业态是在以下几个方面表现出与传统反避税不同的特点：一是在行业范围上，突破传统以资本、股权、实体资源为特征的行业领域，主要包括数字经济、互联网、VIE[①] 等行业和企业；二是在产业级别上，超越传统以加工制造、商贸为特征的行业，主要包括跨国金融、投资等行业；三是在反避税调查对象层级上，从对跨国企业在华子公司为对象开展的反避税发展为以跨国企业母公司为调查对象的反避税；四是在调查对象身份上，从以企业为主要调查对象的传统反避税向以高净值个人为调查对象的反避税发展。

以上反避税新业态领域大部分处于理论研究或实践探索阶段，几乎没有公开的反避税案例供读者参考。本章结合我国相关领域的法律规定，介绍我国反避税新业态有可能的发展方向，希望能对反避税实际工作起到帮助。

第一节　跨国企业母公司转让定价管理

随着我国经济向产业链高端不断攀升，未来对承担重要功能风险的跨国企业母公司的管理工作很可能成为我国税务机关反避税工作的重要内容。跨国企业总部的转让定价管理是国际税收最高层级的课题之一，涵盖了本书之前章节中跨国企业子公司的各类转让定价模式，包括转让定价方法、可比性分析、无形资产安排、成本分摊协议、预约定价安排、受控外国企业管理、

---

① VIE 是 Variable Interest Entities 的缩写，意为可变利益实体。

"双支柱"理论等众多应用场景。反避税工作的这些发展变化与过去主要以在华外资有限功能风险子公司作为反避税管理对象的历史相比,无疑是巨大的进步。作为新时代的财税工作者,我们非常有幸能够见证我国的转让定价工作从理论到实践逐步迈向世界先进行列。

本书所说的我国对跨国企业母公司或总部的反避税管理对象,主要是"走出去"企业的境内母公司,主要包括能源、采掘、工程、通信、机电、互联网、金融等行业的大型跨国企业。这些企业经过多年境外经营,其中大部分建立了较为复杂的境外投资经营架构,制定了严格的跨境税务管理制度,其跨境税务管理模式和所取得的成效越来越向国外跨国企业趋同。因此,境内母公司所表现出来的转让定价税务风险也越来越与国际跨国集团类似,这是值得我国反避税管理工作关注的现象。以下以对华为公司跨国转让定价的研究为例[1],对该现象进行说明,并分析其中需要关注的母公司转让定价税收风险。

【案例16-1】 华为公司全球转让定价安排。

华为公司是我国企业"走出去"跨国经营的代表,2021年销售收入人民币6368亿元,净利润人民币1137亿元。华为公司69.1%的销售收入来自海外,其中来自欧洲、中东、非洲的收入占比为27.3%,来自亚太(不含中国)的收入占比为16.7%,来自美洲的收入占比为26.3%[2],具备进行全球转让定价安排的基础条件。

在股权架构上,华为母公司是2003年成立的华为投资控股有限公司,其在国内主要经营实体是华为技术有限公司。华为公司目前是非上市公司,

---

[1] 参见:申发伟.企业集团的全球税务筹划——华为全球税务筹划的经验与启示[J].中国总会计师,2017(9):122-124.

[2] 参见:华为公司2021年度年报,来源于华为官网。

因此无法了解华为公司准确的海外股权架构图，但是通过已有研究资料可以发现华为公司海外架构的基本布局情况。华为公司境外的子公司主要分布在中国香港、新加坡、荷兰、英国、日本、德国、英属维尔京群岛等地。华为公司出海跨境经营的首站设立在中国香港，设立了华为技术投资有限公司、香港华为国际有限公司、华为终端（香港）有限公司等承担重要海外经营职能的子公司。这些设立在中国香港的子公司是华为公司走向海外的基础，其主要包括三大职能，持有重要的海外区域总部股权，承担股权管理职能，利用香港自由港地位承担全球供应链和产品的购销职能，承担全球资金管理中心的职能。华为公司通过中国香港子公司在荷兰设立华为技术有限责任公司，作为全球控股中心和海外子公司的投资主体，以此规范和统一公司的全球治理结构。除了以上重要节点，华为公司还在德国、英国、新加坡、日本等地设立实体经营、研发、管理子公司，在英属维尔京群岛设立从事融资活动的子公司。

一、有形资产转让定价安排

跨国企业向欧洲、亚太、非洲、中东等海外终端市场销售产品，需要通过在当地设立设计、开发、生产、销售、投资等性质的子公司，进行产品销售活动。在公司设立的过程中，华为公司可以通过全球控股中心对各地实体公司进行固定资产投资，提高实物资产的投资额，获得后期较高的折旧和摊销额。终端市场的子公司，通过中国香港、新加坡等中间层低税率的子公司，采购供应链上需要的产品或零配件，再向市场国销售，其间的转让定价安排有可能倾向于将利润转移至中国香港或新加坡的中间层公司。设置海外销售中心，可以控制产品外销渠道，控制零部件或原材料的进货渠道，达到控制海外公司利润的目的。

二、劳务转让定价安排

跨国企业在境外设立有多个设计中心、研发中心、管理中心，通常会使用直接收费法、间接收费法、成本分摊法、成本加成法等方法，进行各项费用的转让定价安排，达到分摊职能中心成本的目的。

三、融资转让定价安排与资本弱化

跨国企业设立在海外的各类子公司需要专门根据各国或地区不同的情况，设计专门的资本结构，寻求权益融资和债务融资的合理比例。例如，可以在盈利高的区域和海外子公司加大债务融资规模，适当加大财务杠杆，发挥利息支出的税前扣除作用。在海外子公司之间的债务融资转让定价安排方面，通常参考金融机构的同期借贷利率，进行正常的融资安排，避免因资本弱化被当地税务机关调查。

华为公司主要在位于英属维尔京群岛的欧拉资本和格拉资本发行海外公司债券，用于海外融资。根据税法原则，贷款利息允许在企业所得税前扣除，股息只可以在企业所得税后进行分配。华为公司通过从海外融资获取贷款后，再向海外的子公司转贷，因此借款利息可以在海外子公司税前扣除，以此减轻了企业整体税负。

四、税收协定网络安排

华为公司在海外税收协定安排方面有三个重要节点。一是荷兰子公司的协定网络。华为公司在荷兰设立全球控股中心子公司，该公司是欧洲区域子公司的投资主体，欧洲区域各子公司的股息分派给华为荷兰公司，荷兰已同美国、英国、中国等近50个国家签订了全面税收协定，对丹麦、瑞典、芬兰、英国、美国等国家股息预提所得税税率为零。荷兰作为欧盟成员国，可以享受欧盟法令的有利条款，欧盟内关联公司之间的利息和特许权使用费预提所得税率为零。同时，荷兰对多个国家（或地区）的股息征收零预提税，中国香港是其中之一。二是利用香港公司的税收网络，享受税收优惠。中国香港作为低税地的优势在于无股息和资本利得税，且对来自海外的收入免税；香港公司距离内地近，与内地之间签订税收协定，相对容易建立商业实质。三是利用新加坡的税收协定网络作为补充。中国香港对外签订的税收协定安排较少，协定网络不够丰富，因此可以利用新加坡整体税负低和税收协定网络广泛的优势，作为对中国香港税收协定网络的补充。例如，海外利润可以通过股息、利息、特许权使用费等方式支付到荷兰、中国香港或新加坡，再分配回中国境内。

五、海外预约定价安排

华为公司选择荷兰作为全球控股中心和海外利润中心，还有一个重要原因是荷兰税务机关有成熟的税务管理制度和较高的税收服务水平。根据华为前员工回忆，为了保证荷兰华为控股中心的免税待遇，华为公司向荷兰当地税务机关提交预约税收裁定申请（Advance Tax Ruling）。该申请的相关资料在荷兰税务局指定网站上传，随后就得到了税务局的收到确认，后续如果没有专门联系，该预约税收裁定即告生效。如此便利的预约定价安排，可以将荷兰公司的利润控制在较低的范围内，以此配合其他环节的转让定价安排最终实现。

六、华为全球转让定价安排效果

根据已有研究资料[①]，华为公司2019年至2020年全球所得税税负率分别为19.70%和10.59%，低于我国企业所得税税率25%，其中2020年税负低于我国高新技术企业优惠税率15%，处于较低的水平。由此可见，华为公司的全球转让定价税务安排达到了较高的水平。

七、对比美国跨国企业母公司转让定价的差异。

现有对华为公司全球无形资产转让定价的研究中，暂未发现有关于无形资产交易安排和成本分摊协议的内容，这是目前公开资料中与美国代表性跨国企业转让定价安排差异较大的方面。但并不意味着无形资产没有作为

---

① 参见：姜倩.中国科技型企业跨国经营的国际税收筹划研究——以华为投资控股有限公司为例[D].昆明：云南财经大学,2022.

华为公司当前转让定价的工具。华为公司每年投入大量研发资源，拥有众多专利技术，并通过专利授权获得大量非关联收入，也可以理解为华为公司当前暂未开展成本分摊这种较为复杂的无形资产转让定价工具的实际应用。这在某种情况下代表了我国"走出去"企业的一种普遍情况。

另外一个差异较大的方面在于华为境内母公司的受控外国企业管理方面，其应用形式可能较美国代表性跨国企业存在较大差异。其根本原因在于我国的受控外国企业税务管理规定，在立法精神和发展阶段上与美国税法不同。因此，在实际应用方面，对于存在境外实际经营功能的企业来说不适用我国的受控外国企业反避税管理规定。这也是我国大型跨国企业没有采用严格的中国和中国以外收入分离，而是作为一个统一整体进行转让定价安排的原因。

八、案例总结

通过对以上我国"走出去"代表性企业的全球转让定价安排的分析可以看到，首先，有必要加强对我国跨国企业母公司的转让定价管理。对于一些行业头部公司来说，中国以外的销售收入已经成为集团全部收入的重要部分，跨国企业境外子公司在海外创造了大量利润，客观上成为加强对这部分海外利润管理的理由。其次，加强管理的基本要求是我国跨国企业母公司根据现有税收文件的要求，履行关联交易申报、国别报告、主体文档、本地文档等转让定价文档的报告义务，帮助企业解决履行报告义务中存在的困难。再次，需要提高现有税收服务的效率，帮助有意愿、有能力的企业达成高效率的预约定价安排，在成本分摊协议等复杂领域做出创新性的安排，最终帮助我国跨国企业母公司规范全球转让定价安排，降低境内外税务风险。

在转让定价风险防范方面，我国跨国企业母公司较大的税务风险可能来自低估境内有形资产、无形资产、研发服务、管理服务等的交易利润，造成应归属于我国境内的利润外流。

第二节　VIE 结构的内涵和税务风险

一、VIE 结构的内涵

VIE（可变利益实体）结构也称为"协议控制"结构，其本质是中国境内主体为实现在境外上市采取的一种方式。境外上市实体与境内运营实体在股权上相互分离，境外上市实体在境内设立全资子公司（Wholly Owned Foreign Enterprise，WOFE），该全资子公司并不实际开展主营业务，而是通过协议方式控制境内运营实体，使境内运营实体成为上市实体的可变利益实体。通过这种安排可以使境外上市实体的股东（即境外投资人）实际享有境内运营实体经营所产生的利益，把境内经营实体纳入境外上市公司的合并财务报表中。境内实体采取 VIE 的方式在境外上市最初的主要目的是规避我国境内法律法规对互联网等特定行业的外资比例限制、外汇管制、上市限制等各种限制，能够最大限度地取得境外融资。到目前为止，采用 VIE 结构在美国、中国香港资本市场上市已成为所有行业境外融资上市的一种方式。

VIE 结构分为境内实际控制方、境外中间层、境内经营实体三层结构。最上层是该公司的实际控制方，通过境外中间层 BVI 等公司持有境外上市主体开曼公司，开曼公司不是在美国注册的公司，但可以根据美国法律在美国股市挂牌交易。这是一种特殊的上市通道。目前在美国上市的中概股公司通常是以开曼为目标地设立一个没有实际业务、仅持有股权的公司。开曼公司通过持有中国香港公司股权，间接持有中国境内外商投资企业（WOFE）的股权。这里的 WOFE 与红筹架构下的股权结构不同，WOFE 没有直接持有中国境内经营实体的股权，而是与经营实体签订一系列协议控制关系。从表面来看，境内经营实体的控股权仍然由境内创始人控制，但是从法律效力上来说，境内经营实体的控制权属于境外开曼上市公司，开曼上市公司可以把境内经营实体的财务报表纳入其上市公司合并财务报表。

二、VIE 结构下的税务风险

VIE 结构下的经营模式比较复杂，涉及多家境内外公司的关联交易，其中就涉及复杂的转让定价税务问题。境内实体公司通过 VIE 实体上市的目的是获得企业发展的资金，境外投资人投资境内实体企业的目的是获取股权投资收益，这就需要实现境内外资金的双向流动，其中通过什么方式实现资金进出的目的与转让定价风险密切相关。

在境内运营实体向 WOFE 转移利润的过程中，就存在利用关联企业进行转让定价以减轻税负的行为；在 WOFE 向境外上市主体转移利润的过程中，所设立的香港子公司也是为了利用内地与香港的税收优惠协定来减少 WOFE 企业向境外上市主体支付股息时的预提所得税。有的企业在运营 VIE 架构的过程中，利用境内外税制的差异，有意实施各种避税行为，侵害了我国的税收利益，因此我国的税务机关在审核具有 VIE 结构的企业实施的关联交易的工作中负有审查其行为是否具有避税疑点的职责。具体来说可以关注以下各个主体的关联交易行为。

（一）境内实体公司的税务风险

境内经营实体公司利用与 WOFE 签订的协议进行关联交易，通过向 WOFE 公司支付特许权使用费、服务咨询费等方式，将公司赚取的利润转移至 WOFE 公司，如果 WOFE 公司能够享受某些企业所得税优惠，则能够利用实际税负差降低集团整体的企业所得税税负。

（二）WOFE 公司的税务风险

WOFE 公司有时候并不是一个空壳企业，有可能具有某些实体功能，甚至具有比较复杂的技术先进型服务企业等资格。WOFE公司为了实现向境外转移利润的目的，通常也会与境外公司签订一系列协议支付大额费用，包括向境外的香港公司支付特许权使用费、服务咨询费、股息、利息等多种类型的对外支付。而这些费用支付是否具有合理商业目的，非常值得同期资料转让定价文档的负责人员认真分析。这里指的合理商业目的是指是否符合税法规定的真实性、合理性、受益性、非重复性等判断标准，而不是仅仅以回报境外股东作为合理商业目的。

（三）中间层享受税收协定的税务风险

在VIE模式下，设置香港中间层直接持有内地WOFE公司，很大程度上是因为要利用香港和内地直接的税收协定优惠，使得WOFE向香港支付的股息、利息、特许权使用费能够降低一部分税负。例如，WOFE向没有税收协定的BVI、开曼等地支付利息、股息、特许权使用费时要代扣代缴10%特许权使用费。而WOFE向有税收协定的香港地区支付利息时有可能享受7%的优惠税率，支付股息时有可能享受5%的优惠税率，支付特许权使用费时有可能享受7%的优惠税率。这些优惠如果能够享受将很大程度上减轻整个VIE结构的税收负担。但是，由于VIE结构下境外多数中间层公司较多是不承担实际功能风险的空壳公司，香港公司能否享受税收协定待遇就成为一个比较复杂的问题，需要结合企业实际情况进行专业判断。

（四）避税地公司的税务问题

开曼公司的主要功能是作为上市主体承担融资功能。作为避税地设立的公司，开曼公司本身不缴纳税金。设立在BVI的中间层的公司，也是属于设立在避税地的公司，通常也不负担任何税负。

（五）境内自然人股东的税务风险

上市的开曼公司向其股东分配股息，境内税收居民个人股东通过BVI公司取得股息。如果 BVI 公司不做分配将这些股息留在境外，用于其他个人用途，根据个人反避税的原理，此时境内自然人股东有可能会产生避税风险。

为加强协议控制企业的关联关系和关联交易税收管理，国家税务总局发布了 VIE 架构关联关系认定最新文件《国家税务总局关于进一步深化税务领域"放管服"改革 培育和激发市场主体活力若干措施的通知》（税总征科发〔2021〕69 号），其中第二条第（九）款明确规定，"严格执行关联申报要求。认真落实《国家税务总局关于完善关联申报和同期资料有关事项的公告》（2016 年第 42 号），企业与其他企业、组织或者个人之间，一方通过合同或其他形式能够控制另一方的相关活动并因此享有回报的，双方构成关联关系，应当就其与关联方之间的业务往来进行关联申报"。该文件明确了非股权协议控制关系的企业之间存在关联关系，以此把 VIE 企业的跨境交易纳入现有关联关系和同期资料管理体系。新文件规定明确境内的 VIE 实体和境外香港公司之间也构成关联关系。如果境内的 VIE 实体和香港公司之间发生特许权使用费和劳务费的大额关联交易，那么相对以前这些企业之间的跨境交易的税收风险会大大提高。

【案例 16-2】 这里通过一个具体案例向读者介绍 VIE 架构税收风险是怎样形成的。① M 集团的基本架构是开曼的上市主体，在中国香港设立中间层香港公司，香港公司在中国境内设立外商投资企业 WOFE，WOFE 通过协议持有控制中国境内 VIE 实体。该 VIE 企业属于互联网影视行业，通过网络向用户播放网络视频节目，并收取用户会员费、广告商广告费等。通过 VIE 结构，该企业在美国上市融资，资金投入到中国境内的经营活动中，并把经营利润分配给境外上市公司。如图 16-1 所示。

---

① 参见：姚宏，关媛元，高英. 跨国企业的转让定价策略——基于价值链的案例研究[J]. 管理案例研究与评论，2020(2)：232-245.

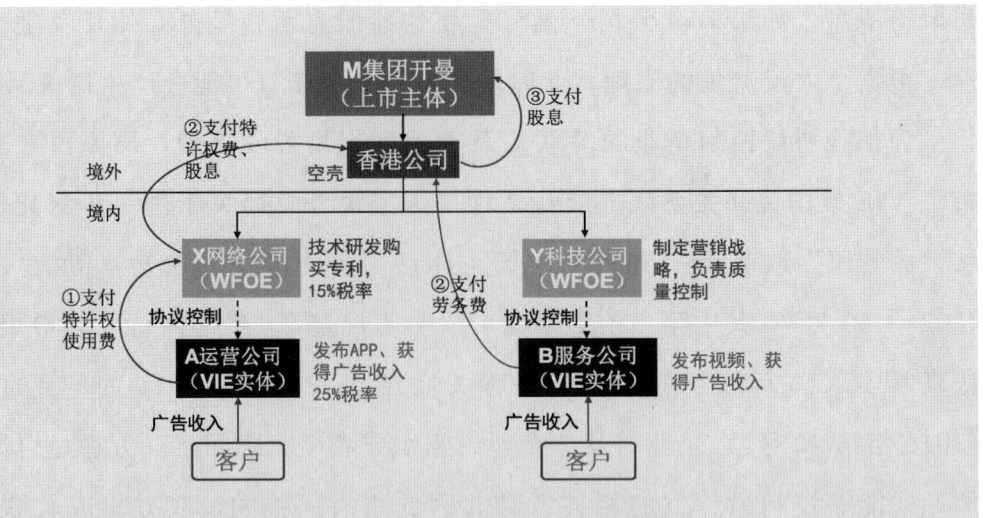

图 16-1　M 集团 VIE 架构和关联交易

关联交易方面，该企业主要有两项跨境关联交易：一是境内 WOFE 负责进行技术研发，把研发的无形资产向 VIE 实体许可授权，具体运营活动由 VIE 实体进行，包括在网络上播放节目、发布广告等，同时把取得的收入以特权使用费的形式支付给 WOFE。二是与跨境劳务相关的关联交易。境内 WOFE 向 VIE 实体提供技术指导服务，并且收取 VIE 实体支付的劳务费用。这些关联劳务是跨境关联交易的重点，包括广告代理服务、视频网络推广服务、技术指导服务等。根据独立交易原则，这些关联劳务交易需要收取合理费用。

在具体关联交易方面，香港公司在境内设立了 2 个 100% 控股的 WOFE，一个是 X 网络公司，另一个是 Y 科技公司。X 网络公司通过进行技术研发或购买专利，持有无形资产，并对外授权。该公司是一个研发型科技公司，科技含量较高，能够通过我国高新技术企业 15% 税率税收优惠认定。X 网络公司通过协议控制 A 运营公司，A 运营公司是集团在境内的一个 VIE 实体，该运营公司的功能是发布软件应用程序 App，并对软件应用进行运营维护。A 运营公司对外收取客户支付的广告费，再通过支付特许权使用费的方式，把收益支付给 X 网络公司。X 网络公司以支付特许权使用费、股息的方式，把境内利润支付给香港公司。香港公司在境内设立的另一个 WOFE 是 Y 科技公司，该公司具有部分经营实体功能，包括制定营销战略、质量管控影视作品等，偏重纯技术平台应用。

Y 科技公司通过协议控制关系控制境内 B 服务公司，B 公司作为境内 VIE 实体，主要功能是发布视频，把制作好的视频发布在视频平台上，并以此获得广告收入。Y 科技公司没有大量无形资产，其利润转移的主要途径是向香港公司支付劳务费，具体包括代理、运营、咨询等劳务。

以下对该 VIE 结构及其关联交易可能存在的转让定价税务风险进行分析。

第一，该企业的经营模式和价值驱动是什么。M 集团中的两个 WOFE 不是空壳企业，而是承担了部分管理和技术职能；两个 WOFE 不直接接触客户，不直接获取收入，而是通过 VIE 实体运营获取收入。这种设置可能和我国对于互联网影视行业的政策有紧密关系，我国相关部门对外资企业直接在我国从事特定行业经营活动有专门要求。从 M 集团的架构设置来看，该企业的主要运营和收入职能通过 VIE 实体来完成。

第二，M 集团中的两个 WOFE 的功能定位较高，主要承担相关研发工作，具有较高技术含量。

第三，M 集团中的 VIE 实体没有研发功能，不持有无形资产，但承担日常网络维护和平台管理工作。

第四，从转让定价的风险角度来看，WOFE 应获得较高利润，因为 WOFE 的功能较多且复杂，承担的风险也比较高。VIE 实体从事运营工作，如果获得的利润较低也属于正常，但应获得较为稳定的利润回报。

第五，该案例中 M 集团在 VIE 模式下的利润转移环节使用特许权使用费和劳务服务费作为转移定价工具。特许权使用费支付存在合理性税务风险，劳务服务费支付需要符合集团内劳务六项测试要求。该项测试并验证工作的难度较大。

第三节 金融投资转让定价探讨

金融投资转让定价，是指金融和投资领域发生的跨境关联交易利润转移安排。通常，金融投资行业内的机构包括银行、保险公司、信托公司、基金公司、资产管理公司、融资租赁公司、投资公司等。金融投资转让定价作为不同于传统行业的转让定价新业态，主要表现在关联交易标的是金融资产，而不是货物资产或服务。由于金融资产的交易定价机制复杂，金融机构之间的交易净利润可比性低等原因，我们很难运用独立交易原则对其进行判断。因此，可以把金融投资这类特殊性质的活动归为转让定价新业态领域。由于金融投资行业的复杂性，当前该行业中有参考作用的转让定价案例几乎没有在公开研究资料中有所发现，这也反映出该行业的转让定价实务目前还处于探索阶段。

一、金融投资转让定价业务特点

金融投资交易活动分类比较复杂，可以分为机构之间的金融投资交易和个人参与的金融投资交易，本书主要探讨机构之间的金融投资交易。机构之间发生的金融投资交易，按照研究对象主体的不同，分为金融机构发生的金融投资交易、非金融机构发生的金融投资交易和其他机构发生的金融投资交易。这样划分的意义在于金融投资交易属于受到政府严格监管的活动，不同主体从事的交易类型差异很大，严格来说属于不同行业的关联交易活动，转让定价特点不同，并且转让定价研究习惯于按照行业进行分类研究。

根据 BEPS 行动计划和《OECD 金融资产转让定价指南交易》中对金融交易的描述，主要是以跨国集团公司与其下属企业之间发生的跨境贷款、担保、专属保险、无息贷款，集团内借款、担保、无息贷款，资金池，混合金融工具等交易类型来阐述相关的转让定价理论。从 OECD 所列举的案例情况来看，以上金融交易类型都是发生在非金融机构主体中的金融关联交易，严格来说不是金融投资行业的金融投资关联交易，两者之间存在很大的差异。

本书认为，从中国的角度来看，我国对非金融机构从事金融交易有严格的政策限制，对非金融机构从事跨境金融交易限制更多。因此，从适用性角度来看，《OECD 金融资产转让定价指南交易》中的借贷类金融交易——跨境借贷、集团内借贷、资金池交易、担保等交易类型作为转让定价工具在非金融机构的跨境关联交易的利润转移中缺乏商业上的有效性，最终导致这类跨境关联交易开展反避税的适用性较低。例如，在"引进来"模式下，非金融企业开展跨境借贷活动，由于我国境内借贷利率远高于境外，只要参考境内金融机构同类贷款利率，集团内借贷的利率都很可能大大高于境外。这种利润向外转移是由境内外市场差异造成的，不是由企业的转让定价政策造成的。再以"走出去"模式下的非金融企业跨境借贷活动为例，由于我国存在外汇管制，非金融企业向境外转移资本从总量上就受到严格限制，通常规模较小，发生重大避税风险的可能性受我国外汇金融制度影响总体不高。

本书认为，我国金融投资领域可能涉及较大金额转让定价问题的有两个方面：一是外资金融机构。一些外资金融机构与境外关联方之间可能发生衍生金融工具交易，这类交易有大量现金流向境外，其中的交易合理性和风险收益分配不透明，可能存在税基侵蚀和利润转移的问题。二是投资机构。目前，有越来越多的境外投资机构获准在中国境内开展各类投资和金融业务，或者通过其他渠道将在中国境内募集的资金用于海外投资。这两种投资业务都可能存在较严重的转让定价问题。

二、金融投资转让定价理论有待完善

当前，BEPS 的理论较难适用于解决金融机构的转让定价问题。理由有以下两点：

第一，金融投资机构的资产、功能、风险分布特征与传统制造业不同，导致所适用的转让定价理论产生重大差异。传统制造业的资产主要由房屋建筑、机器设备、无形资产、存货等组成；风险主要由市场风险、存货风险、经营风险、研发风险等组成，资产和风险呈现组合化、分散化的分布特征。金融投资机构的绝大部分资产由金融资产构成，这些金融资产在风险特征上更加集中，在确认、计量、记录、报告等方面与传统行业的资产有重大区别。这反映出金融资产在功能和风险的衡量上也与传统资产不同，因此不能完全适用现有的转让定价理论。

第二，现有的 BEPS 理论缺乏对金融资产和风险识别和描述的工具。现有的转让定价理论是围绕传统制造业"研发——制造——营销"模式建立起来的，对传统行业所拥有的资产和风险的描述主要基于商业习惯的定性描述，不依靠会计工具进行衡量。在金融和投资行业中，对资产和风险的描述已经进入定量描述的阶段，并且已经可以通过公认的会计准则进行衡量。怎样把这些金融和会计的工具运用到金融投资转让定价中去，还需要探索。

三、金融投资转让定价发展趋势

通过分析金融投资机构的交易特性，以及部分外资金融企业的业务特点，可以对金融投资领域转让定价理论的发展趋势做如下展望：

第一，功能风险资产理论将重塑。金融资产的流量将成为衡量资产功能的重要标志。在转让定价理论中，资产是企业执行功能、承担风险的载体，资产从属性上可以分为存量资产（比如固定资产、无形资产等）和流量资产（比如现金流量等）。传统行业转让定价理论更看重存量资产对功能风险的作用，这与传统行业的经营特性有关。

在金融和投资领域，未来将更加注重金融资产的流量特征，以此作为判断企业执行功能的重要依据。例如，传统行业的现金流量通常与自身资产数量相匹配，较少产生与企业资产悬殊的巨额现金流量。但是在金融和投资领域，这种情况还可能成为常态，此时仅以企业拥有的资产数量去判断其履行的功能和承担的风险则会低估企业的转让定价风险。在资产和现金流悬殊的情况下，现金流量即使不能直接转化为营业收入和息税前利润，也可以通过金融工具和投资工具产生利润转移的效果。因此，现金流量和利润转移的关系，是今后需要重点研究的领域。

第二，与金融资产风险相关的转让定价理论有可能重塑。金融企业的核心竞争力是对金融资产的风险管理能力，这一点与传统行业存在很大不同，传统行业企业的核心竞争力包括品牌、技术、渠道、资金规模等。评估金融企业所承担的风险就需要使用金融工具和会计工具，这与评估传统企业风险的方法是不同的，技术含量更高、更加抽象。因此，转让定价理论的发展未来将与金融业会计准则紧密地结合，金融和会计工具成为金融行业风险判断的重要依据。

第三，具体转让定价方法将发生重大改变。目前，传统行业大多数案例使用的转让定价方法是交易净利润法。在金融和投资领域，交易净利润法将难以适用，理由主要在于金融投资领域企业付出的成本与可能获得的收益相比很难存在较强的相关性。由于存在金融杠杆和金融交易的不确定性，金融和投资领域几乎不存在类似传统行业的投入产出关系，因此导致可比利润指标难以确定，交易净利润法失去运用前提。未来在金融投资领域，可能会出现类似于OECD"双支柱"的公式化转让定价方法，根据金融机构的交易特征设置利润分配参数。

第四,金融和投资领域利润产生和转移的方式更加隐蔽,因此需要更加丰富的金融资产转让定价理论。在金融和投资领域,如何实现利润在价值创造地被征税将更加具有挑战性。因为在金融行业利润的实现可能与创造它的活动更加分立,资金的快速流动使得利润的转移更加隐蔽,怎样发展出新的转让定价理论来适应这一情况是需要深入研究的。可以预测,未来金融资产转让定价理论,将是继现有BEPS行动计划中的数字经济、无形资产转让定价理论之后的又一重要成果。

第四节 高净值个人反避税管理

党的二十大报告指出,完善个人所得税制度,规范收入分配秩序,规范财富积累机制,保护合法收入,调节过高收入,取缔非法收入。探索建立和完善我国个人反避税体系是完善我国个人所得税制度,优化税制结构、完善分配制度、支持绿色发展的必然要求。当前我国个人反避税体系仍处于研究探索阶段。在我国现行个人反避税立法方面,《中华人民共和国个人所得税法》与《中华人民共和国个人所得税法实施条例》仅对个人反避税立法做出了原则性规定,弥补了中国个人反避税法律空白,但尚未完成后续具体个人反避税政策文件的制定。因此,总体来说当前我国税收体系中,对于个人的反避税管理处于前沿探索领域,建立和完善个人反避税具体税收政策和与之配套的个人反避税管理监控体系的工作仍任重道远。鉴于当前我国个人反避税实务面临的以上局限,本书从个人所得税法立法原则入手,阐述当前我国个人反避税在体系构建和具体应用领域的税收实务问题。

一、当前我国个人反避税体系现状

我国个人反避税法规政策体系已具备基本原则性规定，但是尚未进一步制定各单项反避税政策文件。例如，《中华人民共和国个人所得税法》第八条规定，有下列情形之一的，税务机关有权按照合理方法进行纳税调整：①个人与其关联方之间的业务往来不符合独立交易原则而减少本人或者其关联方应纳税额，且无正当理由；②居民个人控制的，或者居民个人和居民企业共同控制的设立在实际税负明显偏低的国家（地区）的企业，无合理经营需要，对应当归属于居民个人的利润不做分配或者减少分配；③个人实施其他不具有合理商业目的的安排而获取不当税收利益。

税务机关依照前款规定做出纳税调整，需要补征税款的，应当补征税款，并依法加收利息。

除以上原则性法律规定外，未来我国还需要制定个人所得税一般反避税规则和若干个人反避税具体规则。总体来说，我国构建个人反避税政策体系虽然难度较大，但是未来的具体发展方向比较明确，在国际上也有较多其他国家的立法经验可以参考，将来建立我国的个人反避税税收法律法规政策体系只是时间问题和选择适当的发布时机，在税收政策理论层面不存在难以克服的障碍。

个人反避税税收法律法规政策体系，是指在个人所得税政策执行层面制定的一系列个人反避税具体法律法规政策，其主要目标是界定个人避税行为，并为税务机关开展个人反避税调查提供税收政策文件依据。当前我国《个人所得税法》第八条制定了个人反避税的三条原则性规定，即一条一般反避税规则的原则性规定和两条具体反避税规则的原则性规定。未来可能根据这三条反避税原则性规定，分别制定个人一般反避税办法文件和具体反避税实施文件。具体个人反避税法规政策体系结构设想，如图16-2所示。

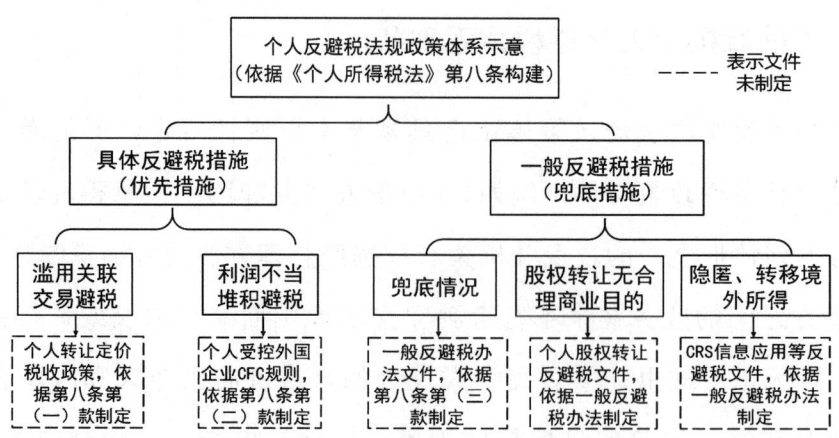

图 16-2　个人反避税法规政策体系结构设想

如图 16-2 所示，未来我国可能需要制定的具体个人反避税执行层面的税收政策文件，主要包括个人一般反避税政策文件、个人转让定价反避税政策文件、个人受控外国企业反避税政策文件、个人股权转让反避税政策文件，以及个人境外金融信息防止逃避税政策文件等。

二、个人反避税场景类型识别

本书认为，未来我国个人反避税场景主要集中在无住所个人取得境内所得和有住所个人取得境外所得这两种反避税类型方向。

无住所个人包括非居民个人和无住所居民个人。无住所是法律概念，而不是物理意义上的住所。《个人所得税法》所称在中国境内有住所，是指因户籍、家庭、经济利益关系而在中国境内习惯性居住，在实践中通常以中国大陆户籍作为判断是否有住所的标准。在具体管理对象上，无住所个人税收的主要管理对象是取得来源于中国境内的我国个人所得税法定义的各种所得的外籍个人和中国港澳台地区个人。根据税收协定划分国家（地区）个人所得税收管辖权的原理，由于无住所个人在我国负有有限纳税义务，通常只对来源于我国境内的所得负有纳税义务。因此，对无住所个人反避税管理的重点是对其取得的来源于中国境内的各类应税所得进行管理。这些所得包括无住所个人取得来源于中国境内的工资薪金、劳务报酬所得、特许权所得、租金所得、股权转让所得、股息红利所得、利息所得等。在加强支付方扣缴义务管理的情况下，无住所个人的大多数所得类型能够满足反避税管理的要求。

有住所个人反避税，主要是具有我国境内户籍的个人，取得境外个人所得的反避税管理。这类似于对我国"走出去"企业取得境外所得的反避税业务，这两种反避税体系在数据获取渠道上相似，但在数据应用纳税判定方面差异较大。

在构建有住所个人境外所得反避税体系方面，首先，要打通个人境外涉税信息获取途径。在涉税数据获取渠道方面，我国"走出去"个人在境外投资经营的收入涉税数据除自行申报外，缺乏有效的常规数据获取途径，部分数据可以通过涉税情报交换和我国主管部门对外签署的《金融账户涉税信息自动交换多边主管当局间协议》（简称CRS）获取，但目前这类数据获取途径仍不是常规方式。

其次，在纳税义务判定方面，"走出去"个人的纳税判定相对简单，更容易构建管理监控体系。"走出去"个人的所得税纳税义务可以相对简便地通过账户收入信息判定其是否在中国境内产生个人所得税纳税义务。当前自然人个人所得税App已经具备完善的个人汇算清缴涉税信息录入和税款计算功能，只要和CRS等涉外信息对接比对就可以形成基本的个人所得税纳税风险判断结论。

最后，从境外个人所得涉税风险类型来看，我国境内有住所个人取得的境外所得容易发生重大避税风险的领域相对集中，主要是境外财产转让或股权相关领域的涉税问题，这类个人所得的纳税判定比经营所得纳税判定相对简单，便于按所得类型模式构建个人反避税管理体系。例如我国境内企业赴海外上市，在境外实施的员工股权激励计划，包括员工取得境外上市公司股权时产生工资薪金所得避税风险；个人在境外转让股权等财产取得个人财产转让所得时产生避税风险等。如果能够及时取得这类个人境外财产转让的交易信息，就能够比较准确地进行个人所得税的管理，这也是构建有住所个人境外所得管理体系的重要方法，即在搭建境内有住所个人取得境外所得的反避税管理系统时，可以根据以上所得的特点先建立与财产转让和股权相关的反避税管理功能，然后与境内个人所得税申报系统对接分析个人所得税的避税线索。

第十七章
"双支柱"国际税收理论方案

国际税收主要是研究跨国企业跨境经营产生的相关利润，在不同税收管辖区之间合理划分的税收理论。当前的国际税收体系建立在 20 世纪二三十年代以来的国际税收理论之上，其核心是来源国对跨国企业积极经营活动产生的利润拥有有限征税权，其征税依据以常设机构为判定标准，并且跨国企业设立在来源国的子公司与集团其他关联公司发生的关联交易的合理利润水平，应以独立交易原则作为衡量标准。

以上传统的转让定价理论在数字经济和互联网蓬勃发展后，越来越不适应现代经济发展的需要。在线经济普及后，跨国企业不再需要在市场国设立子公司、常设机构，甚至不需要设立辅助性机构场所，就可以通过互联网获取来源国的市场利润。这导致传统国际税收理论中的跨境利润划分原则失效，越来越多的市场国为此损失大量税源。同时，以独立交易原则为基础的转让定价理论也面临挑战，因为数字经济互联网企业的利润来源于创新驱动和互联网规模扩张，与投入的传统资产、人员、设备的关系不再紧密，独立交易原则中的很多税收原理难以适用，以至于很难找到符合独立交易原则的可比企业。

以上传统国际税收理论面临的困境，在 BEPS 15 项行动计划的体系下仍然无法解决。因此，国际税收理论界依托于 G20 的国际治理背景，以 OECD 为牵头单位，正在尝试推出一套新的国际税收理论体系，即"双支柱"理论，以此重新设定跨国企业跨境相关利润的分配办法，并致力于减少税基侵蚀和利润转移现象，避免国际重复征税。截至 2023 年 3 月底，"双支柱"理论还处于达成初步意见或征求意见的阶段，还没有在各国落地实施。本书依据现有成果对部分在研方案做一介绍，请读者重点关注后续我国公布的实际执行政策。

第一节 支柱一金额 A 理论在研方案

"双支柱"方案由支柱一和支柱二两个部分组成。支柱一方案分为金额 A 和金额 B 两个相对独立的部分，所谓金额 A、金额 B，可以看作站在不同关注点，对跨国企业利润的分配方案。

一、支柱一金额 A 在研方案的要点

根据 OECD 于 2022 年 7 月发布的公众咨询报告《支柱一金额 A 实施报告》（*Progress Report on Amount A of Pillar One*）和我国国家税务总局 2021 年 12 月 1 日发布的《数字经济税收"双支柱"问题解答 30 问》，当前支柱一金额 A 在研方案的要点是，支柱一金额 A 旨在确保大型跨国企业在国家间更公平地分配利润和征税权，因此，跨国集团适用金额 A 的门槛是达到全球合并财务报告年销售收入超过 200 亿欧元且集团税前利润率超过 10%。所谓"更公平地分配利润和征税权"，是指即使跨国企业没有在市场国（即利润来源国）境内设立常设机构、没有固定营业场所，市场国也有权参与跨国企业剩

余利润的税收管辖。

二、支柱一金额 A 的分配原则

支柱一金额 A 的分配原则是将跨国企业集团经调整后的合并报表会计利润超过 10% 的剩余利润中的 25%，根据公式在各利润来源国之间分配。

该跨国利润的分配方案，打破了传统国际税收理论以常设机构作为利润分配依据的原则，被称为新征税权。

三、支柱一金额 A 的利润分配步骤

根据现有尚未成熟的在研方案，支柱一金额 A 的利润分配包括以下主要步骤。

（一）适用前提判定

税务人员首先需要判断被考察的跨国企业集团，合并报表年销售收入是否超 200 亿欧元，税前利润是否超 10%，并且排除采掘业和金融业或排除集团内的采掘业和金融业收入。其次，需要判断该跨国企业集团取得利润的来源国是否属于金额 A 的签约税收管辖区。最后，需要判断该集团在具体税收管辖区是否适用金额 A，判断标准是当该税收管辖区生产总值在 400 亿欧元以上时，该集团年销售收入应在 100 万欧元以上，当该税收管辖区生产总值在 400 亿欧元以下时，该集团在该辖区的年销售收入应在 25 万欧元以上。同时满足以上标准的税收管辖区和跨国集团在该辖区内的销售收入纳入金额 A 的考察范围。

（二）对集团合并利润进行调整

跨国集团合并总利润（用 P 表示）进行调整的原则是：排除合并报表中所得税费用的影响；排除股息收入；排除股权转让收入；排除罚款或罚金。以上调整原则目前缺乏实际执行的标准和示例，需要等待后续我国财税部门

发布具体实施标准。

（三）拆分集团总收入

按照金额 A 的收入分类标准和收入来源地判定标准，我们可以把集团年度总收入（用 R 表示）拆分为步骤一确定的对应税收管辖区的收入（用 L 表示）。该步骤是计算金额 A 的关键步骤，需要逐笔收入进行确认。具体收入分类标准主要包括七类，即制成品收入、组配件收入、提供服务收入、无形资产收入、不动产收入、政府补助收入和非客户收入。每个类型的收入有具体的收入来源地判定标准，以此逐笔判定收入应归属于哪个税收管辖区。对于无法具体判定归属地的收入，按照剩余要素分配补充归类。

（四）计算每个税收管辖区应分配的剩余利润

某个税收管辖区应归属的利润（用 Q 表示）公式是，$Q_i = (P - R \times 10\%) \times 25\% \times L_i / R$，其中 Q_i 表示第 i 个税收管辖区应归属的收入，L_i 表示第 i 个税收管辖区应归属的年度销售收入。

（五）考虑营销和分销利润安全港调整

某个税收辖区内的税务机关如果对该跨国企业实施了转让定价调查并补税，且该补税金额包括营销和分销利润调整补税金额，那么该营销和分销缴纳税款可以享受安全港调整待遇。支柱一允许跨国企业启动营销和分销利润安全港来避免重复征税和增强税收确定性，当适用范围内跨国企业的剩余利润已经在市场国被征税时，跨国企业向市场国分配的剩余利润以支柱一规则下通过金额 A 向市场国分配的剩余利润为限。"营销和分销利润安全港"具体规则仍需要进一步制定，目前没有成熟的实施细则。

（六）计算在某个税收辖区金额 A 缴税额

某个税收辖区内跨国集团金额 A 缴税额＝（Q_i －营销分销安全港利润已被征税部分）×当地税率。如果该计算结果小于等于零则无需补缴税款，如果计算结果大于零，则按照计算金额缴税。

通过以上计算步骤可以看出，金额 A 不仅实施难度较大，而且其征税规则与传统基于企业所得税应纳税所得的缴税规则不同，相当于跨国企业在某个税收辖区内设立子公司，对该子公司按照当地企业所得税规则缴税后，仍然有可能需要就集团取自市场国的剩余利润再按照利润标准缴纳额外税收。该缴税标准不是基于市场国企业所得税规则缴税，因为已经据此缴纳过企业所得税，不能再重复缴纳。该缴税规则是基于会计利润的缴税规则，理论上与基于企业应税所得的缴税规则分属不同标准，不存在税法概念上的重复纳税，可以把这部分税收产生的原理认定为新联结度规则带来的征税。

第二节 支柱一金额 B 理论在研方案

根据 OECD 于 2022 年 12 月发布的《支柱一金额 B 公众咨询文件》（*Public Consultation Document Pillar One-Amount B*）和我国国家税务总局 2021 年 12 月 1 日发布的《数字经济税收"双支柱"问题解答 30 问》，当前支柱一金额 B 的目的是为基础营销分销活动提供符合独立交易原则的简化定价方法，从而增强税收的确定性并减少税企争议。金额 A 的适用范围与金额 B 的适用范围无直接关系，金额 B 适用于更大范围的跨国企业关联交易转让定价。具体来说，金额 B 适用于跨国企业集团（不限收入规模或利润率水平）发生的基本分销和营销活动。当某税收辖区内的企业从其他税收辖区的关联方采购商品，在该国市场向非关联方分销时，或某税收辖区内的企业作为销售代理方，为其他税收辖区的关联方在本国销售产品做出贡献时，该企业就可以成为金额 B 的测试对象。

金额 B 的定位是一种简化的基于独立交易原则的转让定价理论。金额 B

的测试企业排除了大宗商品和无形资产分销情况，采用交易净利润法作为转让定价方法。金额 B 的要点是简化的转让定价方法，目前来看这种方法有可能采用定价矩阵或机械定价工具作为具体转让定价可比利润的确定方法。但是以上设想目前尚未有成熟的执行细节。

第三节　支柱二理论在研方案

支柱二是设定全球最低税率为 15% 的税改方案，该方案的目的是结束少数低税率辖区为吸引外国投资而采取的企业所得税率"逐底竞争"趋势。所谓全球最低税率，是指跨国企业应当承担的最低税负。在支柱二方案下，如果某跨国企业在来源国的实际有效税率未达到 15%，其母公司所在税收管辖区将对其补征税款以达到全球最低税率。

一、支柱二理论在研方案的要点

根据现有方案，全球最低税率适用于年销售收入超过 7.5 亿欧元的跨国企业，但如果其最终母公司是政府实体、国际组织、非营利组织、养老基金或投资基金等，则免于此规则。目前，除爱尔兰、匈牙利和爱沙尼亚等少数低税经济体外，包括中国在内的 132 个经济体已经全部同意实施全球最低税率。据预测，支柱二实施后每年将新增 1 500 亿美元的额外全球税收收入。

根据 OECD 于 2021 年 10 月发布的包容性框架 136 个成员辖区《关于应对经济数字化税收挑战"双支柱"方案的声明》和我国国家税务总局 2022 年 7 月发布的《数字经济税收"双支柱"问答：支柱二 GloBE 规则十五问》，当前支柱二在研方案的实施原则包括以下要点。

全球最低有效税率是通过全球反税基侵蚀（GloBE）规则和应税规则

(STTR)来实现的,其中 GloBE 规则又包括所得纳入规则(IIR)和低税支付规则(UTPR)。全球反税基侵蚀规则设置了经济实质排除,即将相当于有形资产账面价值和人员工资总额5%的所得额排除在规则之外,并引入了所得排除规模的递减模式,即从有形资产现值的8%和工资总额的10%起步,前5年排除比例每年减少0.2个百分点,后5年有形资产每年减少0.4个百分点、工资总额每年减少0.8个百分点。支柱二对于处于国际化活动初始阶段的跨国企业可免于适用低税支付规则,这类跨国企业是指海外有形资产不超过5 000万欧元,而且在不超过5个海外管辖区从事经营活动的企业。

二、支柱二理论 GloBE 规则征税步骤

按照全球最低税率规则,不同税收管辖区汇总跨国企业的税收和利润数据,以此判断其是否需要补缴税款。因此,全球最低税规则的重点是按照 GloBE 规则计算某个税收辖区内的跨国企业是否需要缴纳补足税。该补足税是指跨国企业集团因辖区有效税率不足15%,需要补缴的税额。按照 GloBE 规则征收跨国企业集团补足税主要包括以下六个步骤:

第一步,确定跨国企业集团是否在 GloBE 规则的适用范围内,并确定集团内的成员实体及其所属辖区。

跨国企业如果年度销售收入达到7.5亿欧元,就达到了 GloBE 规则的门槛。跨国企业集团是指任何在最终母公司所在辖区之外,拥有至少一个实体或常设机构的企业合并财务报告集团。例如,一家企业在海外某辖区有一个常设机构,该企业及其海外常设机构在 GloBE 规则下,即构成跨国企业集团。可见,在成员类型上纳入 GloBE 规则的跨国企业集团成员包括子公司和常设机构。

跨国企业集团内的所有实体以及常设机构,除排除实体外,均为跨国企业集团的成员实体。集团内成员实体所属辖区一般为实体的税收居民辖区,

特殊情况下可能为设立地辖区或者被判定为无国别实体。如果成员实体具有双重或多重所在地，其所属辖区按照以下顺序确定：首先为有效税收协定确定的税收居民辖区；其次，若没有协定或根据税收协定无法确定税收居民辖区，则为有效税额较大的辖区；最后，当有效税额相同或为零时，则为基于实质的所得排除额较大的辖区。

第二步，确定各成员实体的 GloBE 所得或亏损。

跨国集团成员实体的 GloBE 所得或亏损以合格会计准则编制的财务报表会计利润为基础进行必要调整后确定。调整项目包括净税收费用、排除的股息、排除的权益损益、所含的重估方法损益、排除的资产和负债处置损益、非对称汇兑损益、政策不允许的费用、前期会计差错和会计原则变更、应计养老金费用等。其中，可排除的股息是一个重要调整项目，主要包括从成员实体取得的股息和符合规定条件的其他股息。

GloBE 所得的计算中还包括基于实质的所得排除，具体是指按一定比例的合格有形资产折余价值与合格工资成本计算的排除额，长期排除比例为 5%，10 年过渡期的第一年有形资产和工资成本的排除比例分别为 8% 和 10%，随后逐年下降至 5%，前五年排除比例每年下降 0.2 个百分点；后五年，有形资产排除比例每年下降 0.4 个百分点，工资成本排除比例每年下降 0.8 个百分点。

该步骤的工作成果是计算确定每个成员实体在各自税收管辖区内的调整后的会计利润。以上调整项目当前还缺少执行细则和应用示例，请读者关注后续我国财税主管部门发布的具体执行文件。

第三步，确定各成员实体经调整的有效税额，即归属于成员实体 GloBE 所得的税款。

GloBE 规则下的有效税额包括成员实体就 GloBE 所得缴纳的全部所得税性质的税款。成员实体的有效税额以会计核算中的所得税费用科目为基础进行调整计算，其中部分有效税额需要按照 GloBE 规则在成员实体之间重新分配。例如，某成员实体取得股息收入并缴纳预提税。相关部门计算该成员实体的有效税额时，应调减收取股息成员实体的有效税额（减预提税额），调增支付股息成员实体的有效税额（加预提税额），同时调减收取股息成员实体的 GloBE 所得（减收取的股息金额）。股息以外的有效税额调整项目和调整细则，目前没有详细的文件说明和应用示例，请读者关注后续我国财税主管部门发布的具体执行文件。

在计算 GloBE 所得的时候，相关部门还应考虑时间性差异的调整因素。时间性差异是指由于会计规则和国内税收规则对于收入实现或费用发生确认时间上的不一致而产生的差异。时间性差异发生于某一时期，但在以后时期内可以转回。时间性差异会带来所得税额与会计利润在期间上的失配，进而造成基本以所得税额与会计利润计算的实际有效税率的非正常波动。如果不能有效解决时间性差异对有效税率计算造成的影响，跨国企业在各辖区的时间性差异会转化成 GloBE 补足税上的永久性差异。GloBE 规则以跨国企业采用的递延所得税会计方法为基础设计了一套处理时间性差异的方法。

第四步，计算位于同一辖区的所有成员实体的有效税率并确定低税辖区。

GloBE 规则采用"辖区汇总法"计算跨国企业集团的有效税率，即按年计算跨国企业集团每个辖区的有效税率。计算公式如下：

$$\text{每个辖区的有效税率} = \text{该辖区成员实体有效税额之和} \div \text{该辖区净 GloBE 所得} \quad (17\text{-}1)$$

$$\text{辖区的净 GloBE 所得} = \text{该辖区所有成员实体的 GloBE 所得} - \text{该辖区所有成员实体的 GloBE 亏损} \quad (17\text{-}2)$$

如果某辖区当年的净 GloBE 所得为零或负数（即亏损），则该辖区该年度没有 GloBE 补税义务，无需计算有效税率或补足税。

第五步，计算低税辖区补足税并分配至其成员实体。

低税辖区的补足税计算分为两步：首先计算低税辖区补足税总额，其次计算低税辖区各成员实体分配的补足税。

低税辖区补足税按照辖区超额利润乘以补足税比率计算，并经附加当期补足税调整和抵减合格境内最低补足税后确定。超额利润是指从辖区净GloBE所得中扣除基于实质的所得排除额后的余额。低税辖区补足税额计算公式为：

$$\text{低税辖区补足税额} = \left[15\% - \text{该辖区的有效税率}\right] \times \left[\text{该辖区净GloBE所得} - \text{基于实质的所得排除}\right] + \text{附加当期补足税} - \text{合格境内最低补足税} \tag{17-3}$$

其中，附加当期补足税调整是指根据GloBE规则规定，重新计算以前一个或多个财年的有效税率和补足税，形成的当期需要增加的补足税。合格境内最低补足税是指各辖区按照国内法律对本辖区跨国企业集团成员实体超额利润征收的补足税。该境内补足税需要满足三个条件，一是采取等同于GloBE规则的方法确定超额利润；二是境内超额利润国内税负达到最低税率水平；三是实施结果与GloBE规则等效。

在计算得出低税辖区补足税后，按照辖区内成员实体的GloBE所得比例分配计算辖区内各成员实体的补足税，GloBE所得为零或者负数的实体不参与分配。分配公式如下：

$$\text{成员实体的补足税} = \text{辖区的补足税} \times \frac{\text{该成员实体的GloBE所得}}{\text{辖区所有成员实体的GloBE所得之和}} \tag{17-4}$$

第六步，依据收入纳入规则（IIR）或低税支付规则（UTPR），按照规定的顺序征收补足税。

如果跨国企业集团需要根据GloBE规则缴纳补足税，则有关辖区可以根据实施顺序通过收入纳入规则（IIR）或低税支付规则（UTPR）征收补足税。

IIR 规则通常按照"自上而下"方法实施，即除特殊情况外，如果低税实体的多层母公司所在辖区均实施 IIR，则最终控股母公司所在辖区具有优先实施权。在 IIR 下，最终控股母公司需要缴纳的补足税按照最终控股母公司持股比例计算。最终控股母公司所在国按照 IIR 规定对跨国企业集团母公司征收补足税后，跨国集团其他成员无需在其税收管辖区内再缴纳当年补足税。

IIR 优先于 UTPR，只有在未适用 IIR 的情况下，才可适用 UTPR 征收补足税。如果母公司所在国没有实施 IIR 和 UTPR，而跨国企业集团内其他成员所在的税收辖区实施了 IIR，则辖区税务部门可以对该辖区成员企业下属低税辖区内的持股企业按照 IIR 规则征收补足税。如果该辖区成员持股的下属企业没有低税辖区内的企业，则该辖区税务部门可以依据 UTPR 规则征税不足税。在 UTPR 下，实施 UTPR 辖区可以征收的补足税按照有形资产账面净值和雇员人数比例分配。

在实施 UTPR 规则时，考虑到初始化跨国企业的发展需要，GloBE 规则中有针对初始国际化企业的特殊豁免待遇，即初始国际化阶段的跨国企业可在纳入 GloBE 规则适用范围的前 5 年内免于适用 UTPR。初始国际化阶段的跨国企业需符合两个条件：一是集团成员实体所在辖区不超过 6 个；二是除有形资产最大辖区外的其他辖区有形资产总额不超过 5 000 万欧元。

第四节 "双支柱"方案落地实施展望

未来"双支柱"方案在制定完成后，需要经各税收辖区批准实施后，以签署多边税收公约的方式生效。相关多边税收公约可以增强税收条约的谈签效力，统一协调各税收辖区落实"双支柱"规则。多边税收公约还包括避免和解决税收争议的机制,甚至不排除实施强制争议解决机制。各税收辖区签署多边公约后,某些辖区还需要根据本国法律制度,制定与"双支柱"规则相匹配的国内所得税法法律制度。

以我国为例,"双支柱"的国内税改立法程序需要制定一批重要的税收政策文件,协调"双支柱"征税与我国《企业所得税法》、税收协定等现行税收法律法规的关系。有可能形成传统国际税收和"双支柱"国际税收并存的税法体系。

第五节 自测练习

一、单选题

1. 2021年( )月,OECD在其官网公开发布《应对经济数字化税收挑战——支柱二全球反税基侵蚀规则立法模板》,标志着支柱二方案设计基本完成。

    A. 12

    B. 11

    C. 10

    D. 9

   【参考答案】 A

2. 2021年10月,包容性框架下( )个成员辖区达成全面共识,形成《关于应对经济数字化税收挑战"双支柱"方案的声明》(以下简称10月声明)。该声明已经通过G20财长和央行行长会议审议,并由G20领导人罗马峰会核准通过。

A. 130

B. 135

C. 136

D. 138

【参考答案】 C

二、多选题

1. G20授权OECD牵头研究制定的应对经济数字化税收挑战多边解决方案第二支柱，主要目的是（   ）。

    A. 解决对数字经济企业征税问题

    B. 解决遗留的税基侵蚀和利润转移问题

    C. 解决跨国企业利用低税地逃避税问题

    D. 限制税收竞争

【参考答案】 BCD

2. 2021年7月《关于应对经济数字化税收挑战"双支柱"方案的声明》中规定，支柱一金额A的计算应该排除（   ）行业。

    A. 采掘业

    B. 房地产业

    C. 受监管的金融业

    D. 食品业

【参考答案】 AC

3. 一国在设计国际税收规则体系时需要考量（   ）等方面的目标。

    A. 收入

    B. 公平

    C. 竞争力

D. 资本中性

【参考答案】 ABCD

三、判断题

1.《关于应对经济数字化税收挑战"双支柱"方案的声明》中,各税收管辖区达成的一揽子协议将协调金额 A 的实施与撤销对金额 A 适用范围内企业的单边措施。( )

【参考答案】 ×

2. 我国是 OECD 成员,也是 BEPS 包容性框架成员。( )

【参考答案】 ×

第十八章
大数据反避税转让定价风险管理

利用大数据技术的优势对企业跨境利润水平进行分析,为反避税转让定价管理提供辅助决策,是我国多年以前就已经开始探索的一项重要的税收管理工作。随着多年管理工作积累的数据和经验不断丰富,大数据转让定价风险管理的细节不断完善,数据来源渠道不断丰富,成为我国反避税管理体系的重要组成部分。然而,随着我国经济发展进入新阶段,产业升级不断发展,原有的大数据转让定价风险管理模式面对的环境正在发生重大变化。本章根据现有公开报道披露的信息,为读者介绍当前大数据转让定价风险管理的应用原理。由于税收风险管理指标和预警设置属于保密信息,现有公开研究资料中几乎没有相关内容,该现状给读者学习这部分的内容带来较大困难,这也是本章内容的局限性。

第一节　跨境利润水平监控原理

一、跨境利润水平监控的依据

我国税务机关对跨境利润水平监控的管理要求,出自《特别纳税调查调整及相互协商程序管理办法》（国家税务总局公告 2017 年第 6 号印发）。该公告第二条规定，"税务机关以风险管理为导向，构建和完善关联交易利润水平监控管理指标体系，加强对企业利润水平的监控，通过特别纳税调整监控管理和特别纳税调查调整，促进企业税法遵从"。第三条规定，"税务机关通过关联申报审核、同期资料管理和利润水平监控等手段，对企业实施特别纳税调整监控管理，发现企业存在特别纳税调整风险的，可以向企业送达《税务事项通知书》，提示其存在的税收风险"。

二、跨境利润水平监控的总体要求

根据公开报道①，在未来一段时间里，中国反避税工作的总基调是稳中求进，总思路是紧抓跨境利润水平监控的主线，构建更加完备的"管理、服务、调查"三位一体的反避税防控体系，不断夯实制度基础，强化人才机制保障，深化国际税收合作，高质量推进新时代税收现代化，为推动形成全面开放新格局增添动力。在具体规划方面，未来反避税工作的具体规划包括：加强跨境利润水平监控，将建立"全球一户式"跨国企业利润水平监控系统，统一数据口径、统一风险评价体系，从全球、中国、各省（区、市）三个层面对单户企业进行全景扫描和风险测试，了解跨国企业集团经营的全貌，并按照风险等级和遵从意愿进行排序，形成每一户企业的转让定价风险及遵从档案，并从国别、行业、年度、交易类型和纳税人 5 个维度进行风险预警，实现跨国企业转让定价管理水平的全面升级。

通过以上概念性介绍可知，我国跨境利润水平监控系统是一种对单户企业跨境交易的风险测试系统。该系统的数据来源包括但不限于企业所属集团、所属行业、年度各类交易信息，进行风险等级扫描和排序。

---

① 参见：崔荣春，阚歆旸. 在华韩资企业税收说明会在京举办[N]. 中国税务报，2018-09-07(10).

三、跨境利润水平监控的风险设置

根据媒体报道①，早期跨境利润水平监控系统的设置应用数据仓库系统，主要有以下几个特点：一是整体情况分析＋一户式全景扫描，全面了解关联交易的整体情况，及时发现新问题、新情况，从而为有效配置人力资源和管理力量、确定管理的重点地区和重点领域提供依据。二是风险识别排序＋风险区分框架，设置了5大类39小类风险特征指标，对企业关联交易存在的风险进行动态识别，并以税收偏离值和偏离度为核心指标进行风险排序。在此基础上，结合企业风险排序、纳税人遵从类型、现有管理资源等因素，建立企业风险区分框架，将企业划分为高风险、中等风险、低风险和特定纳税人4个风险等级。

以上风险指标设置，通常是围绕现有税收文件中对跨境关联交易转让定价风险的定性设定的。国家税务总局公告2017年第6号文件第四条明确，税务机关实施特别纳税调查，应当重点关注具有以下风险特征的企业：①关联交易金额较大或者类型较多；②存在长期亏损、微利或者跳跃性盈利；③低于同行业利润水平；④利润水平与其所承担的功能风险不相匹配，或者分享的收益与分摊的成本不相配比；⑤与低税国家（地区）关联方发生关联交易；⑥未按照规定进行关联申报或者准备同期资料；⑦从其关联方接受的债权性投资与权益性投资的比例超过规定标准；⑧由居民企业或者由居民企业和中国居民控制的设立在实际税负低于12.5%的国家（地区）的企业，并非由于合理的经营需要而对利润不做分配或者减少分配；⑨实施其他不具有合理商业目的的税收筹划或者安排。

根据以上反避税原则性规定，在设计大数据风险管理指标时通常有以下

---

① 参见：刘威威，高宏丽．迎难而上　续写华章——江苏省国税系统反避税纪实[J]．中国税务，2013(7)：16-19．

几类可供参考：①关联交易金额类风险指标，主要关注连续若干年度内某企业的有形资产关联购销交易金额、无形资产关联交易金额、劳务关联交易金额总量变化趋势对比、各类关联交易金额占总交易金额比例趋势对比。②利润类风险指标，主要关注连续若干年度内某企业的息税前利润率（息税前利润÷销售收入）的变化趋势。通过息税前利润率指标的变化趋势，我们可以分析该企业是否存在长期亏损、微利、跳跃性盈利，以及利润水平低于同行业利润水平的问题。③资产类风险指标，主要关注连续若干年度内某企业的总资产同比变化趋势，某类特定资产（如生产设备、营销资产、研发资产）占总资产比例的变化趋势。④费用类风险指标，主要关注连续若干年度内某企业相关费用占销售收入比例的变化趋势，如研发费用占比（研发费用÷销售收入）、营销费用占比（销售费用÷销售收入）、管理费用占比（管理费用÷销售收入）；对外支付关联方特许权使用费占销售收入比例（支付特许权使用费÷销售收入）、对外支付特许权使用费对利润的影响［（支付特许权使用费后的利润额－支付特许权使用费前的利润额）÷支付特许权使用费前的利润额］；对外支付关联方劳务费占销售收入比例（支付劳务费÷销售收入）、对外支付劳务费对利润的影响［（支付劳务费后的利润额－支付劳务费前的利润额）÷支付劳务费前的利润额］；完全成本加成率变化趋势分析，某企业年度或某项产品、服务的息税前利润÷（主营业务成本＋销售费用＋管理费用）。⑤价值链指标分析。这类指标主要用于分析集团内不同成员企业在价值链中所起的功能风险作用。例如，销售收入占比分析，包括关联销售收入占集团总收入的比例，非关联销售收入占集团总收入的比例；资产占比分析，包括单个企业资产额占集团总资产的比例；人员占比分析，包括单个企业员工人数占集团总人数的比例；研发费用占比分析，包括单个企业研发费用占集团总研发费用的比例；营销费用占比分析，包括单个企业营销费用占集团总营销费用的比例；人均销售收入占比，包括单个企业人均销售收入占比分析（年度销售收入÷企业年度平均人数）。

四、跨境利润水平监控的信息来源

以上主要分析指标是反避税转让定价工作大数据风险管理的基础，这些指标计算的数据主要来源于企业的纳税申报资料和同期资料文档，以及其他政府相关部门提供的信息。根据公开研究分析[1]，某省税务机关跨国企业利润水平动态监控主要包括以下5个方面：

（1）广泛收集纳税申报信息（包括国别报告等）、同期资料（包括主体文档、本地文档和特殊事项文档）、上市公司年报、政府部门交换数据、商业数据库、情报交换信息、企业网站、证券分析师报告、行业协会报告、新闻报道等公开信息、风险应对获取的信息和与国内潜在可比企业相关的信息。

（2）借鉴G20与OECD主导的税基侵蚀与利润转移（BEPS）行动计划相关理念，设置39个定性风险指标，并进行主要基于价值链分析的定量风险评估，全面总结单户企业的关联交易税收风险。

（3）从集团全球税收筹划激进程度、关联交易申报质量、同期资料准备质量、关联交易税收内控制度、关联交易风险应对表现、企业管理层主动沟通意愿等6个方面进行量化，评价企业的税收遵从等级。

（4）根据被评估企业的税收流失风险程度和遵从意愿类型，运用应对等级区分模型，将企业划分为不同的应对等级。

（5）结合税务机关征管资源，构建风险分类应对框架；对不同应对等级的企业分别采用不同的应对措施，引导和促进企业主动遵从。

以上基于多种来源渠道的企业大数据转让定价风险分析，可以从不同维度反映企业跨境关联交易状况，并发现可能存在的与功能风险不匹配的转让

---

[1] 参见：普华永道中国.【TP知·道】跨境利润水平监控——未来中国反避税工作的主线[EB/OL].[2018-09-28]. https://www.sohu.com/a/256784512_170401.

定价风险,是目前反避税管理工作的主要措施之一。

【案例 18-1】 以下案例是某税务机关运用大数据分析,比对企业历年财务指标变化趋势,从中发现不合理转让定价安排的案例。该案例背景及相关数据来源于公开资料。①

一、关联关系和关联交易情况

(一)关联关系情况

在 2013—2022 年反避税调查期间,A(中国)公司存在 17 家关联公司,关联性为均受同一最终控股企业控制。某税务公司对 A(中国)公司存在关联交易的关联公司进行了股权结构分析。

A InC(美国)公司是 A 跨国集团的母公司,位于美国,拥有集团大多数产品的商标和名称。ABGIL(美国)公司是由 A InC(美国)公司授权使用集团商标和商品名称的企业,ABGIL(美国)公司在集团内承担研发功能。AII(美国)公司主要为集团的全球销售公司提供行政管理,并且负责集团的全球市场营销功能和分销商功能。

(二)关联交易情况

1. 关联采购

A 跨国集团注册在中国境内的 A(中国)公司历年来的关联购进均为境外关联购进,比例呈前高后低的趋势,2013—2016 年关联购进比例均在 50% 以上,2017—2022 年关联购进比例均在 40% 以下,调查期内关联购进加权平均比例为 45.6%。境外关联采购均来自美国关联方 ABGIL(美国)公司。

---

① 参见:储楚. 税务机关国际反避税改进思路研究——以广州市税务局为例[D]. 武汉:中南财经政法大学,2019.

2. 关联销售

境内 A（中国）公司出口很少，且出口销售均为关联销售，出口关联销售比例均在 0.1% 以下。境外关联销售对象主要为境外关联方。A（中国）公司内销均为非关联销售。

3. 关联支付无形资产使用权费

2012 年，A 跨国集团美国母公司许可与中国境内 A（中国）公司取得商标许可合同，A（中国）向许可人支付入门费 15 万美元，并按使用许可人提供的技术及销售许可产品支付净销售价 3% 技术使用连续性提成费和 2% 的商标使用连续性提成费。

2013—2022 年技术引进和商标许可合同发生了如下变化：A InC（美国）公司将其所拥有的商标和商品名称以及相关商标产品的全球分销权授予 ABGIL（美国）公司。ABGIL（美国）公司与境内 A（中国）公司于 2013 年签订《技术引进合同》与《商标使用再许可合同》，ABGIL（美国）公司授予 A（中国）公司在中国范围内生产销售使用相关商标 A 产品的权利，包括生产专业技术的使用权和相关技术、商业秘密及产品配方。

4. 关联劳务情况

A 企业与多家关联公司发生关联劳务交易。其中，其关联劳务交易的主要交易方为境外关联方。主要劳务内容有：A（中国）公司于 2011 年 3 月与境外关联方签订了《行政和业务支持服务协议》，提供的服务内容包括一般行政服务、财务顾问服务、法律合规协助、财政服务、内部审计服务、风险管理和保险、人事招聘、处理产品质量消费者问题等。收取的费用包括提供商按照与独立承包商签订的合同或其他协议而产生的任何费用，所有合理的差旅费，外派员工费用，提供商垫付的所有费用、关联公司发生的服务相关直接费用和间接费用。

A（中国）公司 2013—2022 年接受 A 提供的直销支持服务，服务内容包括市场策略、管理和监控、法律登记事项、管理信息系统、人力资源、国际税务和财务管理等，A集团香港公司将提供管理支持服务而发生的成本按照合理比例分摊给A（中国）公司。其他境外关联劳务费支出情况。除了支援服务费，2017年起A（中国）公司与韩国、中国台湾、马来西亚等关联方也有发生关联劳务，如广告费等。此外，2017年起A（中国）公司还需对一些特殊项目向境外关联方支付劳务费。

二、调取数据分析过程

A（中国）公司是由A集团亚太投资公司投资成立的一家外商独资企业，2012年注册登记。A（中国）公司的总部及工厂均设在某市，在国内多个大型城市设有办事处。A（中国）公司的主要业务为制造及销售A品牌下的消费产品。近年来A（中国）公司已成为A集团全球最大的市场，2022年销售收入高达266亿元。以下是对企业投资经营规模变动情况的分析。

（一）经营情况分析

投资变动情况：A（中国）公司2012年初始投资额为2 950万美元，经营期间投资额经历多次增资，最后一次增资年度为2019年，其中2013年是单次增资规模最大年度，当年增加投资1.2亿美元，当前A（中国）公司总投资额为2.35亿美元。

固定资产变动情况：A（中国）公司固定资产规模开始不断扩大，至2022年已经比2013年增加了1.8倍，如表18-1所示。

表18-1 历年固定资产情况表　　　　　　　　单位：亿元

项目	2013	2014	2015	2016	2017	2018	2019	2020	2021	2022
固定资产原值	11.98	16.99	20.60	24.66	25.83	27.27	29.13	30.57	32.34	33.64
同比增长率		41.82%	21.21%	19.07%	4.73%	5.61%	6.81%	4.94%	5.76%	4.04%

初步分析，从 A（中国）公司的投资和固定资产变动情况分析，投资方对该司的前景和发展是看好的，而该公司的实际经营规模也一直在不断扩大。

（二）财务指标分析

该公司历年部分财务指标情况如表 18-2 所示。

表 18-2　财务指标情况表

财务指标		2013	2014	2015	2016	2017	2018	2019	2020	2021
偿债能力指标	资产负债率	39.48%	54.66%	34.49%	33.29%	43.89%	65.82%	32.55%	49.38%	53.91%
	流动比率	212.54%	146.45%	209.01%	209.19%	164.74%	119.35%	248.37%	150.07%	138.51%
	速动比率	164.38%	82.76%	159.13%	173.82%	126.00%	97.72%	217.84%	120.18%	108.94%
营业能力指标	存货周转率	116.38	180.2	229.03	127.18	115.45	112.97	89.41	82.47	75.83
	应收账款周转天数	2.01	0.97	1.45	0.74	0.79	0.58	0.52	0.44	0.18
盈利能力指标	销售毛利率	77.20%	77.79%	76.41%	77.86%	79.49%	79.56%	77.40%	78.05%	77.78%
	销售利润率	36.49%	33.66%	28.10%	27.28%	30.38%	27.18%	24.34%	25.45%	22.05%
	总利润率	36.76%	33.63%	28.56%	29.25%	31.44%	28.45%	25.69%	26.77%	23.28%

偿债能力：该企业的资产负债率较低，保持在 30%～60% 的幅度，说明企业偿债能力和负债经营能力较为正常。企业的流动比率和速动比率高于基准值，说明该企业资金流动程度好，偿债能力较强。

营运能力：存货周转率（天数）时间较长但比较稳定，说明该企业生产周期比较稳定，自 2019 年起生产周期不断缩短；应收账款周转天数少，说明该企业的资金变现水平较高。

盈利能力：销售毛利率稳定，说明企业对产品成本的消化能力较强，销售利润率和总利润率这两个指标近年来呈下降趋势，但总体较高。整体来说企业的盈利情况良好。

（三）营业收入、盈利变动情况比较分析

销售收入分析：该企业近10年的销售收入除2015—2016年出现下降，整体呈现上升态势，2022年较之2013年销售收入已经由105.97亿元增加到266.9亿元，增长152%，说明企业生产经营情况良好，业务量稳步上升。2015—2016年销售收入出现下滑，主要是受到经营模式的影响。

盈利状况分析：2013年以来A（中国）公司的利润水平稳中有升，2022年较之2013年利润总额已经由38.96亿元增加到63.58亿元，利润增长幅度为63.19%，远低于销售收入的增长幅度152%。

A（中国）公司2013年至2022年的平均毛利率仅为77.98%，各年度毛利率均比较平稳，在77.2%～79.56%波动。销售利润率和总利润率相当，10年平均销售利润率为26.92%，平均总利润率为28%；销售利润率和总利润率均呈下滑趋势，销售利润率从2013年36.49%下降至2021年的22.05%，9年间销售利润率下降了39.58%，年均下降5%。

综上所述，A（中国）公司的经营状况可观，投资规模、销售规模持续扩大，但销售利润率和总利润率却不断下降，存在疑点。

（四）历年成本比例及其变动情况分析

由以上分析可以看出，A（中国）公司2013—2022年各年度毛利率均比较平稳，在77.2%～79.56%波动。随着原材料本土化的发展，产品实际销售成本占主营业务收入的比重不断下降，从前期的20%降至2012年的12%，而特许权使用费占主营业务收入的比重同期反向变动，呈不断上升趋势，从3%上升至9%。稳定的毛利率水平存在人为操纵的嫌疑。

（五）收入变动情况比较分析

销售收入分析：该企业近10年的销售收入除2015—2016年出现了下降，整体呈现上升态势，2022年较之2013年销售收入已经由105.97亿元增加到266.9亿元，增长152%。这说明企业生产经营情况良好，业务量稳步上升。2015—2016年销售收入出现下滑，主要是受到经营模式的影响。

三、发现避税疑点

经对A（中国）公司10年调查期内的经营情况进行分析，我们可以发现该企业经营情况良好，投资规模、销售规模持续扩大，但销售利润率和总利润率却连续下降。稳定的毛利率水平存在人为操纵的嫌疑。

经对该企业经营项目进行分析，特许权使用费占主营业务收入的比重同期反向变动，呈不断上升趋势，是企业认为控制毛利率的主要途径。

（一）特许权使用费占主营业务成本比例情况分析

特许权使用费占主营业务成本的比例情况如表18-3所示。

表18-3 特许权使用费占成本比情况表　　　　单位：亿元

	2013	2014	2015	2016	2017	2018	2019	2020	2021	2022	合计
特许权使用费	3.30	5.58	5.53	5.80	8.06	9.68	17.22	19.71	23.70	24.57	123.18
主营业务成本	24.16	38.38	36.65	25.97	28.21	36.07	44.78	47.78	58.79	56.89	397.72
占比	13.70%	14.55%	15.09%	22.35%	28.57%	26.84%	38.46%	41.25%	40.31%	43.19%	30.97%

从表18-3可以看出，A（中国）公司2013—2022年10年间支付给美国关联企业的特许权使用费共计123亿元，且其占主营业务成本的比例呈上升趋势，从13.7%上升至43.19%，10年加权平均占比达30.97%。由于A（中国）公司支付的特许权使用费以销售收入为计提基数，且于2019年提高了支付费率，而主营业务收入的增长程度大于主营业务成本，因此特许权使用费占主营业务成本的比例呈上升趋势，且于2019年显著提高。

（二）关联支付特许权使用费情况分析

2013年前A（中国）公司支付给美国A企业的技术使用费为净销售价的3%、商标使用费为净销售价的2%。2013年起A（中国）公司向ABGIL（美国）公司支付特许权使用费，技术使用费和商标使用费的计提标准为出售许可产品的总发票价格扣除25%后的4%（两者合计为8%）。其后A（中国）公司在2019年2次调整计提标准，调整后，计提基数为出售许可产品的净发票价格扣减当月从中国境外购买并随后进口到中国的用于生产该产品的原材料到岸成本，商标使用费计提比例调整至6%，技术使用费计提比例维持在4%。

该企业近10年的特许权使用费金额呈不断上升趋势，即使在2015—2016年销售收入下降期间也有所增长。特许权使用费占销售收入的比重情况如表18-4所示。

表18-4　特许权使用费占收入比　　　　　　　　　　单位：亿元

	2013	2014	2015	2016	2017	2018	2019	2020	2021	2022	合计
特许权使用费	3.31	5.59	5.53	5.08	8.06	9.68	17.22	19.71	23.7	24.57	123.19
主营业务收入	105.97	172.83	155.34	117.32	137.56	176.55	198.18	217.7	264.62	266.9	1812.98
占比	3.12%	3.23%	3.56%	4.95%	5.86%	5.48%	8.69%	9.05%	8.96%	9.21%	6.79%

2013—2022年A（中国）公司支付的无形资产使用权费占总销售收入的比重呈上升趋势，从3.2%升至9.2%，8年增幅达1.875倍，其中2019年的增幅较大，其费用比例比2018年增加66%。A（中国）公司计提的特许权使用费占主营业务收入的比重不断上升。

随着时间推移，A（中国）公司对无形资产的贡献比例应该是不断增大的，但实际情况却是美国A公司忽视产品技术生命周期和产品技术差异性，长期维持技术费率不变,而且从 2019 年开始 2 次上调商标费率,导致 A (中国) 公司对无形资产做出了贡献,相应的收益却由美国母公司享受。这是以上 A 公司特许权对外支付中的不合理之处,存在侵蚀我国税基的避税疑点。

第二节 大数据转让定价风险管理展望

运用大数字智慧税务工具深化反避税转让定价管理是未来该领域的发展方向。根据中共中央办公厅、国务院办公厅印发的《关于进一步深化税收征管改革的意见》提出的相关要求,税务机关要全面推进税收征管数字化升级和智能化改造,加快推进智慧税务建设。充分运用大数据、云计算、人工智能、移动互联网等现代信息技术,着力推进内外部涉税数据汇聚联通、线上线下有机贯通,驱动税务执法、服务、监管制度创新和业务变革,进一步优化组织体系和资源配置。2025 年实现税务执法、服务、监管与大数据智能化应用深度融合、高效联动、全面升级。在深化税收大数据共享应用方面,不断完善税收大数据云平台,加强数据资源开发利用,持续推进与国家及有关部门信息系统互联互通。2025 年建成税务部门与相关部门常态化、制度化数据共享协调机制,依法保障涉税涉费必要信息获取。

在具体实施中,未来的大数据反避税转让定价管理会精细化各类指标模型,不仅做到账面财务指标之间的对比,还有可能通过多个部门的大数据信息交换,发现以往难以发现的隐匿的关联交易信息。此外,大数据利润水平监控还会向行业管理精细化方向发展,针对不同行业开发出代表性分析指标,使得反避税行业分析结论更加精准。图 18-1 是"税务云 + 税务链"总体技术架构设想，其中包含了区块链等众多先进技术概念。

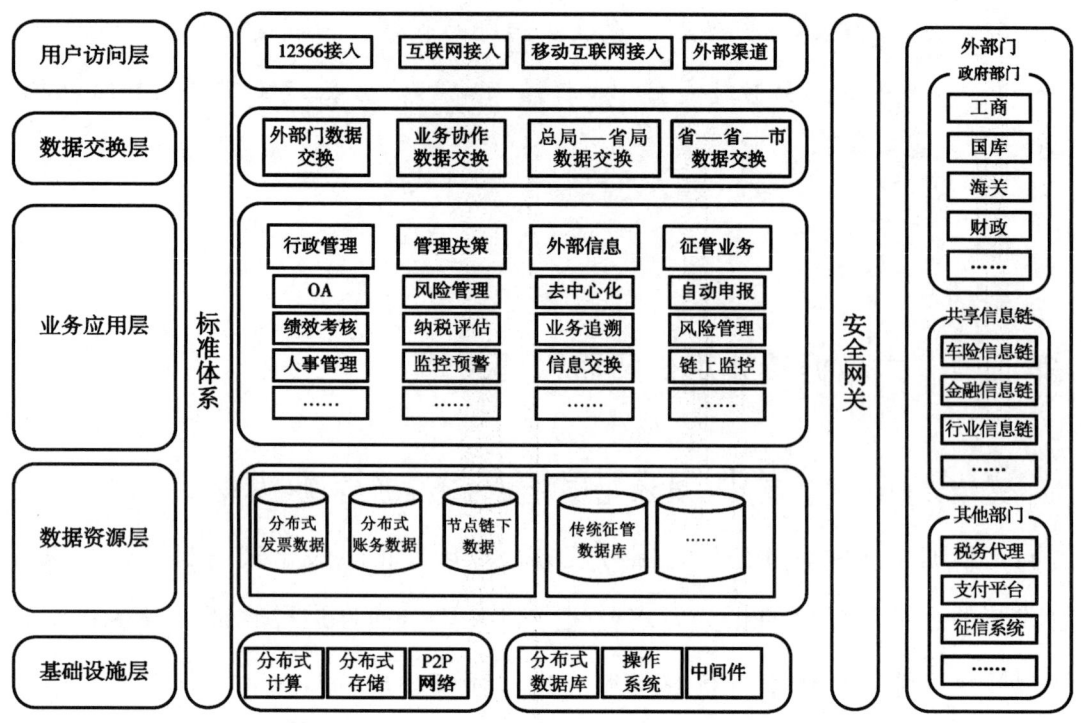

图 18-1 "税务云＋税务链"总体技术架构①

该设想与基于单一系统的跨境利润水平监控体系具有较大差异，未来反避税转让定价的跨境利润水平监控系统可能与国家金税四期工程实现融合对接，利用金税四期的众多功能接口，实现以往单一系统难以实现的复杂分析功能。

---

① 参见：国家税务总局深圳市税务局课题组．建立基于"税务云＋税务链"的信息化架构体系研究[J]．财经智库，2021(3):44-46+141．

参考文献

[1] 古成林. 关联交易同期资料和国别报告准备与审核实务指南 [M]. 北京：中国市场出版社，2018.

[2] 古成林. 国际税收实务与典型案例分析 [M]. 上海：立信会计出版社，2021.

[3] 国家税务总局国际税务司专项研究小组. 数字经济税收"双支柱"问答支柱二GloBE规则十五问 [N]. 中国税务报，2022-07-06（05）.

[4] 国家税务总局国际税务司专项研究小组. 数字经济税收"双支柱"问题解答 [N]. 中国税务报，2021-12-01（05）.

[5] 国家税务总局教材编写组. 转让定价调查与调整实务问答 [M]. 北京：中国税务出版社，2017.

[6] 经济合作与发展组织. OECD/G20税基侵蚀和利润转移（BEPS）项目2015年成果最终报告 [M]. 国家税务总局国际司，译. 北京：中国税务出版社，2016.

[7] 经济合作与发展组织. OECD/G20税基侵蚀和利润转移（BEPS）行动计划 应对经济数字化税收挑战——支柱二全球反税基侵蚀（GloBE）规则立法模板 BEPS包容性框架 [DB/OL]. 国家税务总局国际税务司，译. [2021-12-20]. http://www.chinatax.gov.cn/chinatax/n810219/n810724/c5171595/content.html.

[8] 经济合作与发展组织. OECD税收协定范本及注释（2017版上下）[M]. 国家税务总局国际税务司，译. 北京：中国税务出版社，2019.

[9] 经济合作与发展组织. 跨国企业与税务机关转让定价指南（2010）[M]. 国家税务

总局国际司,译. 北京:中国税务出版社,2015.

[10] 徐晓华. G20/OECD 税基侵蚀和利润转移行动计划基础与实务 [M]. 北京:中国市场出版社,2019.

[11] OECD. OECD/G20 Base Erosion and Profit Shifting Project. Two-Pillar Solution to The Tax Challenges of The Digitalisation of The Economy. Progress Report on Amount A of Pillar One [DB/OL]. [2022-08-19]. https://www.oecd.org/tax/beps/progress-report-on-amount-a-of-pillar-one-two-pillar-solution-to-the-tax-challenges-of-the-digitalisation-of-the-economy.htm.

[12] OECD. Public consultation Document. Pillar One-Amount B [DB/OL]. [2023-01-25]. https://www.oecd.org/tax/beps/public-consultation-document-pillar-one-amount-b-2022.pdf.